不忍细读的大清史

牧原 著

的

台海出版社

图书在版编目（CIP）数据

不忍细读的大清史 / 牧原著 . -- 北京：台海出版
社 , 2021.12
ISBN 978-7-5168-3164-9

Ⅰ . ①不… Ⅱ . ①牧… Ⅲ . ①中国历史—清代—通俗
读物 Ⅳ . ① K249.09

中国版本图书馆 CIP 数据核字（2021）第 197197 号

不忍细读的大清史

著　　者：牧　原

出 版 人：蔡　旭　　　　　责任编辑：王　萍

出版发行：台海出版社
地　　址：北京市东城区景山东街 20 号　　　邮政编码：100009
电　　话：010-64041652（发行、邮购）
传　　真：010-84045799（总编室）
网　　址：www.taimeng.org.cn/thcbs/default.htm
E - mail：thcbs@126.com

经　　销：全国各地新华书店
印　　刷：廊坊市海涛印刷有限公司
本书如有破损、缺页、装订错误，请与本社联系调换

开　　本：710 毫米 × 1000 毫米　1/16
字　　数：295 千字　　　　印　　张：20.5
版　　次：2021 年 12 月第 1 版　　印　　次：2022 年 4 月第 1 次印刷
书　　号：ISBN 978-7-5168-3164-9

定　　价：49.80 元

前 言

　　清朝，又称人清帝国，是由女真族建立起来的封建工朝，也足中国最后一个封建帝制的王朝。清朝的前身是 1616 年由清太祖努尔哈赤在中国东北地区建立的后金政权；1636 年清太宗皇太极改国号为"大清"，正式建立清朝。1644 年摄政王多尔衮恭迎福临入关，清朝定都北京。1912 年中国民国宣告成立，清宣统帝溥仪被迫退位。清朝传十二帝，享国 276 年。自此之后，中国便进入了一个新的历史时期。

　　在封建王朝，皇帝拥有至高无上的权力，是王朝的最高统治者。从努尔哈赤称汗算起，清朝历经 12 位皇帝，其中包括入关前的两帝：清太祖努尔哈赤和清太宗皇太极；入关后的十帝：清世祖福临，清圣祖玄烨，清世宗胤禛，清高宗弘历，清仁宗颙琰，清宣宗旻宁，清文宗奕詝，清穆宗载淳，清德宗载湉，清逊帝宣统皇帝溥仪。

　　努尔哈赤从 1583 年起不屈奋起，以父、祖遗甲十三副起兵，并"自中称王"，到 1616 年，成为后金政权的建立者；1618 年，发布"七大恨"，誓师征明，为后来清朝建立奠定坚实的基础；1625 年，迁都沈阳，创建满文与八旗制度，彻底摆脱了奴隶制度。

　　皇太极于 1636 年改称帝号，将女真的族名改为"满洲"，成为清朝的创业之君。他雄心勃勃挥师西进，兵锋所指，京畿震惊。即位不到十年，就基本统一了整个东北地区，并南下朝鲜，西征蒙古，屡次打败大明官兵。

顺治帝福临 6 岁在沈阳登上皇位，由多尔衮辅政，14 岁时开始亲政。1644 年，迁都北京，使清政权成为全中国的最高政权。他是个刻苦学习、励精图治的帝王，在政治上推行招抚政策以缓和矛盾；在提高汉官权力、重用汉官方面，也进行了大胆的尝试。

康熙帝玄烨，在位 61 年，是中国历史上在位时间最长的皇帝。他文武双全、励精图治，少年时清除鳌拜，撤除三藩；于 1684 年统一台湾，并平定准噶尔汗噶尔丹叛乱；又反击沙俄入侵，换得了近 150 年的边界和平，维护和加强了国家的统一。

雍正帝胤禛，是在康熙末年登上历史舞台的。他在位期间，不仅注重加强君主专制，屡兴文字狱，还创建了军机处，平定了青海和蒙古贵族发动的叛乱，并顺利签订了中俄两国中段边界条约。

乾隆帝弘历即位之初，实行"宽猛互济"的政策，在务实足国、重视农桑的同时，还停止捐纳，彻底平定蒙古叛乱，并进一步加强政府对边疆的管理，主持编撰《四库全书》。1796 年，乾隆禅位给皇太子，自称"太上皇"。

嘉庆帝颙琰亲政后采取的一系列政策和措施，对于改变乾隆后期出现的种种弊政起到了至关重要的作用，但是并没从根本上扭转清朝的中衰之势。他在位期间，始终开不出一个根治腐化和怠惰的"药方"。对那些"尸禄保位"的官僚，除了警告，只剩下恫吓，别无他法。

道光帝旻宁是清朝入关后的第六位皇帝，以俭德著称。他在位 30 年，虽然朝纲独断、事必躬亲，但一系列内政事务，比如吏治、河工、漕运、禁烟等均无大起色。可以说，勤政图治却少有作为，是他一生的悲剧所在。

咸丰帝奕詝即位时，以洪秀全为首的太平天国起义爆发。接踵而至的又是英法联军之役，迫使他逃往热河承德。咸丰在位 11 年，民怨沸腾、民不聊生，甚至到了"大局糜烂、不可收拾"的地步。自此，他便沉湎于声色，纵欲自戕。

同治帝载淳在此期间，曾经依靠曾国藩、李鸿章、左宗棠等一批重臣，成功镇压了一系列农民起义，还兴办了一些所谓的"洋务新政"。但其实，清末时期真正的统治者是慈禧太后。同治帝亲政以后，作为一个青年皇帝，理应有所作为，但事实却恰恰相反，他辜负了朝野上下对他的期望。

光绪帝载湉19岁亲政，他"不甘作亡国之君"，积极支持变法新政，成为维新派心中的"救世主"。义和团运动开始后，各地反清武装起义此起彼伏，民主革命的热潮也在全国广泛传播开来，清王朝濒于覆灭的边缘。

宣统帝溥仪即位3年，由孙中山倡导的资产阶级民主革命条件日益成熟，清王朝的败亡已经不可逆转。清廷只得以光绪帝的未亡人隆裕皇太后和末代皇帝溥仪两人的名义，颁发退位诏书，并昭告天下。

清朝的荣辱兴衰，除与12位皇帝有关，还与慈禧有关。在咸丰帝驾崩后，慈禧便发动政变，排除异己，开始"垂帘听政"。在这以后的近50年里，她一直独断朝纲，为了一己私利，不断施展阴谋、倒行逆施，置全民族的利益于不顾，终于酿成了清王朝的灭亡。

清朝开疆拓土，鼎盛时期领土达1300多万平方公里。清初时期，为了缓和阶级矛盾，实行了"奖励垦荒、减免捐税"的政策，内地和边疆的社会经济都有所发展。清朝的人口数量也是历代封建王朝中最高的，清末时期达到4亿人以上。

清朝史是一段大气磅礴、荡气回肠的历史，在漫长的历史岁月中，演绎了一个王朝的兴衰隆替。在这个时代的12位皇帝中，有开国之君，有治世之帝，也有平庸之君，甚至还有堕落之帝。与此同时，还有改朝换代的血腥战争、此起彼伏的农民起义、开明人士的救亡图存、维新人士的改良尝试、推翻帝制的革命……当人们面对纷繁复杂的局势，还原出一个个鲜活的历史人物，拼凑起一段段精彩的历史真相时，才有了这本《不忍细读的大清史》。

目录

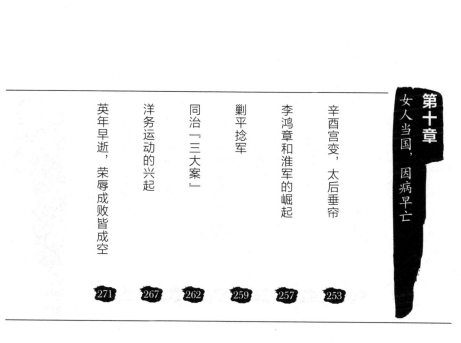

不忍细读的**大清史**

第一章

名扬世界的开国雄主

　　一代君王努尔哈赤，他统一了女真，创建了八旗制度，建立了后金，并袭抚清、克开铁、占沈辽、下广宁，开创了清朝近三百年的基业。他缔造和指挥的八旗军，曾是中国一支最富有战斗力的军队，也是世界上一支最强大的骑兵。他善于组织，长于用兵，常以少胜多、以弱克强。他以"神乎其神"的用兵之术进兵辽东一带，并取得了前所未有的胜利。可以说，努尔哈赤既播下了"康乾盛世"的种子，又埋下了"光宣哀世"的基因。

"十三副铠甲" 含恨起兵

大明末年，国势日渐衰弱，在辽阔富饶的东北黑土地上，大明的"准劲敌"兴起并强大了，它就是女真人的后裔——后金，也就是后来的大清。女真人曾在天庆五年（1115 年）建立"大金国"，并于端平元年（1234 年）被南宋和蒙古军联合攻灭。"大金国"灭亡后，迁居中原的女真人与汉朝融合，逐渐失去了自己的民族特色。然而，留在东北的各部女真人在散居多年之后，终于被智勇多谋、身经百战的女真首领努尔哈赤统一了起来。

嘉靖三十八年（1559 年），女真各部汉化最深、实力最强的一部——建州女真部里，一个"凤眼大耳、面如冠玉"的小孩在建州左卫的赫图阿拉城（今辽宁新宾）顺利诞生了，这个孩子便是清朝开国第一代皇帝、清太祖努尔哈赤。有传闻说，努尔哈赤是他的母亲怀胎 13 个月才生下来的。当时，他的家庭虽然不那么富裕，但也算是女真部落的一个贵族之家。

努尔哈赤，姓爱新觉罗，号淑勒贝勒，他的先人都非等闲之辈。他的祖父觉昌安、父亲塔克世曾是建州左卫指挥，母亲是显祖宣皇后喜塔腊氏。努尔哈赤是塔克世的长子，有两个同母弟弟，分别叫舒尔哈齐、雅尔哈齐，还有一个同母妹妹，后来被封为和硕公主。在努尔哈赤 10 岁时，母亲喜塔腊氏因病去世，父亲塔克世又立即续娶了哈达那拉氏给他当继母。哈达那拉氏为王台族女，对努尔哈赤总是尖酸刻薄，从不给他好脸色。再加上他的父亲塔克世怕老婆，为了不惹哈达那拉氏生气，只好什么事情都顺从哈达那拉氏。就这样，塔克世虽为人父，却又不敢大胆地给予父爱，对努尔哈赤兄弟几个总是冷若冰霜，以至于努尔哈赤在小小年纪时，就开始自立自强、自谋生路。

在努尔哈赤19岁那年，为了不再继续受继母的冷眼，他主动提出分家生活，其实就是变相地被继母赶出了家门。毫无疑问，他分得的家产也很少。就在他穷困潦倒之际，他的第一段婚姻及时地拯救了他。努尔哈赤于万历五年（1577年）娶了佟佳氏，称为元妃，成为他的第一个妻子。万历六年（1578年）二月，元妃生下了努尔哈赤的第一个孩子——未来的东果公主；万历八年（1580年）她又生了长子褚英；万历十一年（1583年），又生了次子代善。

元妃去世后，努尔哈赤又娶了第二任妻子富察氏衮代，称为继妃。万历十四年（1586年）继妃生下努尔哈赤的第五子莽古尔泰，后又生第三女莽古济；万历二十四年（1596年），她又生第十子德格类。万历十六年（1588年）努尔哈赤又娶了叶赫那拉氏。万历二十年（1582年）叶赫那拉氏为努尔哈赤生下第八子皇太极。万历二十五年（1597年）叶赫部那拉氏成为大妃。万历二十九年（1601年）努尔哈赤又娶了乌拉那拉氏阿巴亥，在孟古哲哲死后成为大妃，生有第十二子阿济格、第十四子多尔衮和第十五子多铎。

再来说努尔哈赤早期的创业经历。当时的努尔哈赤为了能够维持生计，便与弟弟舒尔哈齐等人常常爬山越岭，出没在山林中。他们先是采集松子、人参、木耳、蘑菇和猎取野禽等，然后再将这些辛苦弄来的山货送往抚顺、宽甸等地出售，换取一些钱当生活费。经过长期艰苦生活的磨炼，曾经年少无知的努尔哈赤变得成熟了许多，并逐渐养成了勤奋、谨慎、机警、多思等优点。尤其是在抚顺等马市交易中，他还经常接触一些从关内山东、山西、河北、苏州、杭州等地来的商人，在与他们的交流中，努尔哈赤的见识随之增多，视野也逐渐开阔起来。

第一章
名扬世界的开国雄主
· · · · · ·

在很长一段时间里，努尔哈赤都和汉族人打交道、做生意，他也因此受到了影响，习惯了汉族人民的生活习俗、文化生活。就连汉族人喜闻乐读的《三国演义》《水浒传》之类的书籍，努尔哈赤也开始阅读，并慢慢地爱上了这些书籍，从中还学会了不少作战的谋略。久而久之，他的汉化程度自然更深了，对朝廷内部的情况了解得也更多了，也因此逐渐萌发了反抗之意。

在当时的女真地区，大明"镇辽"总兵李成梁拥有实力最强大的军事力量。他曾多次率兵攻打建州女真部，杀人无数，令人发指。在"镇辽"的二十多年里，他一刻也不曾闲着，将全辽商民之利几乎都搜刮进了自己的腰包里。就这还不够，为了削弱女真人的反抗力量，李成梁于万历二年（1574 年）开始极力挑动海西女真和建州女真之间的矛盾，甚至还把海西女真哈达部的酋长王台当作一颗"棋子"，这才逮住了原建州右卫的都督王杲。为什么要对王杲下手呢？因为李成梁见王杲在辽东不断扩大自身的实力，担心王杲日后会有不轨之心，于是率领部下攻取了王杲的寨营，烧杀劫掠，做出了惨绝人寰的暴行。

王杲是何许人也？据说他是努尔哈赤的外祖父，他的名字听起来像是个汉族人，其实满语叫阿突罕。王杲这个人十分狂妄，平时总爱喝两杯，但一喝酒就发酒疯。不仅如此，他还是个生性残暴的人，当时明朝有个官员名叫裴承祖，曾经不自量力，竟然亲自去王杲的营寨索要被绑架掳掠的明将，结果却惨遭王杲的毒手，被剖腹致死。最终，心狠手辣的王杲，应了"恶有恶报"那句话，还是栽在了李成梁的手里。后来，李成梁听闻王杲还有一个儿子名叫阿台，于是又开始耍心眼，极力拉拢王杲的亲戚、努尔哈赤的父亲塔克世，以便彻底消灭阿台，想要斩草除根，以除后患。

可是，努尔哈赤和李成梁究竟是怎么认识的？据说，少年时代的努尔哈赤，因为受不了哈达那拉氏的虐待，一气之下便离开了家门，到外地流浪。一次偶然的机会，努尔哈赤遇到了李成梁，并被他收养。后来，努尔哈赤便参加了李家军,学习了许多李家军的制度。在李家军的几年里,努尔哈赤的武艺有了不少长进,刀、弓、剑、棍等都能娴熟运用。每次与敌人交战,努尔哈赤都表现得异常神勇,很快就能将敌人斩于马下。正是这几年的军旅生涯,成为努尔哈赤一生最重要的军训阶段。

万历十年(1582年),李成梁还在因为杀害王杲的事情,整天心事重重,总怕有一天王杲的儿子阿台会找上门来。当时,图伦城主尼堪外兰与李成梁私下里有交往。于是,尼堪外兰主动提出要帮助李成梁进攻阿台,其实也是为了拉近和李成梁的关系。这一次,努尔哈赤和他的祖父觉昌安、父亲塔克世也随军前往。因为阿台的妻子是努尔哈赤的堂妹,此行的目的就是劝说他投降。当阿台之战开始时,觉昌安、塔克世二人急忙赶到阿台所在的古埒城外,并要求尼堪外兰先停止攻打,给他们一点劝降的时间。进城之后,他俩就开始苦口婆心地劝说阿台,阿台想到自己家人惨死,说什么也不肯投降,而且决定亲自督战守城。李成梁率领明军进攻了两天两夜,却迟迟攻不下来。正在进攻不成、退下不能之际,李成梁居然倒打一耙,埋怨尼堪外兰乱进"谗言"。

尼堪外兰很不服气,便伙同官军欺骗守城军民说:"太师(指李成梁)有令,谁杀阿台归降,谁就当古埒城主。"城内那些贪心的人听到喊声之后,个个都蠢蠢欲动,瞬间起了歹心,立即杀了阿台,打开城门准备迎降。事后,李成梁借口是尼堪外兰下的假命令,迟迟不肯遵守诺言。但是,他也不能明着违背诺言,于是趁着夜色再次率领明军进城。当时的觉昌安、塔克世还在城内,也真是运气不好,身不及披衣,而头已断,手不及持刀,而臂已离,双双死于明军的乱刀之下。一夜之间,祖父、父亲双亡,这对年轻的努尔哈赤来说,打击着实不小,但是努尔哈赤并没有因此被打倒。相反,他化悲痛为力量,坚强地站了起来,成为部族的首领,肩负起了开创新事业的重任。

当时的努尔哈赤二十出头,已到了成熟的年龄。他心里自然跟明镜似的,知道杀他祖父、父亲的就是明兵,他告诉自己:"此乃大仇,不能不报。"但他也深知自己势单力薄，而明军势力过于强大，如果立即与明军为敌，无疑是鸡蛋碰石头，自取灭亡。所以他打算以文人的手段，找明朝边吏理论，先替祖父、父亲讨个公道，日后再做具体的打算。而当时的朝廷也自知理亏，因为觉昌安、塔克世早就归顺了明朝，并且帮助明军做过不少事情；同时也为了安慰努尔哈赤这颗受伤的小心灵，就给了他许多好处，这些好处包括 30 道赦书、30 匹马。

不仅如此，朝廷又授给努尔哈赤建州左卫都督、都督金事加龙虎将军的衔名。而努尔哈赤为了掩人耳目，不让明军看穿他的真实心思，一面高高兴兴接受朝廷的封赏，一面又对外宣扬他的仇敌是尼堪外兰，并用"但执此人与我，我即心甘焉"之类的话，转移朝廷的注意力。而私下里的他并不安分，一逮着机会，他就去清点父祖遗留下的微薄财产，上上下下，前前后后，搜了又搜，查了再查，只有 13 副铠甲、30 名部下；又串联兄弟、叔伯、家丁等一干人，准备起事复仇。

万历十一年（1583 年）五月，一切准备就绪，25 岁的努尔哈赤借报祖父、父亲之仇为名，并以先人遗留下来的 13 副铠甲起兵，率领部众攻克图伦城。虽然当时的萨尔浒城的诺米纳、嘉木湖寨主噶哈善、沾河寨主常书、杨书等人都归附于努尔哈赤，但是他的兵力依然不满百，能够披甲上战场的人只有可怜巴巴的 30 名部下。更可恶的是，到了约定会师那天，萨尔浒城主瓜喇、诺米纳两兄弟竟然玩阴的，关键时刻放了努尔哈赤鸽子。即便如此，努尔哈赤也不肯轻易放弃，继续率领剩余的几个部下直奔图伦城。

而那个一直以来靠口才混饭吃的图伦城主尼堪外兰，果然只是一般的嘴把式。努尔哈赤只带领剩余的一些部下攻城，就已经让他闻风丧胆。自作聪明的他还玩起了孙子兵法中的"三十六计，走为上策"，一口气逃到了鹅尔浑城（今辽宁抚顺东）。就这样，努尔哈赤不费吹灰之力，不损一兵一卒，就赢得了胜利。大败而逃的尼堪外兰，居然乐不思蜀，在鹅尔浑过上了安逸的日子。努尔哈赤当然不会就此善罢甘休，又发起了第二次进攻。这一回，努尔哈赤吸取了第一次的教训，再也不肯轻易放过尼堪外兰，一见他跑就立刻追上去。尼堪外兰的一举一动让其部下看在眼里，觉得自己的主子实在太窝囊，于是纷纷决定归附于努尔哈赤部下。如此一来，努尔哈赤的队伍又壮大了一些。

可是，尼堪外兰到底是怎么死的呢？事情原来是这样的，尼堪外兰见努尔哈赤紧追不放，于是跑到明朝的城内躲了起来。努尔哈赤一直追到城下，又不好贸然率兵进城杀人。正在这时，明军守城的一个小官从城墙上传来一份信件。努尔哈赤打开一看，上面这样写道："尼堪外兰是你们女真人，他的事情我们不管，你们自己处理吧。"努尔哈赤看完信后大喜，原来明军是允许我带人进去杀他的。于是，他立即叫手下带了四十多个人冲进去。尼堪外兰见此状，顿时吓得屁滚尿流。每逃到一个哨卡，他就试图想要爬上去逃命。城墙上的明兵也看不下去了，就将梯子撤走。努尔哈赤的手下借机追上去，手起刀落，这个"口水王"就死翘翘了。一个扶不起的阿斗，就这样成了努尔哈赤和明军私下博弈的牺牲品。

尼堪外兰被消灭的消息传开后，附近各部都望风归附。一时间，努尔哈赤威名远播，其势力不断得到稳固壮大。从那以后，崭露头角的努尔哈赤，便采取"顺者以德服，逆者以兵临"，试图统一建州女真各部。后来，史学家称"遗甲十三副"为"太祖起兵"。

从肃慎到女真

女真，亦作女真族，是我国东北地区一个古老的民族。此民族在商周时期叫肃慎，汉魏晋时期叫挹娄，隋唐时期叫靺鞨，五代和宋、辽时期叫女真。到了明清这一时期，又叫满洲族。提及女真族，它曾经有过一段轰轰烈烈的壮举，建立过统治北方半个中国的"大金国"。

在元朝末年，女真族就散居于东北松花江流域和黑龙江一带，并分为很多个部落。其中在吉林绥芬河流域，有一支比较大的女真部落。到了明朝初年，这里设置了三个卫所（即军事、行政合一的军事单位），包括建州卫、建州左卫和建州右卫，其指挥使仍然是女真族世袭首领。因此，这片地区的女真族被人们叫作建州女真，而努尔哈赤恰恰就属于建州女真。

经过长期的战争，除建州女真之外，又产生了东海女真、海西女真等较大的部落，它们与建州女真合称为"女真三部"。后来，"女真三部"始终互不相让，朝廷总是"以夷制夷，使其各自雄长，不相归一"，即谁露头就打谁，谁强大就灭谁，以至于它们长期处于分裂割据的状态。加之明朝采取了"分而治之、相互牵制"的分化政策，更是加剧了"女真三部"的混战。

那时候，东海女真散居于长白山北麓、乌苏里江滨海及黑龙江中下游地区，总是找各种理由侵袭海西女真和建州女真。为了躲避东海女真的一次次的侵扰，建州女真与海西女真两两联合，开始不断加强与辽东及关内的经济联系，并向南迁移。到了嘉靖年间，建州女真分布在抚顺关以东（今辽宁抚顺东），鸭绿江以北及长白山南麓地区；而海西女真则散居于开原以北，松花江及其上游的辉发河、乌拉河以及东辽河流域。

明中叶以后，"女真三部"依然纷争不断，一直在不断迁徙。到努尔哈赤起兵之前，按地域又分为建州、长白、东海与扈伦四大部分。建州所属有五部，即哲陈部、浑河部、苏克素护河部、董鄂部、完颜部（又叫王甲部）；长白所属有三部，即珠舍哩部、讷殷部、鸭绿江部。此建州五部和长白三部，就是过去的建州女真。东海所属有三部，即渥集部、瓦尔喀部、库尔哈部。此东海三部，就是过去的东海女真和其他少数民族。扈伦所属有四部，即哈达部、叶赫部、乌拉部、辉发部。此扈伦四部，就是过去的海西女真。当时，女真族各部群雄蜂起，为了称王争长，他们互相残杀，更有甚者还骨肉相残，真可谓是杀红了眼。在如此混乱的局势下，女真各部有着强烈的统一愿望，而努尔哈赤便成为实现这一历史要求的英雄人物。

为了加紧进行统一女真各部的活动，努尔哈赤采取了"先内后外、先弱后强"等策略，并将统一女真各部的过程分为三个阶段。第一阶段，统一建州本部。从万历十一年（1583年）五月起，努尔哈赤便着手解决建州左卫同族内部的分裂。万历十二年（1584年）正月，攻克兆佳城（今辽宁新宾下营子赵家村）；六月，攻克马尔敦城（今辽宁新宾上夹马尔敦村），打败纳木占、萨木占、讷申和完济汉等，稳定了自己在建州左卫的统治地位。七月，趁董鄂部内乱之机，攻取瓮鄂洛城，降服近邻董鄂部。

万历十三年（1585年）初，转兵西向，在太兰冈（今辽宁抚顺营盘八宝沟），击败马尔敦、萨尔浒、巴尔达等五寨联军四百人，杀马尔敦寨主讷申、界凡寨主巴穆厄；四月，又以八十人打败五寨联军八百人，控制浑河部；九月，攻克苏克素护部的安土瓜尔佳城，杀城主诺谟珲。万历十四年（1586年）七月，攻克哲陈部的托漠河城，并乘势攻占尼堪外兰所居之鄂尔浑城（今辽宁抚顺河口台东北），追斩尼堪外兰，征服苏克素护部。万历十五年（1587年）六月，攻取克山寨，杀城主阿尔泰，征服哲陈部。万历十六年（1588年）九月，董鄂部首领何和里率部归顺；同年，完颜部也被征服。经过五年的征战，努尔哈赤相继征服了建州五部。

第二阶段，征服海西部。努尔哈赤统一建州五部后，于万历十九年（1591年）正月，又挥师东向，兼并长白鸭绿江部。万历二十一年（1593年）九月，正当努尔哈赤率兵东向，征讨长白山各部之际，海西女真叶赫部首领卜寨联合乌拉、辉发、哈达及蒙古科尔沁等九部向建州发动进攻，双方战于古勒山。努尔哈赤集中所有兵力，攻其主力，大败九部联军，阵斩卜寨，并生擒乌拉部首领布占泰，从而为其统一战争奠定了基础。由于海西势力强大，难以迅速征服，努尔哈赤便采取了"远交近攻、分化瓦解、各个击破"的策略。在向明廷深示臣服，向朝鲜、蒙古表示友善的同时，还重点拉拢势力较强的叶赫、乌拉二部。万历二十五年（1597 年）正月，又与叶赫首领布杨古、锦台失联姻，椎牛刑马为盟，逐步孤立了哈达部和辉发部。

第三阶段，夺取东海部。万历二十七年（1599 年）九月，努尔哈赤以背盟为由，灭掉了海西女真扈伦四部最强大的哈达部，活捉了其首领猛格孛罗；又于万历三十五年（1607 年）九月，以同样的理由，消灭了辉发部，海西仅剩叶赫、乌拉二部。万历四十年（1612 年）九月，努尔哈赤以布占泰背盟负约为由，率军三万征讨乌拉部，克其六城，尽毁其屯寨粮储。万历四十一年（1613 年）正月，努尔哈赤再次出兵，攻克乌拉大城，消灭乌拉部；九月，以叶赫部藏匿乌拉部首领布占泰为由，出兵攻击叶赫，克乌苏等十九座城寨。正当努尔哈赤即将消灭叶赫部时，大明朝廷居然出面干涉，并迅速出兵驻守叶赫二城。这下可激怒了努尔哈赤，于是，从万历四十六年（1618 年）四月开始，努尔哈赤又转兵伐明。经过抚顺、清河城、萨尔浒以及开原、铁岭数次大战，使明朝在辽东的军事实力受到毁灭性的打击，叶赫部由此势成孤立。万历四十七年（1619 年）八月，努尔哈赤亲率大军围困叶赫部东西两城，一举攻克，杀叶赫首领锦台失、布扬古，消灭叶赫部。在兼并扈伦四部的同时，努尔哈赤又先后用兵于东海的瓦尔喀部、库尔哈部、渥集部，统一了东海诸部的主要部分。

就这样，从万历十一年（1583 年）五月至四十七年（1619 年）八月，在这三十六年的时间里，努尔哈赤基本上完成了统一女真各部的事业，结束了女真族长期分裂混战的局面。努尔哈赤正是凭着坚强的意志、超人的智慧、卓越的军事才能，以外交争取与军事进攻相结合，经过多年的艰苦征战，最终赢得了统一战争的胜利，堪称是战争史奇迹。

八旗军，打天下

努尔哈赤在统一女真的过程中，为了把部众组织起来，发展生产的同时，提高军队战斗力，这才创建了八旗制度。八旗制度，是清朝的一种社会组织形式，也是由女真族氏族社会的一种牛录组织演变而来的。原来当时的女真族有一个传统习惯，每逢出征或狩猎时，每人都需要取箭一支，10人为一组，然后从中推选一个人当首领，统率另外9人行进，这个首领便被人们称为"牛录额真"。牛录，本意为"大箭"，派生义为由大箭持有者自愿结合的10人围猎群体；额真，本意为"主人、首领"。

很显然，这种牛录组织并不是一个固定的组织，只是在出征或行猎时，才会临时编制起来，事情结束后就会自动解散。当然，牛录额真也不是常设的首领，而是临时推选的一个指挥者，事情完毕后就会被立即免职。努尔哈赤起兵之后，便根据战争的需要和女真族的传统习惯，把原来的牛录组织进行一番扩充，这才逐步建立了八旗制度，其目的是用以编制女真族人民。

万历二十九年（1601年），努尔哈赤对牛录组织进行了首次大规模的改造与重建，并参照了女真人的猛安谋克制。何为猛安谋克制？它是女真人以血缘为纽带建立起来的。努尔哈赤这样规定："设黄、白、红、蓝四旗，旗皆纯色，每旗300人为一牛录，以牛录额真一辖之。"即每女真壮丁300人设一牛录，首领为牛录额真。之后，努尔哈赤为了进一步扩大旗制，以五个牛录为一甲喇，首领为甲喇额真。甲喇，本意为"参领"。五个甲喇为一固山，首领为固山额真。固山，本意为"旗"。

八旗的以旗统人，即"以旗统兵，以旗统民"，是努尔哈赤的一个创造，也是清朝前期的一个重要的社会制度，它对清朝初期的入关、平三藩等战役具有决定性的作用。每逢遇到战事，便由各旗按牛录为单位抽调兵员，战事结束之后，归旗为民，从事生产，以耕养战。初期八旗每旗7500人，八旗共有6万人。需要强调的是，即使以后每旗总人数有所增加，但是最基层和最高层的数目都不会改变，只是将中间单位数目增加而已，比如甲喇数目增至八、九、十个为一旗。当然，八旗各有旗主，努尔哈赤是八旗旗主之上的最高统帅，正黄旗由他自己统领，正白旗由他的长子褚英（其母为元妃佟佳氏）统领，正红旗由他的次子代善（褚英的同母弟弟）统领，正蓝旗由他的同母弟弟舒尔哈齐统领。八旗制度是由努尔哈赤创建的，是清朝定鼎北京、入主中原、统一华夏、稳定政权的一个关键所在。

至万历四十三年（1615年），努尔哈赤的势力渐渐发展壮大，又对牛录组织进行了第二次大改造，并完善了牛录、甲喇、固山的体制。因"归服益广"，努尔哈赤又将四旗改为正黄、正白、正红、正蓝，并增设镶黄、镶白、镶红、镶蓝四旗。正黄旗、镶黄旗由努尔哈赤统领，正白旗由他的第八子皇太极（后世清太宗，其母为孝慈高皇后叶赫那拉氏）统领，镶白旗由他的第十二子阿济格（其母为大妃乌拉那拉氏）统领，正红旗、镶红旗由他的次子代善统领，正蓝旗由他的第五子莽古尔泰（其母为继妃富察氏）统领，镶蓝旗由他的侄子阿敏统领。增设的旗织是在黄、白、蓝三色旗镶了红边，红色旗镶了白边。这样一来，就有八种不同颜色的旗帜，合为"八旗"，以统率满族、蒙古族、汉族军队。

八旗军建立之初，实质上是一种"军政合一、兵民合一"的社会组织形式。在当时，凡满洲成员皆隶于满洲八旗之下。入关之前，平日里，八旗军都在从事一些生产劳动，只有在战时才会荷戈从征，并自备军械和粮草。入关以后，为了巩固满族贵族的统治，加强对全国各族人民的控制，同时为了解除八旗军的后顾之忧，更好地为清王朝效命，建立了八旗常备兵制和兵饷制度，与绿营共同构成清朝统治全国的强有力的军事工具。于是，八旗军就顺其自然地成为"职业兵"。八旗军无论满洲、汉军或蒙古，均以营为单位，由都统及副都统率领，被称作"骁骑营"，用于驻防或征战；同时还有炮营、枪营、护炮藤牌营，附属于汉军骁骑营。

八旗军又是一支严格训练的军队。据说，努尔哈赤在统一建州女真的进程中，为兴基立业，巩固权位，便在苏克素护河部虎拦哈达东南与硕里隘口间的南岗上筑城，也就是后来的费阿拉城。费阿拉城位于抚顺新宾满族自治县，明人称之为"建州老营"。"费阿拉"为满语，意为"旧的山城"，一般称为"旧老城"。不久，努尔哈赤便在那里"自中称王"，建立王权。

当时的努尔哈赤，十分重视军事训练。为了提高军队素质，培养勇敢精神，让士兵熟谙弓马技艺，特意在费阿拉城建了一个很大的操场，让军队在那里操练兵马。练兵时，他还经常亲自检查战马的膘情，马肥壮者赏酒，马羸瘦者鞭责。练兵除演习枪、刀、骑、射之外，还进行"水练"和"火练"。"水练"就是练习跳涧，"火练"就是练习越坑，有赏亦有罚，优秀者受赏，怯劣者斩首。努尔哈赤之所以严格军训，是因为他深知武艺对一个兵士的重要。他自己就是一个弓马精熟、武艺超群的射手，他希望自己的军队也是如此。

直到后金天命十一年（1626 年），也就是皇太极即位之后，除了八旗满洲之外，又增设了汉军八旗和蒙古八旗。此后，八旗才有了满洲、汉军和蒙古之分。也正是在那时，那些擅长突骑野战的蒙古八旗便成为满洲人的左膀右臂，而擅长操作火炮等重兵器的汉军八旗的加入，对于原来只重骑兵、轻火器的满洲人来说，有着莫大的帮助。但是，八旗仍是八旗，其权力始终被满洲贝勒紧紧握在手中，绝不可旁落人家。崇祯十七年（1644 年）入关时的八旗劲旅，在对农民军与明朝残存势力的战争中，可以以一当十、摧枯拉朽，可以说那时正是八旗武力最精锐、最强盛的时期。

满洲文，治天下

　　女真族，作为满洲人的先人，起先虽然拥有自己的语言，却始终没有自己的文字，一直在借用契丹字。当时的女真族首领完颜阿骨打，在建立"大金国"后，为了能够使自己的国家长治久安，便命令金朝人臣完颜希尹创制女真文，于是，完颜希尹奉命"依仿汉人楷书字，因契丹字制度，合本族语，制女真字"。这种女真字史称"女真大字"，完颜希尹成为女真文字的创制者。

　　就这样，"女真大字"被通用了十几年。后来，"大金国"的第三位皇帝，也就是金太祖完颜阿骨打的嫡长孙金熙宗完颜亶，又创制了另一种女真字，史称"女真小字"。从此以后，"女真大字"和"女真小字"便开始一起通用。直到"大金国"被灭亡后，那些流散在中原的女真人受汉文化的影响，逐渐汉化，都改用汉语文，于是不再有人知晓本民族的语言文字，而那些留守在东北的女真人仍然使用自己的语言文字。到了明朝后期，除本民族的语言仍被使用外，文字也已开始被废弃，逐渐变得无人知晓，女真人便又改用蒙古文字了。

　　十六世纪末至十七世纪初，建州女真首领努尔哈赤基本上统一了女真各部，女真族的政治、经济、军事、文化等方面都得到了迅速的发展，与明朝、蒙古各部的联系也日趋频繁起来。但是，他们也越来越清楚地意识到，没有本民族的文字，无论是公文往来，还是民间的文化交流，都十分不方便。刚开始的时候，建州与明朝和朝鲜的公文，全由军师张一化用汉文来书写。后来，张一化去世了。努尔哈赤兴起后，便让一个客居辽东的浙江绍兴人龚正陆来掌管文书，参与机密，教子读书，并尊称他为"师傅"。此后，凡是公文之类，全都出自于龚正陆之手。

而当时的努尔哈赤，略懂蒙古文，又粗通汉文，唯独缺少女真文字。所以，他在女真社会中的公文和政令，首先交由龚正陆用汉文起草，然后再译成蒙古文公布出去。如此一来，就出现了女真人讲女真语，写蒙古文。久而久之，这种语言与文字的矛盾，已经不能满足女真社会发展的需要。为了适应建州社会军事、政治、经济和文化迅速发展的需要，努尔哈赤终于做了一个决定：倡议并主持创制作为记录女真语言的符号——满文。

万历二十七年（1599 年），努尔哈赤正式决定创制本民族的文字。但是，如此重要的事情，应该交由谁来担任呢？努尔哈赤考虑再三，突然想到额尔德尼和伊尔根觉罗·噶盖二人，并决定让他们二人来担此重任。早年时，额尔德尼就跟随努尔哈赤南征北战，因他兼通蒙古语、汉文，所以主要职掌"记典例司文书"，算得上是努尔哈赤最信任的人之一；而伊尔根觉罗·噶盖也是努尔哈赤器重的人之一。此后，创制文字的重任就彻底落到了他们二人头上。

同年二月，努尔哈赤灵机一动，突然想到可以仿照蒙古字母，来创制本民族的文字。第二天一大早，他便召集文臣额尔德尼和伊尔根觉罗·噶盖他们二人商议此事，并将自己的想法和设想告知了他们，还要求他们具体实施。他们二人听完，对努尔哈赤说："我等习蒙古字，始知蒙古语，若以我国语编创译书，我等实不能。"努尔哈赤说："汉人念汉字，学与不学者亦皆知，蒙古之人念蒙古字，学与不学者亦皆知。我国之言与蒙古之字，则不习蒙古语者不能知矣。何汝等以本国语言编字为难，以他国之言为易耶？"他们二人回答说："以我国之言编成文字最善。但因翻编成句，吾等不能，故难耳。"努尔哈赤对二人说："写阿字，下合一玛字，此非阿玛乎？额字，下合一默字，此非额默乎？吾意决矣，尔等试写也。"

看得出来，在满文的创制过程中，努尔哈赤作为女真族的杰出首领，的确是发挥了决策和指导作用。很快，额尔德尼和伊尔根觉罗·噶盖便奉努尔哈赤之命，开始着手创制满文。没过多久，伊尔根觉罗·噶盖"以事伏法"，所以创制满文的艰巨任务便交由额尔德尼单独承担完成了。满文的创制和颁行，不仅完全适应了女真社会发展的需要，同时有助于推动女真社会的进一步发展和政权的建立。

据说，额尔德尼等人所创制的满文，是在蒙古字母的基础上创制的，其字母基本上仿照蒙古文字母而成，没有圈点，被称为"无圈点满文"，或"老满文"。这种满文，字母数目、形体与蒙古文字母大致相同。因属于初创，难免会存在一些缺点和不足。正如清廷入关前，以满文书写的编年体皇家档册《满文老档》内所指出："十二字头，原无圈点，上下无别，故塔、达、特、德，扎、哲，雅、叶等不分，均如一体。若寻常语言，按其音韵，尚可易于通晓。若人名、地名，则恐有误。"后来，经过达海（即跟随努尔哈赤从军参战的大臣）改进的满文，被称为"有圈点满文"，或"新满文"。现在，人们通常所说的满文，一般指的是"新满文"。

从额尔德尼、伊尔根觉罗·噶盖初创的"老满文"到达海改进的"新满文"，其间经历了三十多年的时间，最终才成为了一种比较可靠、完善、易学、实用的女真族自己的文字。当然，无论是老满文，还是新满文，其推广使用都需要经过一个过程。满文的创制与改进，都是在女真最高统治者的决策和指导下完成的。满文的创制和颁行，有效促进了"后金"教育事业的蓬勃发展。从此，女真人便有了自己的文字，可以用它来交流思想，书写公文，记载政事，编写历史，传播知识，甚至还可以翻译汉籍，作用可谓是多多。它不仅加强了女真人的思想交流，也促进了女真人与汉人之间的文化交流。满文创制后在女真地区的推行，使女真各部和女真人民之间的交往更为密切，这对女真族共同体的形成，无疑是一条重要的精神纽带。

与此同时，满文记录和保存了大量的文化遗产，也丰富了中华民族的文化宝库。为此，史学家又为满文做了这样一个比喻：犹如流星经天，灿烂了二百多年，又被不以人的意志为转移的历史洪流湮没，隐身而去，给后人留下了诸多思考。足见，满族文字的创制，八旗制度的确立，无论从精神方面和还是物质方面，都为"后金"政权的建立做足了准备。而努尔哈赤主持制定的"无圈点满文"，则成为我国满族发展史上的一件大事，也算得上是他的一大功绩。

"天命汗"实至名归

万历四十四年（1616年）正月的一天，真可谓是一个特殊的日子。努尔哈赤在赫图阿拉城（今辽宁新宾境内）举行登基大典，并自称"承奉天命覆育列国英明汗"，定国号为"后金"，年号"天命"，隐喻有天命所归的意思。此外，他还将赫图阿拉城改名"兴京"，定为国都。从此，努尔哈赤称明朝为"南朝"，正式与之分庭抗礼，这年他58岁。当然，努尔哈赤黄衣称汗，建立后金，固然有一个历史发展的过程。这些年来，他一直在小心翼翼地沿着通向汗位宝座的阶梯，不声不响、一步一步地拾级而上。

万历十五年（1587年），努尔哈赤起兵大概已有四年之久，在大体上统一了建州本部之后，就在费阿拉城围筑城栅，开始兴建衙门楼台。这年六月，努尔哈赤定国政，凡作乱、窃盗、欺诈等行为，法制以立，悉行严禁。从此，努尔哈赤便在费阿拉城初步建立起了政治权力，这便是"后金"政权的雏形。

万历十七年（1589年），努尔哈赤一面接受明封为都督佥事，一面在费阿拉城"自中称王"，建立王权。当时的努尔哈赤，为了巩固地位和权力，开始手足相残。努尔哈赤的第一个对手，就是他的同母弟弟舒尔哈齐。从努尔哈赤被赶出家门那一刻起，他们兄弟俩便相依为命，也或者说是努尔哈赤伴随舒尔哈齐度过了一个苦难的童年。努尔哈赤起兵后，二十岁的舒尔哈齐就成为努尔哈赤冲锋陷阵的一名勇将。在当时看来，舒尔哈齐的权势和地位的确十分显赫，努尔哈赤统一建州后，舒尔哈齐作为努尔哈赤的得力助手，被称为"船将"。

万历二十三年（1595 年），在舒尔哈齐 30 岁时，他第一次代表建州女真赴京朝贡。当时，他麾下有精兵 5000 人、能臣宿将 40 人。再加上他多年来战功赫赫，很得人心。可以说，他当时的势力足以与努尔哈赤相抗衡。也正是因为舒尔哈齐的锋芒外露，让努尔哈赤心生猜忌。没过多久，舒尔哈齐的势力就发展到了让努尔哈赤不能容忍的地步。就在那时，他们兄弟俩的关系开始慢慢僵化，努尔哈赤总是有意贬低并冷落舒尔哈齐。努尔哈赤没完没了的无端猜忌和残酷削夺，深深刺伤了舒尔哈齐多年来对兄长的亲情，他的权力欲也日益膨胀起来。后来，舒尔哈齐终于忍受不了每天被打压的生活，决定率领自己的军队出走。努尔哈赤发现后十分震怒，立即扣留了舒尔哈齐，抄没了舒尔哈齐的全部家产，并把舒尔哈齐幽禁了起来。

万历二十四年（1596 年），努尔哈赤在打败了北关叶赫部大部长布寨之后，明廷授予他令人羡慕的龙虎将军。后来，精于韬晦之术的努尔哈赤在完全统一了女真后，紧接着又创制了满文，吞并了哈达部。与此同时，还设立了四旗，于万历三十一年（1603 年）把自己的宫殿迁到了赫图阿拉（今辽宁省新宾满族自治县永陵镇赫图阿拉村）。赫图阿拉，原意是"横岗"，明朝时期被称为"奋子城"。

万历三十三年（1605 年）三月，努尔哈赤又命人在"赫图阿拉城外，更筑大城环之"，如此一来，赫图阿拉便成为努尔哈赤崛起的基地。此后，努尔哈赤在赫图阿拉又向大明"镇辽"总兵李成梁呈交了一封信，信中这样写："有我努尔哈赤收管我建州国之人，看守朝廷九百五十余里边疆。"同年十一月，努尔哈赤又给朝鲜边将递交了一封信，他自称："建州等处地方国王佟，为我二国听同计议事，说与满蒲官镇节制使知道……"由此看来，当时的努尔哈赤既称"建州国"，也称"国王"，使自己的王权又提高了一步。

万历三十四年（1606 年）十二月，一个雪后初霁的日子，蒙古恩格德尔带领喀尔喀部五个部落贝勒的使臣，亲自来到赫图阿拉拜见努尔哈赤。话说恩格德尔是何许人也？原来他就是努尔哈赤在建立后金国的第二年收纳的一位蒙古"额驸"，舒尔哈齐的女婿。这一次他们亲自造访，给努尔哈赤也带了不少贺礼，比如骆驼、马匹等，并尊称努尔哈赤为"昆都仑汗"。"昆都仑"，原意是"恭敬"。因此，努尔哈赤又被称为"恭敬汗"，这是努尔哈赤第一次被称为"汗"，为他日后建立金国称汗做了舆论上的准备，又为他登临汗位做了一次预演。因此，努尔哈赤建元称汗，是建州由小变大、由弱变强的一个重要政治标志。

随着军事、政治和经济力量的日益强大，努尔哈赤另立国号的时机日渐成熟。万历四十四年（1616 年），在各旗主的拥护下，努尔哈赤宣布自己为"金国汗"。就这样，一个新兴的后金政权在东北地区正式建立了。当然，为了与历史上早期的"大金国"区别开来，史称"后金"。

萨尔浒、开原、铁岭之战

天命三年（1618 年），正是努尔哈赤 60 大寿，这一天他发布了"七大恨"，并正式向明朝宣战。努尔哈赤的"七大恨"：第一恨是明军无故生衅于边外，于万历年间杀害努尔哈赤的祖父觉昌安、父亲塔克世；第二恨是在女真各部的混战中，明朝公然偏袒叶赫、哈达部落，欺压建州；第三恨是明朝违反双方划定的范围，强令努尔哈赤抵偿所杀越境人命；

· · · · · ·

第四恨是努尔哈赤和叶赫部同为明朝的藩属，明朝却帮助叶赫部进攻建州；第五恨是明军越境支援叶赫，背弃盟誓，将努尔哈赤已礼聘了的未婚妻改嫁到蒙古，实在蒙羞；第六恨是明朝逼迫努尔哈赤在柴河等地边民后退 30 里，使之流离失所、无衣无食；第七恨是明朝派遣边官对努尔哈赤污言秽语，百般欺辱，作威作福，令人无法容忍。

天命四年（1619 年），是历史转折的一年。这一年，明军与努尔哈赤爆发了萨尔浒战役。明军从九边重镇（又称九镇）征发了最精锐的士卒。其中包括宣府、大同、山西三镇发精兵 3 万，延绥、宁夏、甘肃、固原四处发精骑 25000 人。另有浙江征发戚继光系统浙军 4000 人；四川、广东、山东、南北直隶、陕西等发精兵 2 万，永顺、保靖、石州各处土司兵，河东西士兵总约 7000 人；明军又从百万大军中抽调了 8 万多最精锐者参战。此外，明廷盟友，隶属海西女真之叶赫部还出动 1 万人，朝鲜出动 13000 人的军队。总计 11 万人，号称 47 万大军。从明军兵分四路的阵容来看，似乎所有的战将都已经出动，场面着实壮观。四路军分别为山海关总兵杜松、辽东总兵李如柏、开原总兵马林和辽阳总兵刘铤，主力是杜松部。

不仅如此，明末统帅杨镐还主动奏上"擒奴赏格"，得到了万历皇帝朱翊钧的批准，并颁示天下。赏格是这样规定的："擒斩努尔哈赤者赏银 10000 两，升都指挥使；擒斩其八大贝勒者赏银 2000 两，升指挥使。若擒斩其余努尔哈赤的十二亲属伯叔弟侄，及其中军、前锋、领兵大头目、亲信领兵中外用事小头目等，一律重赏并且封授世职。"此后，四路明军分进合击，直奔后金都城赫图阿拉。主力杜松急于求成，率领军队在一日之内急行了百余里，力图速战速决。

努尔哈赤当然也不甘示弱，率领八旗军迎战，并依计发动箭阵。此外，他还采取了一个英明的决策，即"凭尔几路来，我只一路去"，就是集中优势兵力，各个击破。其实，明军的军事力量并不弱，因为此次讨伐后金的明军都是精锐，不仅有汉族，还有西南少数民族、蒙古族等。但是面对八旗军，明军的枪炮方阵根本无法阻挡和冲击。当时明军除了统帅杨镐，还有一位悍将名叫潘宗颜，他带领部队反击八旗军，手持大刀并扬言："一定要与努尔哈赤白刃血战。"在努尔哈赤的号令下，八旗军并没有接战，只是保持一定距离使用强弓放箭。一会儿工夫，潘宗颜的全身就被无数强弓硬箭射得"骨糜肢烂"，浑身箭洞。八旗军仅仅用了五天时间，便击败了明军的全部精锐。这次战役，明军损失惨重，而八旗军战死者数目轻微，很快取得了胜利。

萨尔浒战役大捷之后，努尔哈赤便在赫图阿拉的衙门里举行庆功宴。他邀请八旗的诸贝勒、大臣分坐八处，次子大贝勒代善、侄子二贝勒阿敏、五子三贝勒莽古尔泰、八子四贝勒皇太极和投降的朝鲜都元帅姜弘立、副元帅金景瑞六人坐在凳子上，并下令将缴获的甲胄、兵仗、衣物、枪炮等堆积八处，并按照战绩进行分配。又命令士兵回营休整，牧放马匹，缮治器械。看得出来，努尔哈赤并没有因为萨尔浒大捷而得到满足，他的心依然蠢蠢欲动，想要借有利时机，乘胜率军进攻开原、铁岭。

开原是一座历史悠久、规模宏大的千年古城，曾为扶余、大金、东辽、东夏等四国故都。这里势踞形胜，东邻建州，西接蒙古，北界叶赫。所以，才有"辽左三面临险，而开原孤悬一隅"之说。在明朝时期，开原不仅是同蒙古和女真经济文化交流的重要场所，也是明廷在辽东对抗蒙古贵族和女真贵族南进的前沿堡垒。努尔哈赤要想进兵辽、沈，首先要先摧毁明朝孤悬的堡垒开原。

天命四年（1619 年）六月初十，努尔哈赤率领 4 万八旗军正式向开原进发。他兵分两路：以小股部队直奔沈阳为疑兵，途中杀害 30 余人、浮斩 20 人，其目的是为了虚张声势；主力部队则主要进攻靖安堡（位于铁岭市清河区清河水库库区内），并于六月十六抵达开原城外。明朝统领开原城的推事官郑之范贪得无厌，昏庸又不理防务，从而丧失了军心。如此一来，城中的那些守军也变得腐败不堪、毫无斗志。久而久之，兵无粮饷，马缺草料，呈现出兵逃马倒的混乱局面。颇有心计的努尔哈赤心中早有对策，他事先派谍工到开原打探情况，对其内部的军队多寡、兵士勇怯、粮饷虚实、将吏昏明都了如指掌。直到有一天，努尔哈赤收到谍工发来的信件，知道守军到城外牧放马匹。于是，他才乘虚而入，突然率兵围攻开原城。

面对八旗军的突然袭击，开原城总兵马林一贯松懈疏忽，这一次更是来不及布防。郑之范等人听闻有人攻城，慌乱之下登城守御，并在四门增加士兵。努尔哈赤率领八旗军，一面在南、西、北三门攻城，布战车、竖云梯，鱼贯而上，沿城冲杀，城上守兵瞬间溃散；一面布重兵于东门，进行夺门搏战。由于有努尔哈赤派出的谍工"开门内应"，八旗兵很快便攻进了城。战乱中，推事官郑之范企图带着家眷从北门逃窜，但还是没能逃此一劫，被八旗军逮捕入狱。就这样，开原城在一天之内失陷，马林等人也随之被斩首。

即便如此，开原城那些幸存的明军依然不肯归降，拼死守卫城门。八旗军占领开原城后，努尔哈赤登上城，坐南楼，后巡视，听军报，举目四眺，阅览形胜。他以声东击西、乘虚而攻，步骑摧坚、里应外合的策略，智取开原。当时，曾任职明兵部尚书、辽东经略的王在晋这样说："开原未破而奸细先潜伏于城中，无亡矢遗镞之费，而成摧城陷阵之功，奴盖斗智而非徒斗力也。"这是对努尔哈赤以智谋取胜的一例很好的说明。

智取开原之后，经过一个多月的休养，努尔哈赤决定再出其不意攻取铁岭。也是从那时起，努尔哈赤对降服汉官的政策更为重视。明朝原任开原城千总王一屏、戴集宾、金玉和、白奇策等6人，因妻子被八旗军掳去，经过一番商议后，他们决定投降后金。努尔哈赤大喜，他说："观此来降者，知天意佑我矣。彼闻吾养人，故来投耳。"之后，他们被各赐50人，马50匹、牛50头、羊50只、骆驼2头，银50两，缎布若干匹。为了彻底俘获汉官的心，努尔哈赤对其随从人员也给予赏赐，赐予他们妻仆、耕牛、乘马、衣物、粮食、田庐、器用等。这个厚待投降后金的汉官政策，表明努尔哈赤要借机分化明朝官员，收买汉族地主，以便占领更多的辽东城镇。

同年七月二十五，努尔哈赤继夺取开原之后，又率领贝勒、大臣统兵五六万人，一举围攻铁岭。铁岭之城，"诸夷环绕，三面受敌，最为冲要"。铁岭，是明朝沈阳北部的重要城堡，既然是堡垒，就要从内部去攻破。此时的努尔哈赤，为了能够从明军内部快速攻破堡垒，不惜花费重金，来收买明军中那些贪图钱财的官兵，使铁岭守军陷于腹背受击的境地。

　　直到探知明军将领之间的矛盾，以及铁岭城守空虚之际，努尔哈赤才率领八旗兵开始围城。努尔哈赤围城那天，的确很有范儿：身处战场的他，居然能镇静地坐在铁岭城东南的小山上，指挥八旗军的步骑攻城。铁岭游击将军喻成名、吴贡卿、史凤鸣、李克泰等人率军坚守，放火炮，发矢石，拼死守城。努尔哈赤见明军如此顽固，这才起身派兵竖起楯梯，登城毁陴。在这千钧一发的时刻，被花重金收买的明军参将丁碧"开门迎敌"。参将，相当于少将。当丁碧打开城门后，八旗军便蜂拥而入，所以，努尔哈赤攻打铁岭时，虽然经过了一番激战，但因为有内应，并没有造成重大伤亡。游击将军喻成名等人因为军中有叛徒，加之没有援兵来助，铁岭城陷之后，力战阵亡。

　　铁岭失陷后，努尔哈赤立即下令："（明军）士卒尽杀之"，"屯兵三日，论功行赏，将人畜尽散三军"。努尔哈赤正是通过收买明军中的叛徒，打入了敌人的内部，这才智取了铁岭。

智夺辽、沈，所向披靡

　　正当努尔哈赤连续攻取开原、铁岭地区，准备乘胜进军辽、沈地区的重要关头。大明朝廷又紧急启用了另一名将领，并把镇守沈阳、辽阳

第一章
名扬世界的开国雄主
* * * * * *

一带的重任交予了他，他就是明兵部右侍郎兼右佥都御史、辽东经略熊廷弼。熊廷弼日夜兼程，迅速赶到了辽东第一城辽阳。熊廷弼的到来，使辽东形势发生了急剧的变化。熊廷弼这个人很不好对付，可以说，他是努尔哈赤遇到"七大恨"告天起兵以来的第一个真正对手。毋庸置疑，努尔哈赤进取辽、沈的计划要延缓一段时日。努尔哈赤当然不肯就此作罢，又根据辽东局势的变化，重新做了部署：北取叶赫，西抚蒙古，等待时机，攻取辽、沈。

熊廷弼，湖广江夏（今武昌）人，明末将领。他身高七尺，不仅精明强干、雷厉风行、有胆有识，而且刚正不阿、治军严明，深得人心。万历二十六年（1598 年），熊廷弼顺利考中进士，后任御史一职。万历三十六年（1608 年），他受命巡按辽东。天命四年（1619 年）六月，明朝政府又指派熊廷弼为经略，取代了在萨尔浒战败的杨镐，让他赴辽东督师。熊廷弼不仅精通兵法，还善左右射。在辽任职数年，后因朝廷党争而被罢职。同年八月，熊廷弼顺利抵达辽阳。其实，当时的辽、沈地区形势不容乐观，几乎是人去村空、兵残将惧。面对如此形势，熊廷弼虽然心知朝廷是有意扔给他这样一个烂摊子，但是他仍然本着誓死保卫辽阳的决心，并采用"坚守进逼"之策，即厚集兵力、坚守辽阳、北顾沈阳，进一步逼近努尔哈赤的八旗军。

熊廷弼守辽一年多，一刻都不曾放松。他大力整顿军务，巩固辽、沈边防，并始终坚持"以和为守，以守为战"的战略，取得了很好的效果。在此期间，努尔哈赤虽然蠢蠢欲动，但也不敢轻易西进。后来，熊廷弼只守不攻的做法，引得朝中不少官员的非议，他们认为熊廷弼是胆小怕事，才迟迟不敢出击。于是，朝中一些官员便纷纷上奏朝廷，催促他尽快进攻后金，速战速决。虽然熊廷弼再三解释自己的用意，但朝廷诸多官员都听不进去。所以，熊廷弼只好在朝廷的压力下再次去职，镇守沈阳、辽阳的重任便由毫无军事才能的袁应泰接替。袁应泰接任后，立即对熊廷弼的策略做了大变更，撤换了许多官将，甚至还布置对后金反攻，进而削弱了明军防御体系。

天命六年（1621 年）三月十二，努尔哈赤得知明朝大将熊廷弼已经离职，时机趋于成熟，于是亲自率领诸贝勒大臣，统领大军，向沈阳进发。沈阳是明朝在辽东的枢纽，也是辽阳的屏障，自然会有重兵把守。沈阳城内有贺世贤、尤世功两位明朝的总官兵，各有将兵 1 万余人，明朝总兵官陈策又引领四川江浙一带的士兵 1 万余人来支援辽阳，再加上守卫奉集堡的明朝总兵李炳诚等人也领兵 3 万增援。所以，想要一举攻下沈阳有点困难，只能靠智取。

三月十三，努尔哈赤先派出数十名骑兵引诱守将出城。总兵尤世功果然出城追击，死去 4 人。这时候，总兵贺世贤决定改变"固守"的策略，决意出战迎敌。三月十四，努尔哈赤又派遣那些老弱病残者上阵挑战，当日贺世贤喝得酩酊大醉，率领千余人出城。努尔哈赤派出的那些所谓的兵将们见贺世贤出城追击，一个个都佯装惧怕敌人，准备撤离。贺世贤见此情形，想要乘胜追击，不料却进了后金的埋伏圈。此时，后金精骑四合，贺世贤吓得边战边逃，退至城门外侧。因为城内有努尔哈赤数月前派往城中诈降的蒙古人的接应，后金军顺利攻克沈阳，城内兵民被杀者达 7 万人。

攻克沈阳后，努尔哈赤表示："沈阳已拔，敌兵大败，今即宜乘势，率众长驱，以取辽阳。"诸贝勒大臣同意了努尔哈赤的重大军事决策。之后，他便亲统八旗军，向辽阳进发。辽阳是明朝辽东的首府，也是东北政治、经济、军事和文化的重心。沈阳陷落后，辽阳失去了屏障，危如累卵。三月十九，后金军包围了辽阳。后金军见辽阳城池险固，再加上兵势甚盛，不免有些胆怯。努尔哈赤当然不允许自己手下的兵将胆怯战场，于是他声色俱厉地告诫众兵"一步退时，我已死矣。你等须先杀我，后退去"，并单枪匹马向明军冲去。后金军被努尔哈赤无所畏惧的气概所影响，也随之进攻，数日之间，金、复、海、盖州卫悉传檄而定。努尔哈赤带领八旗贝勒、大臣，进入城内，驻于经略衙门，河东大小 70

余城，官民俱剃发而降。

夺取辽阳后，努尔哈赤便决定迁都于此。天命六年（1621年）四月，正式迁都辽阳。迁都辽阳后，辽阳还叫辽阳，沈阳改名为盛京。紧接着，努尔哈赤便将大福晋佟佳氏以及诸妃等都接到辽阳，并居住在都司衙门。辽阳、沈阳失陷后，明朝朝廷上下一片混乱。

同年六月，明朝再一次起用熊廷弼，并任命他为兵部尚书兼右副都御史，驻守山海关，经略辽东军务，把收拾辽西残局的任务交给了他。看得出来，明廷只是在利用熊廷弼，只有在遇到危机时才会想起熊廷弼。可是熊廷弼依然不计前嫌，针对辽东的形势，熊廷弼依然坚持几年前的防御方针，并揭出"三方布置策"，即"广宁用马、步列垒河上，以形势格之，缀敌全力，天津、登、莱各置舟师，乘虚入南卫，动摇其人心，敌必内顾，而辽阳可复"。也就是说，他在加强广宁防御、稳住河西的同时，再一步步向东推进。

其实在熊廷弼到任前，明朝又任命王化贞为辽东巡抚，驻守广宁一带。广宁是明代辽东仅次于辽阳的第二大城，是辽阳通往山海关的咽喉要地。辽、沈失陷后，明朝辽东巡抚便移署驻此。说起王化贞这个人，他明明不懂军事，却一再轻视后金，一心只想着进攻，从不顾忌后果。此后，熊廷弼、王化贞二人因为意见不一，闹到了水火不容的地步。但是，王化贞仗着手握实权，控制着辽西的十余万明军，所以根本不把熊廷弼放在眼里。熊廷弼虽有经略之名，手中却仅仅只有五千兵将。王化贞不仅手握实权，还得到朝中重臣的暗中支持；而熊廷弼却恰恰相反，虽然一身本领，却屡次受排挤，始终不能出人头地。

天命七年（1622年）正月，努尔哈赤得知熊廷弼、王化贞有矛盾。王化贞向来疏于防守，努尔哈赤便乘虚而入，发兵渡辽河而西，进攻广宁。努尔哈赤首先率兵围攻广宁前哨西平堡，熊廷弼、王化贞二人急忙撤另外两个前哨镇武堡、闾阳驿之军，并由广宁再派兵，三路前往支援。王化贞有一个心腹大将名叫孙得功，他早就有投降后金的想法，只是没敢说出来。当努尔哈赤分兵迎敌，两军刚一交战时，孙得功便率先逃跑，大呼兵败；明军一听，顿时阵脚大乱，四面溃散，三万援军很快就被全歼。

当时的西平守将殊死抵抗，然而"众不敌寡"，最终还是被后金攻克。孙得功奔回广宁后，王化贞仍然委以守城重任。孙得功大呼让军民剃发归顺后金，并命其党羽封府库以待，一城哄然，争夺门走。王化贞茫然不知，幸好被参将江朝栋所救，才狼狈逃出了广宁城，进入山海关。就这样，数十万辽西难民相随入关，啼哭之声震动天地。努尔哈赤在孙得功等降将的迎接下，顺利进入了广宁。随后，熊廷弼兵败被斩，王化贞下狱论死。接着，后金又连陷四十余城，占领了辽河以西的大片土地。可以说，广宁一失，明朝全辽尽失。

同年三月，努尔哈赤觉得辽阳城年久倾圮，于是决定在城东太子河畔兴建新城，并修筑宫殿、衙署，称为东京（在今辽宁辽阳市东京陵镇新城村）。四月，新城尚未正式完竣，心急的努尔哈赤等不及完工，便迁入居住。直至天命八年（1623年），东京城终于竣工。这时候，努尔哈赤才将其祖父（景祖）、父亲（显祖）的遗骨移葬于城北，也预示着努尔哈赤想要把东京城作为永久的都城。

在顺利夺取辽、沈之后，于天命十年（1625年）三月，努尔哈赤又决定迁都沈阳。这一决定刚被宣布，就立即遭到了诸贝勒大臣的反对。为了说服朝中大臣，努尔哈赤认真分析了沈阳的地理、交通、政治、经济、军事等各方面的重要地位，他说："沈阳形胜之地。西征明，由都尔鼻渡辽河，路直且近；北征蒙古，二三日可至；南征朝鲜，可由清河路以进。且于浑河、苏克素护河之上流伐木，顺流下，以之治宫室、为薪，不可胜用也。时而出猎，山近兽多；河中水族，亦可捕而取之。朕筹此熟矣，汝等宁不计及耶？"

在努尔哈赤的耐心讲述下，诸贝勒、大臣仍然想不通，迟迟不肯答应。两天后，努尔哈赤便不顾贝勒大臣的异议，决然迁都沈阳，并开始兴建宫阙。从此以后，沈阳便成为后金政权的统治中心。

第一章
名扬世界的开国雄主
・・・・・・

宁远战败，郁郁而终

当广宁失守的消息传到北京后，明廷立即呈现出一片慌乱。大臣们纷纷提出见解：有人主张在山海关外抵抗后金，有人主张退守关内。到底应该如何决策，大臣们商议许久也未能做出决定。在这样的情形下，明廷任命孙承宗为兵部尚书，把挽救辽东危局的任务交给了他。此外，明廷还指派了一个叫王在晋的人担任辽东经略一职。作为辽东的指挥使，他却胆小怕事，不敢带头出战，反而以缩短战线为借口，准备放弃关外那片土地，退守山海关内。王在晋的这个提议很快就遭到他的部下袁崇焕的激烈反对。

袁崇焕是明朝的一位大将，这个人不仅志向远大，而且有勇有谋。他十分关心军事，一有闲暇时间，就和那些年老的退伍官兵们聚在一起，谈论边防的事情，并向他们询问塞上的山川形势。天启二年（1622 年），大明朝廷提拔袁崇焕为兵部主事，任职没多久，广宁便陷落，朝廷陷入一片慌乱。正当大臣们议论纷纷时，袁崇焕却只身一人骑着马，前往山海关内外明察暗访了一番，回来以后便如实地向朝廷报告了山海关的形势，并且自告奋勇，要求朝廷给他兵马和粮草，前去辽东担任防守这一重任。袁崇焕认为，应当采取积极防御的方针，坚守关外，以捍卫关内。他的主张很快就得到前往山海关视察的明朝兵部尚书孙承宗的支持。没过多久，明廷便任用孙承宗取代王在晋。此后，孙承宗又命袁崇焕与副总兵满桂领兵万余驻守宁远。

天启六年（1626 年）正月十四，68 岁的努尔哈赤亲率大军 20 万，征讨大明，发动了明金之间的第四次大战。正月十六，后金军抵达东昌堡；正月十七，西渡辽河，南至海岸，北越广宁大路；正月二十三，顺利抵达宁远城郊。努尔哈赤率领军队在距离宁远城 5 公里处安营扎寨，将宁远重重包围。当时，宁远城中的守军只有一万人，孤零零地被悬在关外，与外界中断了联系。而此时的袁崇焕，并没有被后金军的优势和兵力所吓倒。他和大将满桂、副将左辅、朱梅、参将祖大寿等商议，并集合城中全体将士，誓死守城。

袁崇焕还采取了"坚壁清野"的策略，组织军民共同守城。袁崇焕在将士面前刺血为书，一是为了激励将士们的士气，二是为了表守城的决心。将士们被袁崇焕的行为所感动，纷纷表示愿意同宁远城共存亡。不仅如此，袁崇焕还给前屯和山海关的守将们发出了一封紧急公文，以提醒他们凡是逃跑到那里的官兵都要统统斩首，此举就是为了惩戒那些临阵脱逃的怕死鬼。为了能够万众一心，袁崇焕可谓是颇花了一番心思。袁崇焕采取了这一系列果断措施，的确取得了一些可圈可点的实效，全城军民都决心各守岗位、严阵以待、奋勇杀敌。袁崇焕也坚决表示："我要死就死在这里，决不离开宁远一步。"

正月二十四，在努尔哈赤的指挥下，后金军对宁远城进行了一场猛烈的攻击，而宁远军民也一直浴血奋战，没有任何松懈。眼看久攻不下，努尔哈赤想要速战速决，便立即命令军士用盾牌和板车作为掩护，冒死凿城挖洞。袁崇焕见此状，顾不得危险，决定亲自指挥明军，张弓射箭，发射各种火器，狠狠回击后金军。这场战斗十分激烈，似乎比萨尔浒战争的规模还要大，只见城上的箭和炮石，如同雨点一样，频频被发射出去。此时的后金军似乎有点顶不住了，被打死、打伤的很多。努尔哈赤终于按捺不住了，于是决定亲自监督作战，并企图凿城而入。

在努尔哈赤的带领下，后金军一个个坚决而顽强，头上顶着挡箭牌，冒着密集的箭石火器，身上背着攻城的器械，每前进一步都是十分不易。眼见着前队倒下，后队便会随之跟上来。此时的明军呢？虽然一个个奋勇杀敌，但是城中的炮石火器毕竟没有想象中那么充裕。在如此严峻的形势下，袁崇焕认为，速战速决方能取胜。于是，他想趁着后金军没有缓过劲儿来，再一次向后金军开炮轰击。只听见嘭嘭不断的炮声响起，一股烟火腾空而起；就在炮声响起的那一瞬间，后金军血肉四溅，一个个倒在了地上。这时候，天色已经渐渐昏黑，努尔哈赤率领的后金军被暂时打退了。在硝烟弥漫中，努尔哈赤率领剩余的后金军返回到了军营。

正月二十五，努尔哈赤不肯作罢，又集中优势兵力，准备再战。为了能够让自己的将士们活着回来，努尔哈赤做足了准备。他命令将士们个个身披铠甲，头顶盾牌，向明军再一次发起了强大攻势。殊不知，这是他生命中的最后一战。战马上的努尔哈赤，虽然已经年过六十，但是他的威风凛凛依然不减当年。这一次，后金军与明军激战了一整天，各自都在尽心尽力、全力以赴。在此期间，后金军尝试了各种攻城的办法，却始终没有找到突破口。而明军也竭尽全力来防守，明军深知，防守是他们的重中之重。后金军的箭矢从未停止，像飞蝗般越过城墙。很快，大队人马也随着跟了上来。明军的其他将领们看到后金军离他们越来越近了，提醒袁崇焕赶快下令发炮还击。而袁崇焕却摇了摇头，似乎在等待时机。后金军继续向前移动，企图凿城入内。袁崇焕却不慌不忙，眼睛一眨不眨地注视着后金军。等到后金军蜂拥到距离他更近的地方，他才大声命令："开炮！"霎时间，炮声震天响地，大批后金军又纷纷倒了下去。那些不幸被打中的，慢慢平躺在地上；那些侥幸没有被打中的，急忙起身逃命。你冲我撞，你推我搡，互相践踏；顿时间，整个后金队伍一片大乱。

努尔哈赤在激战的过程中，也受了重伤，后金军随之溃散。努尔哈赤这才意识到，此时的他已经没有任何精力继续组织军队攻城了。无奈之下，他只得下令退兵。勇猛的袁崇焕哪能轻易放过努尔哈赤，他看后金军有撤退之势，于是乘势领兵杀出城去，一直追赶了30里，歼灭后金军1万多人，这才得胜回城。疲惫的努尔哈赤命令后金军的残兵败将，退到了距离沈阳40里的瑷阳堡，这才停下脚步歇息。直到天启六年

（1626 年）二月初九，努尔哈赤才带领剩余的将士回到了沈阳。宁远之战，以明军胜利、后金军大败而结束。宁远之战，是努尔哈赤用兵四十多年来最惨重的一次失败，也是努尔哈赤征战生涯中唯一未能攻克之城。

天启六年（1626 年）八月，努尔哈赤在沈阳去世，时年 68 岁。有人说，他是因宁远战败，最后郁郁而终；也有人说，他是因为战争中受了重伤，医治无效而死；也有人说，他是因为身患疾病而去世。不管他是怎样去世的，在他的身后，后金政权里开始了一场你死我活的争斗，充满血雨腥风。最后，还是努尔哈赤的第八子皇太极成为这场夺位斗争的大赢家。

不忍细读的大清史

第二章

开疆拓土，为入主中原奠基

　　皇太极继位不到十年，就统一了整个东北，并南下朝鲜、西征蒙古，屡屡挫败大明官兵，将其父努尔哈赤的伟业推向新阶段。他挥师西进，兵锋所指，京畿震惊，大明江山岌岌可危。他博览群史，可谓是气度恢弘。在军事方面，有勇有谋；在政治方面，极富开拓精神。他在兴利除弊的同时又优礼汉官，堪称"上承太祖开国之绪业，下启清代一统之宏图"的创业之君。

崭露头角的王子

万历十六年（1588 年）九月，清太祖努尔哈赤基本统一了建州各部。正是在这一年，他娶了一位年轻美貌的妻子，她这就是皇太极之母叶赫那拉·孟古哲哲。可以说，努尔哈赤与孟古哲哲的结合，是难得的姻缘。

叶赫那拉氏，名孟古，号孟古哲哲，她是女真叶赫部首领杨吉努的女儿，是纳林布禄的同胞妹妹。1582 年，杨吉努一来是为了能够与努尔哈赤结盟，二来是为了给自己的女儿找个好归宿，于是主动提出把自己的小女儿许配给努尔哈赤，那时候孟古哲哲刚刚八岁。

六年后，纳林布禄亲自送胞妹孟古哲哲来到努尔哈赤这里。为了表示重视和友好，努尔哈赤率领诸贝勒、大臣前往迎接，并在费阿拉城举行了一场声势浩大的结婚宴会。当时，孟古哲哲 14 岁，努尔哈赤 30 岁，已经有了众多妻子和儿女，那时候最得宠的是富察·衮代，她是建州右卫名酋莽色督珠乎的小女儿。但是，自从努尔哈赤迎娶了孟古哲哲以后，以前的那几位妻妾就明显有些失宠了。不管是看长相，还是论人品，谁也比不上孟古哲哲的聪明伶俐、美丽纯正、彬彬有礼。而且，她还是一个很有原则的人，从来不和奸佞小人来往，也从来不干预闺门以外的事情，而是把所有精力都用在侍奉努尔哈赤身上，所以努尔哈赤对她更是宠爱有加。

万历二十年（1592 年），孟古哲哲顺利生下了爱新觉罗·皇太极，这是他们相亲相爱的结晶。在努尔哈赤的诸多儿子中，皇太极排行第八。

他生得眉清目秀，十分讨人喜欢；再加上他的聪明伶俐，但凡接触到的事，几乎可以达到"一听不忘、一见即识"的境界，因此，努尔哈赤也十分疼爱这个儿子。

其实，皇太极之所以受努尔哈赤的喜爱，不外乎有两大原因：一是皇太极的母亲孟古哲哲曾是努尔哈赤宠爱的妃子，爱屋及乌，她生的儿子自然也会得到努尔哈赤的宠爱；二是皇太极本人无论从相貌还是智慧，都特别优秀。

皇太极很爱看书学习，在努尔哈赤的诸将中唯有他识字。当父亲率领兄长们奋战沙场、长年累月驰驱在外的情况下，年仅七岁的皇太极便主持家中一切事务，他样样干得出色，承担起了一般孩子不能承受的重任。此后，他便负责日常家务。不管是钱财收支、送往迎来，还是大事小情；不管步骤如何繁杂，事情如何细碎，只要他参与，就一定能把事情安排得井井有条、妥妥当当，这更是让努尔哈赤看在眼里，爱在心里。

就这样，从万历十六年（1588 年）到万历三十一年（1603 年），孟古哲哲同努尔哈赤朝夕相伴、相亲相爱，在一起幸福地生活了 15 年。就在这对夫妻如胶似漆、相处正欢的时候，不幸的事情发生了。万历三十一年秋天，年岁不满 30 的孟古哲哲突然得了一场重病，医治无效而永远地离开了。为此，努尔哈赤心痛不已，并为她举行了隆重的葬礼。皇太极只有 12 岁就失去了母亲，这给他的童年留下了一道阴影。从此，努尔哈赤更加疼爱这个失去母亲的可怜孩子。

少年时代的皇太极，在父亲的教导和关怀下，一天天成长起来。皇太极自懂事起，就受其父亲思想和作风的不断熏陶，不仅吃苦耐劳、意志顽强，而且小小年纪就不怕流血、不怕牺牲，成为一个小小男子汉。传闻说，沈阳"实胜寺"曾经藏有皇太极使用过的一张弓，箭长四尺有余。这张弓或许只有他一人能够拉得开吧？在当时，对于这张弓，不仅一般人不敢问津，就连那些壮士、勇士也很难拉得开。可是，对于皇太极来说，简直就是小菜一碟、运用自如。后来，皇太极在协助努尔哈赤治理国家、参加作战的过程中，逐渐显露了头角，发挥出了自己的聪慧才智。

第二章
开疆拓土，为入主中原奠基

万历四十年（1612年），21岁的皇太极跟随父亲努尔哈赤傲视沙场、并肩作战，参加了大规模的行军作战。那年，乌拉首领布占泰居然背信弃义，干起了掠夺、屯寨等罪恶勾当。努尔哈赤得知后暴跳如雷，一气之下决定发兵往讨，给布占泰这个不识抬举的家伙一点颜色瞧瞧。这一次，皇太极也随军出征。同年九月二十二，努尔哈赤便调集了建州部队起程了。七天后，建州部队顺利达乌拉部。随后，努尔哈赤便命令军队在距离布占泰所居住的城池二里处安营扎寨，并没有着急开战，而是与乌拉兵整整对峙了三天。其实对于努尔哈赤来说，时间就是金钱，在这三天时间里他不是什么也不做，而是派遣了数百名身强力壮的建州将士，偷偷袭击了乌拉部运粮队，焚烧了他们的粮草。当然，丧失这点粮草，对乌拉部来说并不算什么。他们依然每天大鱼大肉、吃香喝辣，日子过得甚是安逸。白天的时候，乌拉军队从城池里冲出来，与建州军队对垒。到了夜晚，他们就退回城池内，除了睡觉还是睡觉，一连数日都是这样。不知内情的人，根本不知道他们是在打仗，以为他们是在演练呢。

就这样几天过去了，莽古尔泰和皇太极对父亲的安排都看在眼里，急在心里。因为他俩属于那种性子急、闲不住的人，根本忍受不了这样的作战方式。他们认为，与其这样，还不如出去痛痛快快打一仗。于是，他们私下里达成了共识，决定前去劝说父亲率领建州精锐将士，杀进乌拉军队的城池。努尔哈赤认为他们的行为过于莽撞，一口否决了他们的建议，还给他们讲了一个"伐大树"的故事，告诫他们对于势均力敌的敌人，交战时千万不能急躁，而应该采取逐步削弱敌人的方式。于是，努尔哈赤只命令建州军队毁掉了乌拉部八个村寨的城墙，并烧毁了他们的房屋，然后就回到了赫图阿拉城。第二年，乌拉就被歼灭了。"伐大树"的故事，对皇太极后来与明朝作战起了至关重要的作用。

万历四十四年（1616年）元旦，努尔哈赤正好过五十八岁生日，群臣很有心，专门为他举行了一次庄严隆重的上尊号仪式。此前，皇太极等诸贝勒、大臣们在一起商议，一致赞成说："我国没有汗时，忧苦极多，蒙天保佑，为使人民安生乐业，如今降下一位汗，我们应给抚育贫苦人民、恩养贤能、应天而生的汗奉上尊号。"于是,在努尔哈赤生日当天,贝勒、大臣们便为他上尊号"覆育列国英明汗"。从此,在东北大地诞生了一个和明朝对立的国家政权。

天命三年（1618年）,努尔哈赤终于下定决心要对明朝发动一次猛烈的进攻,但是具体怎样行动,却久久议而不定。在关键时刻,皇太极献上了绝妙之计,他说:"抚顺是明军出入之地,必先取得它。"接着又用"向里放炮、内外夹击"的谋略,没过多久就成功攻占了抚顺。在接下来的萨尔浒战役中,皇太极凭借自己的智勇,终于大获胜利。看得出来,在后金从事的主要战争活动中,皇太极斗智斗勇、献智献勇,发挥了重要作用。

天命六年（1621年）,努尔哈赤发动了辽、沈大战,皇太极成为这次大战的策划者和冲锋陷阵的前线指挥官。他果然不负众望,奋勇参战,顺利占领了沈阳。就在后金军攻下沈阳城后的第五天,努尔哈赤又率领大军攻向辽阳。这一次,皇太极又是指挥官,他率后金右翼四旗兵冲锋在前,在左翼四旗兵的积极配合下,在辽阳城外打败了明军。辽、沈大战的胜利,对当时来说影响很大。也是从那时起,后金把东北的绝大部分地区纳入了它的统治范围。

到后来,后金军迁都辽阳,五年后又迁都沈阳。皇太极就以辽、沈为中心,统一了全东北及蒙古的一部分地区。再到后来,皇太极做后金汗和建立大清,也都是他凭借自己的能力浴血奋战夺取的。

扫除障碍，登上汗位

努尔哈赤一生之中有16个妻妾、16个儿子、8个女儿。在他的16个儿子中,天命之初为首的和硕贝勒就有4人,按照年龄大小的次序为:

大贝勒代善、二贝勒侄子阿敏、三贝勒莽古尔泰、四贝勒皇太极，统称为四大贝勒。四大贝勒这一职位，可谓是一人之下，万人之上，在当时看来，争夺大位最有希望的只有他们四个人。而四贝勒皇太极为了能够夺得皇位，真的是费了一番心机。

在谈论大贝勒代善之前，先来了解下努尔哈赤的长子褚英。在古代，向来有嫡亲长子继承皇位的制度，为什么褚英没能够继承父亲之位呢？褚英，是努尔哈赤的原配妻子佟佳氏（后称元妃）所生的孩子，也是努尔哈赤的第一个儿子。待褚英成年后，曾多次随父亲行军作战，战场上的他骁勇多谋、屡立战功。后来，努尔哈赤决定让褚英带兵并主持一些军政事务。褚英柄政之后，或许是因为年纪较轻、资历较浅，再加上他心胸偏狭的性格，做事总是缺乏耐心、急于求成。一番考验之后，努尔哈赤发现他不能够执掌大政。但由于嫡长继承陈例，努尔哈赤决定继续让他执政，希望他执掌大政后可以改掉心胸狭隘的毛病。然而这只是努尔哈赤的妄想，褚英执政后不仅褊狭如故，而且心术不正。更过分的是，褚英居然强迫自己的四个弟弟（代善、阿敏、莽古尔泰、皇太极）向自己立誓"不得违抗兄长的话，更不许将兄长所说的各种话告诉父汗……"之后，努尔哈赤便逐渐削弱了褚英的势力。褚英也因此对努尔哈赤及诸大臣产生怀恨之心，于是开始结交党羽，意图报复曾经打压他的那些人。努尔哈赤得知后十分震怒，一气之下便下令将褚英监禁在牢中。

长子褚英伏诛后，努尔哈赤又立即立大贝勒代善为嗣子，并明确称之为太子。然而在天命五年（1620年）的一天，代善的太子之位也被彻底废黜。被废的理由是这样的：代善不仅是一个才疏学浅、放荡不羁的庸夫，也是一个狭隘自私、碌碌无为的凡人。后来，有传闻说，他竟然与自己的继母，也就是清太祖努尔哈赤的第二个大福晋富察·衮代有染。提及富察·衮代，她曾经与努尔哈赤是一对患难与共的夫妻，那时候她位高望重，并生有两子，没想到最后还是被努尔哈赤以四罪休弃了。四罪分别是：勾引大贝勒代善；私藏财物，盗藏金帛；私赐衣帛与二将之妻；私赐财物与村民。很显然，其中后三罪都不能成为休妻的正当理由。

最关键的是第一罪，她与大贝勒代善有着暧昧关系，也正是此举深深伤害了努尔哈赤。虽然努尔哈赤十分气愤，但是为了避免家丑外扬，只是取消了代善继位的资格。

接着说二贝勒阿敏，他是努尔哈赤的同胞弟弟舒尔哈齐的儿子。但是，阿敏的父亲舒尔哈齐曾经参与过分裂叛逃的活动，后来被圈禁至死。再加上阿敏自己又不争气，在南征的过程中犯下了大错，丢弃了好不容易才攻打下来的永平四城；这还不算，他还屠城劫掠而归。待他回来后，自然免不了要受到惩处。如此说来，他也没有资格、没有条件争夺汗位。

再说三贝勒莽古尔泰，为什么也没能夺得汗位呢？事情是这样的，在富察·衮代被休的事件中，莽古尔泰遭到了沉重的打击。富察·衮代是莽古尔泰的生母，她被休后，莽古尔泰不知所措，整天紧张兮兮，生怕哪一天受母亲连累，小命不保。为了取悦于自己的父亲努尔哈赤，也为了能够提前结束每天提心吊胆的生活，他竟然将自己的母亲富察·衮代亲手杀死，可见他的心肠十分歹毒。从此，他的声名一败涂地，与汗位彻底无缘。

代善被废去了太子之位，阿敏失去了争夺汗位的条件，莽古尔泰又失去了继承汗位的资格。此时，最得利的自然便是皇太极，他离继承人的位置又近了好大一步。然而，皇太极并没有就此而罢手。他想到他身后还有三个弟弟，就是阿济格、多尔衮和多铎。当时，努尔哈赤很喜欢多尔衮，而他们弟兄三人的母亲是大妃阿巴亥，她当然也希望自己的儿子能够继承汗位。这时候，皇太极心里着了急。他清楚地知道，要想削弱阿济格、多尔衮和多铎三人的力量，只有一个办法可行，那就是处死大妃阿巴亥。

于是，皇太极为了彻底消除潜在的隐患，就谎称努尔哈赤临死前曾有遗言，要大妃阿巴亥殉葬，那年她才 37 岁。就是在这样的情况下，大妃阿巴亥"奉命"自缢而死。大妃一死，她的儿子阿济格、多尔衮和多铎因为失去了母亲的支持，失去了最大的依靠，自然也就不可能同皇太极争夺大位了。通过一系列的阴谋，皇太极终于有条件、有资格继承汗位了。

看得出来，种种事情的发生，一定是有人搞了鬼。他们在暗中联合起来，通过诬陷富察·衮代，来打击大贝勒代善，紧接着又使用阴谋，废除了代善的太子之位。可以肯定的是，这是一场蓄谋已久的倒嗣政变。其中，富察·衮代和代善成为这场政变的"牺牲品"。毋庸置疑，皇太极不仅参与了这些阴谋，而且种种迹象表明，他还是策划这场阴谋的核心人物。

天命十一年（1626年）九月初一，皇太极登汗位的仪式在沈阳隆重举行。当时三大贝勒代善、阿敏、莽古尔泰及其众贝勒、文武大臣统统聚会于朝，由皇太极带领他们焚香告天，行九叩礼毕，皇太极正式继承汗位。之后，皇太极转过身来，诸贝勒、大臣们都向他行朝贺礼。那一年，后金国汗刚刚三十五岁；第二年，改年号为天聪元年，皇太极也因此被称为"天聪汗"。

汉蒙兼顾，笼络民心

在人才济济的诸多兄弟子侄中，皇太极能够顺利登上汗位，真是一件艰难又幸运的事情。既然这个汗位来得如此不易，他更加没有理由昏昏然而不知所措。这位从小就在开国创业中逐渐成长起来的政治家，不仅文能治国、武能安邦，还有着远大的理想和抱负。皇太极唯一的理想是：继承父汗的大志，入关统一中原。谈及治国之道，他见解精辟、头头是道；论起人君之道，他有理有据，依然头头是道。他曾说："若治国之道，如筑室然，基础坚固，庀材精良者，必不致速毁，世世子孙可以久居。其或苟且成工者，则不久圮坏，梓材作诰，古人所以谆谆垂诫也。"

皇太极继位之初，要面临一系列重大问题：阶级矛盾尤其是民族阶级矛盾变得十分尖锐；汉族奴隶开始大量逃亡，满族人不断遭受汉族奴隶的袭击；更为严重的是，武装暴动震撼着后金在辽东的统治。而出现这一严重局势的"导火线"，就是努尔哈赤在进入辽东地区后，用残酷的手段奴役汉人。很显然，这是一种错误的政策。再加上当时军事上也连遭挫折，使得整个局势充满了危机感。即便如此，皇太极依然不肯放弃，继续联合蒙古各部落，对大明展开了强大的攻势。为了巩固后金这个国家，使其进一步发展和扩大，他决心再一次开创崭新的历史局面。

然而，经过战争蹂躏和摧残的辽、沈地区，经济方面遭到了严重的破坏。又由于当时后金实行了屠杀与奴役的政策，人口在大量逃亡，壮丁在日益减少，田园也在日渐荒废。再加上天灾接踵而来，经济情况更加恶化。皇太极即位不到半年，就经历了各种是是非非，或许这是老天对他的考验。那一年，遭遇了严重的大荒年，"国中大饥"，粮食奇缺也就算了，物价也跟着飞涨起来，每斗米价银八两。社会秩序开始异常混乱，一时间盗窃盛行，凶杀、抢劫也到处发生。看到眼前发生的一切，皇太极忍不住叹息说："民将饿死，是以为盗耳。"可以说，当时的经济状况已经到了破产的地步。

天命十一年（1626年），后金军在宁远城下遭到了明兵的重击，这是努尔哈赤兴兵以来第一次大失利。从根本上来说，这也是他个人的一次大失误。在如此严峻的形势下，皇太极必须要迅速做出一个抉择：要么维持现状，继续深陷其中不能自拔；要么采取新政，力挽狂澜以度过危机。很显然，拥有远大抱负的他选择了第二种。在极度复杂的形势面前，他依然胸有成竹、临危不惧、应付自如，毅然实行改革。对于父亲努尔哈赤的遗策，皇太极做了一个全面的调整：有继承，有发展，也有改变，充分展现了他的雄才大略。

皇太极清醒地看到，社会不安主要是满、汉两族的尖锐对立，是构成了国中肇乱之源。所以在他即位没多久，就提出了"治国之要，莫先安民"的总方针。针对当时人心不稳、汉人大批逃亡的这一现实，皇太极把重点放在了安抚汉人上。他宣布："满、汉之人，均属一体，凡审拟罪犯、差徭公务，毋致异同。"不仅如此，他还特别强调，对待"满洲、蒙古、汉人视同一体"，"譬诸五味，调剂贵得其宜。若满洲庇护满洲，蒙古庇护蒙古，汉官庇护汉人，是犹咸苦酸辛之不得其和"。这一次，皇太极通过改善汉人的政治状况和经济状况，来调和满、汉之间的矛盾，以求同心协力共襄国事。从皇太极的一举一动中，的确看到了一项全新的、实实在在的国策，即"安民"政策。

在努尔哈赤执政时期，凡是在战争中被俘虏的明兵，或者是被掠夺的汉族以及其他民族百姓，都统统沦为奴隶。天聪元年（1627年），也就是皇太极执政以后，便采取了"编户为民"的政策，具体的做法是，将"降户"和俘获的人们大量编为农户，使他们成为独立从事农业生产的个体农民。此外，皇太极还派人丈量土地，把各处多余的土地归公，然后分给那些农民耕种，不许那些旗主、贵族再立庄田。他又将原来每十三名壮丁编为一庄改为每八名壮丁编为一庄，"其余汉人，分屯别居，编为民户"。他又恢复了他们自由农民的身份，成为个体农民，安置到那些丈量后多出来的土地上去。同时，他又把满、汉两族人分开，自立一庄，让汉人来管理，并派遣一些汉族官员前去监督。如此一来，一度紧张的满、汉关系就得到了缓和。这一改革在解放了生产力的同时，也提高了后金的经济发展水平。

皇太极深知，他要想入主中原，必须首先取得汉族地主阶级的支持。于是，他坚持优礼汉官的政策，在这方面他比他父亲努尔哈赤做得更有成效。对于现有的汉官，皇太极都给予足够信任，量才使用，充分发挥他们的才智。而且，皇太极还准备招揽更多的汉官，加入后金政权。此外，皇太极还不断笼络汉族士人，并说"士为秀民，士心得，则民心得矣"。随后，皇太极下令对汉儒实行两次考试，选拔428名秀才。凡是成绩优异者，就会被起用到文馆中去工作。皇太极对汉人政策的调整，起到了"民心大悦、仁声远播"的效果。这些调整政策，不仅顺应了民心，也得到了部分汉族人民的认同。

与此同时，皇太极还十分重视学习汉族文化。他认为，明代小说家罗贯中所著的《三国演义》有丰富的战略和战术思想，对于日后指挥打仗具有借鉴作用。于是，他命令大学士达海把这部书翻译为满文。达海可谓是一个了不起的学者，兼通满文、汉文，并有"满洲圣人"之称。他曾经受命翻译了《孟子》《通鉴》《六韬》。后来，皇太极命他翻译《三国演义》，他虽然接受了任务，可是没等全部译完就遗憾离世了。此后，皇太极又交给大学士范文程来继续翻译。这个范文程是什么人？他曾侍奉清太祖努尔哈赤、清太宗皇太极、清世祖福临、清圣祖玄烨四代帝王，清朝开国时的规制大多都出自于他手，因此被人们视为"文臣之首"。直到顺治七年（1650 年），范文程才译完，并颁发全军，使之培育了一代又一代大清将领。

与对待汉族不一样的是，皇太极把联姻当作笼络蒙古贵族的政治手段，以达到合作结盟的目的。崇德元年（1636 年）四月，皇太极正式由汗位改称皇帝，称"宽温仁圣皇帝"，定国号为"大清"，族名满洲，改元为崇德元年。皇太极为什么改国号为"大清"呢？传闻说，他的父亲努尔哈赤早年逃难时骑着一匹大青马，因为日夜赶路不休息，他的马被活活累死了。努尔哈赤很是难过："大青啊，大青，将来我得了天下，国号就叫大清！"所以，皇太极改国号、称皇帝，就是为了表明：自己不仅是满洲的大汗，而且是蒙古人、汉人以及所有人的大汗，是大清国臣民的皇帝。

也就是在那天，后金军正式被改为清军。之后，皇太极封多尔衮为睿亲王，多铎为豫亲王，阿济格为英郡王，豪格为肃亲王。同年七月，皇太极又定五宫制，中宫为清宁宫皇后（大福晋博尔济吉特氏）、东宫为关雎宫宸妃（即海兰珠）、次东宫为麟趾宫贵妃、西宫为衍庆宫淑妃、次西宫为永福宫庄妃。这"一后四妃"，都是蒙古族人，都姓博尔济吉特氏，分别属于蒙古察哈尔部和科尔沁部。联姻是皇太极提出的，于是他以身作则，将自己的次女固伦温庄长公主下嫁给了林丹汗的儿子额哲，并命令长子豪格和二兄代善、七兄阿巴泰分别和蒙古察哈尔部联姻，化敌为友，化仇为亲，构成错综复杂的姻盟，以达到联合蒙古的目的。

皇太极还特别重视农业生产。他在位期间，提出了"四个禁止"：禁止妨碍农业生产的建筑工程，禁止屠杀牲畜，禁止满人擅取汉人财物，禁止放鹰糟蹋庄稼。此外，他还实行了"三丁抽一"政策。何为"三丁抽一"？指的是一家三丁，一人出去打仗，两人留下从事生产，以保证劳力。正是这些措施，发展了农业生产，也使后金经济有了很大改善。

此外，皇太极还重视风俗习惯的改革，使族众观念得到了大解放。满洲曾有乱伦的婚俗：比如，嫁娶不择族类，父死，子可娶后母；兄死，弟娶嫂子等。皇太极决定改革满洲的婚姻习俗，并提出了这样的规定：永远禁止娶继母、伯母、叔母、兄嫂、弟妇、侄妇……

屡败朝鲜，统一漠南

皇太极继承皇位之后，在大力实行改革时，依旧奉行努尔哈赤提出的"对外进行扩张"这一政策。他认为，要想彻底打败明朝，首先要征服蒙古和朝鲜。这样不仅可以免除后顾之忧，又可以借助他们的力量，来共同对付明朝。原来，皇太极一直在打着自己的"小算盘"，他真不是一个简单的人物。

天聪元年（1627年）正月初八，皇太极不宣而战，命令二贝勒阿敏、济尔哈朗、阿济格等人率三万大军进攻朝鲜，就这样，在朝鲜土地上点燃了战火。其实，在进攻朝鲜之前，阿敏早已罗列了朝鲜不遣使吊努尔哈赤之死等七条罪状，才率兵猛攻的。阿敏用"潜师夜袭，急如风雨"的战术，渡过鸭绿江，攻陷义州，占领平壤，可谓是势如破竹。当时，朝鲜内部一片混乱，战守无策，朝鲜国王李倧被清军追得无处可逃时，才不得不丢弃城池，带着妻子、儿女逃到了江华岛。经过一番激烈的思想斗争，李倧才决定派其弟弟原昌君与后金讲和。经过一个多月的谈判，朝鲜终于顶不住后金军的军事压力，答应了后金军提出的入质纳贡、去明年号、结盟宣、约为兄弟之国等要求，只有"永绝明朝"一条不同意；最后阿敏也退让了一步，向朝鲜表示"不必强要"。

同年三月，阿敏作为后金军的代表人，与朝鲜在江华岛按照女真人的习俗，杀白马、黑牛，焚香、盟誓，定下了"兄弟之盟"。然而，阿敏虽然在盟誓上署名了，但是对朝鲜撰写的誓文还是不太满意。于是，阿敏又令八旗将士分兵掳掠三日，使朝鲜京畿道海边一带"尽成空壤"。之后，奉皇太极传来的命令，后金军撤退到平壤就不再后撤，并扬言"大同江以西，不可复还"。过了没多久，后金军又逼迫朝鲜签订了平壤誓约，在中江、会宁开市，索还后金逃人，追增贡物。这次东征朝鲜，在朝鲜历史上被称为"丁卯胡乱"。经过一番折腾，皇太极才率兵返回到了沈阳。

在与朝鲜签订了"兄弟之盟"之后，皇太极依然不肯闲着，又将军事触角伸向了明朝的辽西地区，一心只为实现他一统天下的宏图。同年五月，皇太极回到沈阳没多久，部下又向他报告了一个重要情报：明军正在加紧修筑锦州、大凌河、小凌河诸城，并在其周围屯田耕种，似乎有固守之意。得知这个消息后，皇太极瞬间产生一种危机感：这些位列辽西前锋的军事要地，一旦经过修缮和完整，日后会给他进军带来巨大障碍。于是，他立即召集大臣们商量对策。五月初六，皇太极便让贝勒杜度（即皇太极的长兄褚英的第一子）、阿巴泰（即皇太极的七兄）留守沈阳，自己则率领大军向锦州进发。当时的他是这样想的：如果他能够抢在这些城堡完工之前，对明军发起猛烈攻击，打他们一个措手不及，肯定会一举歼灭明军。

从五月初六发兵，一路上连续行军作战，为了能够早点到达锦州，皇太极命令军队乘夜前进。经过了五天五夜的艰难行进，在五月十一那天，军队才兵临锦州城下，随后在距城一里的地方安营扎寨。第二天早晨七八点，皇太极就立即发起了战争。这一战一直进行到晚上七八点，

第二章
开疆拓土，为入主中原奠基

锦州城墙下到处堆积了后金兵的尸体，从当时的战况来看，后金军损失相当严重。但是固执的皇太极还是不肯退兵，还想凭借强大的军事压力，逼迫明兵放弃抵抗。皇太极派遣使者去了三次，三次都被明军打发走了。当时守卫锦州的是一个叫赵率教的大将，这个人文武双全、忠义贯日，说什么都不准使者进城；他站立在城上，对城下的后金使者说："城可以攻，但不可以游说。"

皇太极见锦州城久久不能攻下，只好留下部分将士继续围攻，他自己则率领大军向宁远进发。殊不知，明军早已经做足了准备，派名将袁崇焕坐镇于此。当时，袁崇焕已向朝廷请来各路援兵。巧的是明军的援军刚来，皇太极也正好率军来到阵前，他看到明军距城很近，如果用骑兵纵击，几乎没有可能取胜。在这样的情形下，皇太极只好下令暂时退军。就这样，几天过去了，皇太极不想再等下去了，计划发动一次争夺战，代善、阿敏、莽古尔泰等人都认为，明军离城太近，万万不可以强攻。皇太极怒气冲冲地说："当年皇考太祖攻宁远不克，现在我又未能攻克锦州，似此野战之兵不能取胜，还如何能张扬我大金国的威风？"说完，他立即下令开战，并命令其弟阿济格率领部分将领、侍卫发起战斗。就这样，后金兵与明军展开了一次争夺大战，袁崇焕在城上指挥，放射大炮，只见后金军一个个倒下去。

这一战役一直延续到第二天，明军发挥枪炮的威力，使得后金军遭受了重大的损失。皇太极不敢再执拗下去了，只好放弃攻打宁远，再一次返回到锦州，准备再夺锦州。天聪元年（1627年）六月初四，皇太极驻营教场，并亲自督战攻城。一直到傍晚，死伤越来越多。又赶上当时是暑大，大多数将士们因中暑得病，士气和战斗力都被大大削弱了。看到将士们日渐颓废，皇太极终于决定班师回朝。六月初五，后金军开始从锦州撤退，持续了整整一夜。到了第二天黎明，路经小凌河城时，皇太极命令部下把明军已经修好的城墙和工事全部毁掉，然后挥师离开了。

宁锦之战的失利，大大挫伤了皇太极的锐气，他渐渐意识到，在短时间内，他是无法攻克辽西的，但如果不能攻取辽西，就永远进不了山海关，更别提夺取北京了。在攻取辽西受阻之后，皇太极决定改变进攻路线，他的首要目标是扫清前进道路上的障碍——蒙古。在那个时期，蒙古被分成三大部落：漠北蒙古即外蒙古、漠南蒙古即内蒙古、漠西蒙古即厄鲁特蒙古。漠南蒙古位于明朝和后金中间，曾经和明朝签订过一纸盟约，盟约的内容是一同抵御后金。皇太极为了能够顺利统一漠南，开始对蒙古各部进行征抚工作。他一方面屡派使者，招诱巴林等部归附后金军；另一方面，他又集中兵力对付漠南蒙古察哈尔部的林丹汗。这位林丹汗算得上是一个大人物，据说他是元太祖成吉思汗的后裔。

天聪六年（1632 年）四月初一，皇太极再次率军离开沈阳，开始西征林丹汗。路途中，蒙古各部贝勒纷纷遵奉，并率兵从征谕旨前来相会，来会者有喀喇沁、土默特、喀喇车里克、伊苏忒、扎鲁特、敖汉、奈曼、阿禄、巴林、科尔沁等部及北边蒙古诸部奥巴等数十位贝勒，他们不仅献酒献马，还设大宴相待。同年四月十六，皇太极谕："朕以察哈尔不道，整旅往征，先期谕令尔等率本部兵来会。今尔等所领之兵，多寡不齐，迟速亦异，惟科尔沁部土谢图额驸奥巴率来军士甚多，又不惜所蓄马匹，散给部众，疾驰来会，足见立心诚意，忧乐相同，朕甚嘉之。"皇太极的这次训谕，大大激励和鞭策了蒙古各部踊跃从征。

随后，皇太极率领将士们，日夜兼程，往林丹汗驻地赶去，想要一举荡平察哈尔。四月二十二，后金军经过兴安岭，行军路程已达 1300 多里（从沈阳算起）。然而奇怪的是，他们连一个察哈尔人影子都没看到，原来是有人通风报信了。当时，镶黄旗固山额真达尔哈家有两名旧蒙古人，一直潜伏在后金军中，当他们打探到后金军要攻打自己的部落时，便趁着夜色飞奔察哈尔。皇太极知道这个消息后，谕领兵诸贝勒大臣："察哈尔知我整旅而来，必不敢交锋，追愈急，则彼遁愈远，我军马疲粮竭，不如且赴归化城暂住。"

同年五月二十三，皇太极率领大军向归化城前进，到达木鲁哈喇克沁时，兵分两翼：左翼以贝勒阿济格为帅，率科尔沁土谢图额驸奥巴及巴林、扎鲁特、喀喇沁、土默特、阿禄等部兵 1 万，往掠大同、宣府边外一带察哈尔部民；右翼命济尔哈朗、岳托、德格类、萨哈廉、多尔衮、多铎、豪格等贝勒领兵2万，往掠归化城黄河一带部民。五月二十七，林丹汗听闻清兵已经入境，一时间惊慌失措，"尽携部民、牲畜、财物，渡黄河以遁，所遗止穷民耳"。在这一天里，大军行驰七百里，西至黄河木纳汉山，东至宣府，自归化城南及明国边境，"所在居民逃匿者，悉俘之，归附者，编为户口"。

对于蒙古，皇太极采取了"慑之以兵，怀之以德"的政策。因为他吸取了此前的教训，没有采取强攻的方法，而是首先争取了多年来受察哈尔林丹汗欺凌的科尔沁、喀喇沁等部的归附。后来经过几次征战，林丹汗的势力大衰。两年后，也就是天聪八年（1634年），林丹汗在青海大草滩因为一场大病去世了。

天聪九年（1635年）初，皇太极命令多尔衮、豪格等人率1万人渡黄河西进，至托里图，俘获了林丹汗的妻子囊囊、儿子额哲及其部众一千余户，终于统一了漠南蒙古。此后，皇太极为了笼络蒙古封建上层分子，开始采用联姻、赏赐、封王封爵、定外藩功臣袭职例等手段，征服了蒙古诸部，并得到了他们的支持和效忠。

反间计除袁崇焕

一直以来，皇太极的目标是夺取大明天下。但他也深知，明军虽然屡次败于后金军，国力的确在日渐削弱，然而，大明毕竟在中原地区绵延了数百年，根基还算牢固，并不是轻易就能够战胜的。努尔哈赤去世以后，袁崇焕特地派使者前去沈阳吊丧，或许他是真心想去探望努尔哈赤，也或许只是为了打探后金的实际情况。此时的皇太极心里自然很不是滋味儿，一向不肯认输的他，居然好几次都败在袁崇焕手里，他对袁崇焕窝了一肚子的怨恨。但因为顾忌到后金军刚打完败仗，还需要一段时日休整；同时，他也想试探一下明朝的态度。所以，皇太极热情接待了袁崇焕的使者。此后，他还亲自派使者到宁远去表示后金的答谢之意。从表面上看来，他们的关系似乎缓和下来了，实际上并没有那么简单。

明熹宗时期，也就是朱由校执政期间，大宦官魏忠贤权倾一时，还自封为"九千岁"，对当时的时政影响颇大。魏忠贤嫉功妒贤，向来看不惯袁崇焕。当时的袁崇焕，即便多次打了胜仗，但还是一度受到魏忠贤的排挤。后来，袁崇焕知道魏忠贤有心跟他为难，只好主动提出辞职，准备回老家养老。直到崇祯帝朱由检即位之后，袁崇焕才再次被起用。因为崇祯帝早就了解魏忠贤作恶多端、飞扬跋扈、民愤太大，所以即位没多久，就立即宣布了魏忠贤的种种罪状，并把魏忠贤充军到凤阳。魏忠贤自己知道翻身无望，在路途中畏罪自杀了。

崇祯帝在惩办了阉党魏忠贤的同时，又平反了杨涟、左光斗等人的冤狱，当时的他一心只想做个好皇帝，很想有一番大作为。之后，朝中许多大臣纷纷上奏，请求把袁崇焕召回朝廷。崇祯帝接受了大臣们的提议，提拔袁崇焕为兵部尚书，并让他负责指挥整个河北、辽东的军事。为了考验这位众臣推荐的袁崇焕，崇祯帝特意召他入宫，并询问他日后有什么计划。袁崇焕说："只要给我指挥权，朝廷各部一致配合，不出五年，可以恢复辽东。"崇祯帝听后十分满意，觉得袁崇焕是一个有勇有谋之士，于是赏赐他一把尚方宝剑，准许他全权行事。

就这样，袁崇焕再次回到了宁远，并开始选拔将才，重新整顿队伍。但是，当时东江总兵毛文龙对袁崇焕很是不服，总是跟袁崇焕唱反调，不服从指挥，袁崇焕说往西，他偏偏往东。这个毛文龙，到底是什么人呢？原来他在与后金的战争中立有战功，但是他为人骄恣、独断辛辣，让袁崇焕很是头疼，劝说再三，他依然不肯听从袁崇焕的命令。无奈之下，袁崇焕只得使用尚方宝剑，斩杀了毛文龙。毛文龙被杀后，皇太极脑子里顿时产生了一个大胆而冒险的念头：避开宁锦防线，绕道内蒙古，突袭京师，来个调虎离山，将袁崇焕"调"到京师，并将其除掉。

第二章
开疆拓土，为入主中原奠基

　　天聪三年（1629年）十月，也就是毛文龙被杀后的三个多月，皇太极亲自率领十万大军绕道进关，准备突袭京城。这次出征，皇太极让熟悉道路的蒙古喀喇沁部台吉布尔葛做向导。在他的带领下，清军浩浩荡荡开出沈阳，并向西北行军，路经都尔鼻（今辽宁彰武），后来进入今内蒙古科尔沁，最后到达青城，随后便安营扎寨。这时候，大贝勒代善、三贝勒莽古尔泰等人都不太同意深入大明境内。他们认为，劳师袭远，处境实在太危险，建议皇太极立即班师，另找机会进攻，也为时不晚。就因为这件事，他们争论到半夜，还是没能定下来。皇太极心中很是不悦，他只对诸贝勒说了一句话："我谋既隳，又何待为？""密谕之曰：'我已定策……'"其实皇太极说的"定策"，就是利用这一迂回进攻，借机除掉袁崇焕，以解他心头之恨。

　　这一次，后金军突然袭击京城，引起了全城上下很大的震动。崇祯帝得知后金军向京城进发的消息后，更是心慌意乱，一时间不知道怎么办。于是立即下令，让袁崇焕速速赶来救驾。很快，袁崇焕八百里加急，只身一人先赶到了京城，他的军队随后赶到。崇祯帝得知袁崇焕赶来，心里这才安定了一些。随后，崇祯帝还亲自召见了袁崇焕，并慰劳了一番。但是，就在这关键时刻，魏忠贤的余党却散布了这样一则谣言：这次后金军绕道袭击京城，完全是袁崇焕引进来的，说不定里面还有什么大阴谋呢。

　　崇祯帝是一个疑心很重的人，当他听到这些谣言后，即便他知道魏忠贤余党的话不可信，但心中还是有一些疑问。他回想了下袁崇焕的种种举止，不断告诉自己，这是不可能的。但是他想得越多，心里的疑虑就越大。正在崇祯帝疑虑重重之际，有一个被后金军俘虏去的杨太监从后金军营逃了回来，随后，急匆匆地向崇祯帝密告，说袁崇焕和皇太极早已经私下里订下了密约，商量好要一起进攻京城。当崇祯帝听到这个消息后，如同晴天霹雳，整个人都不好了，简直接近崩溃了。

　　原来事情是这样发生的，当时明军有两个太监，不幸被后金军俘虏一直关在军营。有天傍晚，杨太监正睡得香，却突然被门外两个人的谈话吵醒了，他听见两个看守他们的后金兵在聊一些事情。只听一个士兵说："今天咱们临阵退兵，完全是皇上（指皇太极）的意思，你知道吗？"另一个士兵说："你是怎么知道的？"一个士兵又说："刚才我就看到皇上一个人骑着马，向明营的方向走了。巧的是，明营也正好有两个人骑马过来，跟皇上说了好半天话才回去的。听说那两人是袁崇焕袁将军派来的，他早就跟皇上有密约，眼看大事就要成功啦……"杨太监听到这番话，瞬间没了睡意。他趁看守他的金兵不注意，偷偷跑了出来，一口气逃回了明宫，并立即向崇祯帝报告。崇祯帝听后，居然也信以为真，发誓一定要好好惩治袁崇焕。他哪里知道，这个情报完全是假的，这两个金兵的谈话也是皇太极特意安排的，那个杨太监也是皇太极故意放走的。

此时的崇祯帝，崩溃的心情稍稍平复了一些，他立即命令袁崇焕前来觐见。袁崇焕接到命令后，预感到事情不妙，但也具体不知道发生了什么事。因为他从宫中回来没多久，为什么又要急匆匆召他入宫呢？崇祯帝看到袁崇焕后，满脸不悦，大声呵斥他说："袁崇焕，你为什么要擅自杀死我军大将毛文龙？为什么金军已经到了京城，而你的援兵却还迟迟没到，只有你自己赶到了京城？"袁崇焕听完这番话，不禁怔了一下，对于崇祯帝的这些话，他真的不知道从何说起？他正想答辩，崇祯帝却不给他任何机会，早已经喝令锦衣卫把袁崇焕捆绑起来，押进了大牢里。

当时，有一位大臣和袁崇焕交情甚好，他知道袁崇焕平日里忠心为国，不可能做出这样的事情，觉得这件事情肯定有蹊跷，于是前去劝阻崇祯帝："请陛下慎重考虑啊！"崇祯帝说："什么慎重不慎重？慎重只会误事。"很显然，崇祯帝不愿意听任何大臣的劝告。那些魏忠贤的余党自然不怕事大，又趁机诬陷，这让崇祯帝更加确信了袁崇焕跟皇太极是早有密谋的。

半年以后，崇祯帝便将袁崇焕判处最残酷的磔刑，就是俗话说的千刀万剐，死得极惨。据说在袁崇焕被行刑后，许多人都争食其肉，以泄心中之愤。袁崇焕被处死后，他的家产也都被没收入官，他的兄弟、妻子都统统被流放三千里。在当时和其后很长一段时间里，人们一直都认定：袁崇焕资敌通敌，背叛大明，死有余辜。直到大清朝入关后，人们在修撰清太宗皇太极的实录时，真相才大白于天下，袁崇焕的冤死才得以昭雪。

这一次，踔厉风发的皇太极，巧妙使用反间计，并借崇祯帝之手，顺利铲除了他的对手袁崇焕，然后退兵回到沈阳。这一套纵横捭阖可称为"连环计"。看得出来，皇太极在军事和政治方面都出类拔萃，的确是个不可多得的人才。自那以后，大清王朝开始变得越来越强盛了。

收降三顺王

在清朝，汉族一般是没有资格被封为王的，清朝初期却是个例外。当时，清廷破例册封了五个汉族将领为亲王，他们曾经都是明朝大将，后来才投降清朝，成为清朝大将。这五个人分别是平西王吴三桂、恭顺王孔有德（后改定南王）、智顺王尚可喜、怀顺王耿仲明（后改靖南王）、义王孙可望。其中，孔有德、尚可喜、耿仲明三王因名字中都有"顺"字，因此被称为"三顺王"。

天启年间，明朝几乎没有发生过将领叛逃的事件，因为在那个正统观念极强的时代，作为一军之主如果是带头投敌叛变，是会遭到许多人的耻笑和唾骂的。但自从崇祯继位以来，却发生了众多叛逃事件，而"三顺王"投降清廷，就是其中最大的一起叛逃事件。不过发生这样的事情，其中肯定是有原因的。提及崇祯帝，他为人刻薄、治国乏术，再加上他求治心切，难免会遭到朝中大臣们的非议，这是叛明事件众多的原因之一。

崇祯帝执政时期，国家的财政收入被辽东战事和国内流寇搞得入不敷出，国家处于经济发展的最困难时期。当时，明末虽然拥有八百万在编军队，但是能按时领到军饷的只有辽东的四万人，那些普通的明朝将士都已经到了穷困潦倒的地步；有的将士为了能够正常生活，甚至把妻子、儿女、兵器都典卖一空。再加上崇祯帝施法极为严明，动辄把大臣治以重罪，久而久之，就会出现人心离散、众叛亲离的现象。原本可以安抚的小事件，却被慢慢激化了，甚至到了无法挽救的地步。但是自皇太极即位以后，就对投降清军的人们采取怀柔政策，这是叛明事件众多的原因之二。

而要提及"三顺王"背叛大明的具体经过，得先从孔有德、耿仲明他们说起。他们二人都出生在辽东，是地地道道的辽东人，在清太祖努尔哈赤率兵进攻辽沈时，孔、耿二人就曾经逃到皮岛（今朝鲜湾椴岛），投奔了东江总兵毛文龙，充任末弁，没过多久便跟着毛文龙改姓毛氏。后来，毛文龙因为不服从命令，被袁崇焕斩杀后，孔、耿二人又被山东登州（今蓬莱）巡抚孙元化看中，随后被征用。孙元化任命孔有德为步兵左营参将，任命耿仲明为游击。

天聪五年（1631年），皇太极亲自率领将士们大举围攻大凌河城。登州巡抚孙元化派遣孔有德等人率兵3000渡海增援。不幸的是，士兵们在渡海的过程中遭遇飓风，孔有德作为参将也差点命丧黄泉，经过垂死挣扎后才捡回一条命。同年十一月，孙元化见渡海不成，于是又派孔有德率800骑兵从陆地赶去救援。就这样，孔有德在邹平县（今山东邹平）滞留了足足一个月，心中着实窝火。

之后，孔有德改变了策略，赶到吴桥县（今河北吴桥）。可是他们又遭遇了大雪天气，真是应了那句话："人要是倒霉起来，喝水都塞牙。"在那段日子里，孔有德干什么，什么不成。因为天气的缘故，他们被困在同一个地方好久，眼看着粮草所剩无几，士兵们缺吃缺喝，一时间军心混乱。被逼之下，士兵们开始丧心病狂地掠夺百姓们的财物。或许这是上天的安排，孔有德在途中遇到了孙元化派遣去塞外购买马匹的参将李九成。他们二人"一见如故"，在营帐里密议了半晌，最后做出了一个决定：叛明。一切商量妥当之后，孔有德立即率军回师，连陷临邑、陵县、商河、青城诸县（均在山东济南市北）等地。

天聪六年（1632年），孔有德的军队重整旗鼓，挥师登州城下。这时候，耿仲明也答应做内应，在内外夹攻之下，他们很快夺取了登州。孙元化看到眼前的情景，悔恨当初不该重用孔、耿二人，绝望之下想要了断自己。没想到的是，孔有德竟然念及旧情，不忍心看着他曾经的主子就这样死去，而是专门给他安排了一条船，放他离开了。孙元化航海到天津后，正准备去拜见崇祯帝。没想到崇祯帝早已经得知他逃回的消息，根本不愿听其辩解，立即下令处决了他。就这样，孙元化白白丢失了一条命。此事发生后，大臣们非议了数日，都认为崇祯帝不该如此决断。

孙元化去世后不久，留驻旅顺的明朝参将陈有时、广鹿岛副将毛承录等人，听闻孔有德在登州自立军队，于是率领自己的士兵们渡海到登州，投奔了孔有德的部队。这样一来，孔有德的兵势大盛，他们一致推举孔有德自立为王。孔有德这个人有点奇怪，居然谦让不受，并自称都元帅，任命李九成为副元帅，耿仲明为总兵官。从此，他们一群人就在山东登州一带攻城略地。当崇祯帝得知自己的将领们背叛了他，哪里忍受得了，他立即调集各路兵马前去镇压，孔有德等人自知兵马有限，只好暂时退守登州。当时，崇祯帝派大将祖大弼率兵数万，把登州包围了个水泄不通。即便如此，这一次战争也是不相上下，双方相持了整整五个多月，副元帅李九成战死。孔、耿二人的军队最后还是因为众寡悬殊，没能一举攻破明军。后来，他们二人实在筋疲力尽、力不能支，一鼓作气之后，他们决定逃出重围，投奔后金，并真诚地向后金廷表示了他们的投降之意。

同年五月，孔、耿二人率领剩余的士兵们来到镇江，并提前派人向皇太极报告他们到达沈阳的具体时间。皇太极听闻明将要来投奔大金，为了表现他们对此事的重视，他命令济尔哈朗（舒尔哈齐的第六子）、阿济格等人率兵前往镇江迎接，并带去两千匹马，供孔有德等部众上岸之后乘骑。可见皇太极不仅行事谨慎，处事也十分周到。正在这时候，留驻宁远、登州、旅顺的明将听闻孔、耿二人要去投金，也乘船从海上追来，朝鲜也出兵助威。更巧的是，济尔哈朗等人率军也刚好赶到镇江，与明兵隔江立营。明将与朝鲜将领见金军如此强盛，顿时被这阵势吓住了，不敢轻易开战，只好悄悄撤退。孔、耿部众才得以顺利靠岸，并把携带来的大量兵器枪炮全部搬运上岸。历经各种艰难险阻，孔、耿这支庞大的队伍终于胜利来归。皇太极对孔、耿二人以礼相待、关怀备至，让他们受宠若惊。

同年六月十三，皇太极按照孔、耿二人原来的自封号，正式宣布封孔有德为都元帅，耿仲明为总兵官，并赐给敕印，其他各官也根据功劳大小进行封赏。之后，皇太极决定打破民族界限，选拔汉族中的一些优秀人才为国效力。天聪七年（1633年）七月的一天，皇太极命令分隶满洲各旗所属汉人壮丁，每十名抽一丁披甲入伍，共有1580人组成一旗汉兵，由汉官马光远统领，旗帜为黑色，这是后金军正式建汉军旗的开始。

天聪八年（1634年），大明广鹿岛副将尚可喜也率领数千名官兵叛明来归。他曾经是明东江总兵官（驻皮岛）黄龙的部下，也是辽东人士。孔有德登州叛变发生后，黄龙便提升尚可喜为广鹿岛副将。当时，孔、耿二人引后金兵攻打旅顺，黄龙不幸兵败后自杀。后来，大明又任命沈世奎为总兵，代替了黄龙一职，部校王廷瑞、袁安帮构陷尚可喜，尚可喜依然占据广鹿岛。有一点需要透露，尚可喜与孔、耿二人曾经都是毛文龙的部下，私下里交情甚是不错。不久后，尚可喜效法孔、耿二人的行动，也决定投奔皇太极。就这样，孔、耿、尚三人都归附了大金，皇太极对他们三人也是极为优待。不仅为他们营建府第，同时还保持他们军队的编制，让他们继续统帅旧部。因此，孔、耿、尚等人背叛大明，成为皇太极编制汉军旗的最好契机。

后来，皇太极发现他们三人的军队有着很大的优势，不仅"谙水战"，而且"习地利"。在这方面，满族骑兵是不能与他们比的，只能用四个字来形容：望尘莫及。由此看来，他们三人如果联合起来，的确是一支不可忽视的力量。在努尔哈赤时期，曾采取的做法是"俘掠辽沈之民，悉为满臣奴隶"。而到了皇太极执政以后，随着军事行动规模的不断扩大，皇太极意识到单用满洲兵的局限性。于是他开始打破民族界限，着手将他统治下的辽人及归顺的明兵武装起来，创建汉军编制。

到了崇德元年（1636年），皇太极终于接受尊号为"皇帝"，封孔有德为恭顺王，耿仲明为怀顺王，尚可喜为智顺王，将汉人组成的部队特许三人独立分管，使他们获得八旗旗主一样的权力。到了第二年，也就是崇德二年（1637年）七月，皇太极又将一旗汉军分为左右翼两旗；以汉官石廷柱为左翼固山额真，马光远为右翼固山额真，并按照满八旗的体例编壮丁为牛录。崇德四年（1639年）六月，皇太极又将汉军两旗分为四旗，每旗设牛录18人，固山额真1人，梅勒章京2人，甲喇章京4人，四旗一共有7000人左右。

后来，在满洲八旗的基础上，于崇德七年（1642年）六月，皇太极又将汉军四旗改为八旗，旗色、名称、官员设置与满洲八旗相同。加上原有的满洲八旗，合满、蒙、汉一共24旗，八旗制度这才臻于完备。与之前所不同的是，汉军八旗的旗主可以由皇帝随时撤换或任命，而满洲八旗旗主之位则是世袭。同年八月，孔有德、耿仲明、尚可喜上奏"以所部兵随汉军旗下行走"，皇太极听后欣然同意。

因此，"三顺王"投降大清，是当时很重要的事件，不仅壮大了皇太极的军事力量，与皇太极编制汉军八旗也有着十分密切的联系。然而，对于皇太极这种大政治家的远见卓识，并不是所有人都能理解的。

松锦之战，错在谁？

皇太极称帝之后，一方面，不断派遣精兵入关，深入大明腹地，只为了沉重地打击大明的有生力量；另一方面，又在关外宁、锦一线与大明展开了激烈的争夺战。到最后，这场争夺战终于发展成为一次规模巨大、震惊全国的松锦决战。同时，这也是继萨尔浒战役之后，明清兴亡史上的又一次战略性的大决战，它把皇太极的军事实践成功推向了一个新高峰。

提及锦州，它不仅是宁、锦防线的主要环节，也是大明设置在辽西的军事重镇之一。广宁中屯卫、广宁左屯卫都设在这里。自从明清交战以来，锦州的战略地位显得日益重要。当时，明廷特意派遣重兵驻守锦州一带。即便有重兵、精兵把守，还是不够放心，明廷又下令尽快加固城池，力图使锦州成为阻止清军西进的一座坚固堡垒。皇太极知道，"以大军屡入塞，不得明尺寸之地，皆由山海关阻隔；而欲取关，非先取关外四城不可"。这里的四城指的是锦州、松山、杏山和塔山，而锦州则首当其冲。皇太极也清楚，只有先打下锦州，然后从山海关进攻北京，才能给大明致命的一击。

天聪五年（1631年），也就是后金军在夺取大凌河城（今辽宁凌海）之后，因为受辽西前哨重镇锦州、松山等城的阻拦，他们暂时无法逼近山海关一带。直到天聪十年（1636年），由于漠南蒙古归附，朝鲜（今朝鲜、韩国）也随之称臣，皇太极的后顾之忧已经完全解除了，且经过多次绕道入关作战，大大消耗了明廷的实力，于是决计以十万兵力夺取锦州，打通辽西入关通道，为入主中原彻底扫清道路。

崇祯十三年（1640年）三月，皇太极任命郑亲王济尔哈朗为右翼主帅，多罗贝勒多铎为左翼主帅，各统兵开赴义州（今义县）驻守，开始筑城屯田；在筹措好攻城的器具后，对锦州形成了合围之势。到了四月末，皇太极亲自前往义州、锦州察看地形，并想尽一切办法探听明军的态势。这一回，皇太极吸取了天聪元年（1627年）宁锦之战强攻受挫的教训，他决定对锦州采取长期围困、断其饷源、歼其援军、迫使守军出降的战策。济尔哈朗、多铎二人听从皇太极的命令，率领大军由远及近，进围锦州。为了实现长围久困之计，清军士兵每三月进行一次轮换，只是为了让士兵们能够及时休整、养精蓄锐。

崇祯帝听闻后，立即诏令督抚镇臣进宫商议此事。朝中大臣听后议论纷纷、主张不一。正在这时，蓟辽总督洪承畴站了出来，并发表了自己的意见；他认为："清军屯兵锦、义之间，实为持久之计，绝对不可轻视。只有做到'力主战、守双筹'，才能守住锦州。"洪承畴的想法刚一说出口，崇祯帝就采纳了。随后，崇祯帝指派了一支精兵去支援锦州，当时据守锦州的祖大寿，是大明的一员猛将。在他的奋力反击下，清军根本无法靠近城前；再加之清军围城不严、日久懈怠；就这样一年过去了，他们依旧一无所获，未能达到预期目的。

崇祯十四年（1641年）三月，皇太极又命令济尔哈朗替代和硕睿亲王多尔衮。清军已经渐渐逼近锦州城垣，并在明炮火射程之外绕城四面扎营，掘壕堑，设栅木，封锁了各条通路，使得锦州外援顿绝。清军在奋力攻打锦州，而祖大寿却十分镇定，一直坚守城内，不肯出战。在那千钧一发的时刻，明廷发出一条急令，派驻守在宁远的洪承畴速速率领宣府杨国柱、大同王朴、密云唐通、蓟镇白广恩、玉田曹变蛟、山海关马科、前屯卫王廷臣、宁远吴三桂等八镇总兵，共13万大军赴援锦州，欲解其围。同年七月二十六，洪承畴率军来到了松山，与清军针锋相对。洪承畴首先占据了松山与锦州之间的乳峰山东侧。到了黑夜的时候，洪承畴又挥军抢占其西侧，并分驻东西石门，环松山城结步兵大营七座，营外掘长壕，树木栅护卫，骑兵则驻于松山东、西、北三面，防御十分严密。

　　同年八月初二，锦州明军配合援军出城突围，被清军逐回城中，宣府杨国柱不幸战死。八月初八，清军又向乳峰山西侧发起了猛烈的攻击，不承想又被明军击退，继攻又败。八月初十，清军与明援军交战，再次受挫。再度接防的多尔衮等在明援军的强大压力下，不敢进攻，接连向沈阳求援；皇太极听闻后，也十分焦急，决定亲自征战。八月十四，皇太极率精锐 3000 先行，大军随后跟上。在皇太极的率领下，军队不分昼夜地赶路，终于在八月十九那天，正式抵达松山附近的戚家堡。皇太极都顾不得歇息，立即登山观察，见明援军后阵颇弱，且首尾不相顾，于是决定断明军粮道，掘壕筑垣围困。随后，又将大军部署在松山与杏山之间，切断了两城间的通道。

　　同年八月二十，皇太极又派遣多罗武英郡王阿济格与固山贝子博洛等攻塔山，夺取明军在笔架山（今锦州南）储备粮 12 垛。就在当天，清军从锦州西往南，穿越松杏大道，直至海口，连掘三道大壕，深八尺、宽丈余，人马不得过，把明军置于包围之中。八月二十一，洪承畴挥军反击，企图突围；皇太极临阵指挥，将明军逐回营地。之后，皇太极又重新部署兵力，严堵要道，设伏待机。明援军只带了三天口粮，原本想速战速决，没想到的是他们屡战不胜，导致军心恐慌。而此时的洪承畴，却拒绝了诸将回宁远取粮的建议，决计与清军拼死一战。

　　这时候，意外的事情发生了。王朴总兵于当晚率部先逃，其他总兵也相继溃逃，步骑兵大乱，自相踩践；早已严阵以待的清军迎头堵截，明军一时间死伤累累，坠落壕堑者不计其数。王朴、吴三桂二人率残部自杏山遁逃，遇清伏兵于高桥，其众被歼，二人仅以身免，逃回宁远；监军张若麒也深夜乘船，从海上逃生；只有洪承畴、曹变蛟、王廷臣以及辽东巡抚邱民仰等人仓促撤回松山城坚守。至八月二十六，在短短的五天时间里，明军被歼的人数达到五万四千余人，损失战马七千余匹，甲胄九千余件。清军乘胜追击，转而严密围困松山。此时的明军已经无力救援，城内的粮食也即将耗尽。

　　到了崇祯十五年（1642 年）二月，松山副将夏成德也密约投降大清，并答应做内应，执洪承畴、邱民仰等人献城投降。皇太极下令就地斩杀曹变蛟、王廷臣、邱民仰等人，唯独留下了洪承畴，并把他押解至沈阳，引诱其降清，但是洪承畴始终不肯屈服。后来，皇太极委派范文程劝降他，就在他们谈话之际，梁上掉下一点灰尘，撒在他的衣服上，他拍了又拍。正是这样一个无意之举，范文程发现洪承畴是一个爱惜衣服之人，由此可见，洪承畴更爱惜生命。皇太极听完范文程的报告后，决定亲自去看洪承畴，并将自己身上的御衣解下披在洪承畴身上。洪承畴感激地看着皇太极，叹息说："真命世之主也。"随后便归顺了大清。

崇祯十三年（1640年）年至十五年（1642年），明军与清军在松山、锦州一带进行的决战，就是历史中的"松锦之战"。这次战役持续了两年多，最终还是清军取得了决战胜利。而当时关外的明军精锐已经损失殆尽，宁锦防线也已经彻底崩溃了。由此，清军入关，已经成为一种必然之势。

皇太极的"生死恋"

如果说，清太祖努尔哈赤开创了"王基"，那么毫无疑问，是清太宗皇太极成就了大清"帝业"。皇太极在位期间，清朝虽然还没能够入主中原，但他先后通过"宁锦之战""松锦之战"等战役，不仅生擒明军将领洪承畴，还逼迫锦州守将祖大寿叛明降清。不仅如此，皇太极还先后绕道蒙古地盘突破长城，多次偷袭关内，使得明军一刻也不能放松警惕。时间久了，明军的精锐也几乎被消耗殆尽，这就为后来的清兵入关扫清了道路。了解了皇太极的辉煌业绩之后，再来了解下他的私生活。还真是不说不知道，一看吓一跳。

皇太极，居然是一个爱江山、更爱美人的多情种。怪不得后来人说他是一位"因爱而亡的皇帝"。仔细算来，皇太极一共娶了15个老婆，并生有11个儿子，14个女儿。这不仅需要有财力、体力、精力，更关键的是需要有智慧。其中，大老婆元妃是钮钴禄氏，是皇太极的原配夫人，也就是大福晋，生一子名叫洛博会，不幸早殇；二老婆乌拉那拉氏，是皇太极的继妃，生二子一女，两个儿子分别叫豪格、洛格；三老婆是孝端文皇后，是科尔沁蒙古博尔济吉特氏，名叫哲哲，生有三女；四老婆孝庄文皇后，也是科尔沁蒙古博尔济吉特氏，名叫布木布泰，生一子三女，她唯一的儿子就是后来的顺治；五老婆是敏慧恭和元妃，也是科尔沁蒙古博尔济吉特氏，名叫哈日珠拉，又名海兰珠，是皇太极一生中最宠爱的妃子。

海兰珠，生于万历三十七年（1609年），她是孝庄文皇后的亲姐姐，比孝庄大4岁。当年海兰珠嫁给皇太极时已经26岁了，比妹妹孝庄晚嫁皇太极九年。海兰珠入宫以后，清宫中就流传出了姑侄三人——即姑姑孝端文皇后、侄女孝庄文皇后和侄女孝庄文皇后的姐姐海兰珠三人一同伺候皇太极的故事。古代蒙古有这样一句谚语："姑娘家没有辈分。"所以，在满族中发生这样的事情，实在不足为怪。

海兰珠不仅相貌过人、聪慧能干，而且出身于蒙古科尔沁部落的一个贵族家庭。在古代，像她那样的美人坯子，找另一半是一件轻而易举的事情。但是，为什么她到了26岁才嫁给皇太极呢？因为在那时候，如果女孩到了20岁后仍然没有许配人家，就真属于凤毛麟角了。有传闻说，海兰珠以前可能嫁过人，后来她的丈夫去世或者离异。还有一种传闻说，海兰珠当时可能已经被许配给了察哈尔的林丹汗，后来林丹汗病逝后，她才有机会嫁给皇太极。

海兰珠与皇太极成婚时，并非豆蔻年华。虽然她早已经过了女人最佳的年龄，但由于她"冰肌雪骨、丽质天成"，仍然是有着"沉鱼落雁、闭月羞花"的美貌。与宫中那些正处于豆蔻年龄的女子相比，她也毫不逊色，尤其是她那贤淑文雅、成熟女性的独特魅力，更是让皇太极一见倾心、为之痴迷。当时，皇太极已经 42 岁，比海兰珠年长整整 16 岁，但是海兰珠的出现，使已过不惑之年的皇太极心中重新燃起爱情之火。此后，他们二人更是情投意合、形影相随。

崇德元年（1636 年）七月初十那天，皇太极遵循古制，为自己最宠爱的妃子举行了一次隆重的册封后妃典礼，正式封海兰珠为"东宫大福晋"。宸妃海兰珠也正是从那天开始，成为关雎宫（今沈阳故宫的凤凰楼上）的主人。这样一来，海兰珠的地位便仅次于她的姑姑孝端文皇后，位居四妃之首。皇太极觉得这样还不够好，还赐其宫室名为"关雎宫"；此名取之于《诗经》中的"关关雎鸠，在河之洲，窈窕淑女，君子好逑"的诗句，充分表达出皇太极对海兰珠德行与魅力的极力赞颂。

崇德二年（1637 年）七月，在关雎宫发生了一件大喜事，海兰珠为皇太极生下了他们的第一个儿子，这个孩子在皇太极的诸多儿子中排行第八。在古代，向来有母凭子贵、子凭母贵的说法。爱妃诞下爱子，皇太极更是欣喜若狂，他的第一个念头是：立这个婴儿为皇位继承人。第二天，皇太极就迫不及待召集文武群臣，在盛京皇宫举行了一次重大的庆典活动，还颁发了大清第一道因诞育皇子而发的大赦令。皇太极签署的告国中文告称："今蒙上天的特别关怀，关雎宫宸妃诞育皇嗣。"看得出来，他把这个刚来到人间的婴儿称为"皇嗣"，也就相当于在告知天下，这个婴儿就是未来的皇太子。果然子凭母贵，这或许就是"爱屋及乌"吧。

同年八月，海兰珠所生的皇子刚刚过满月。那些与皇太极有姻亲关系的皇亲国戚，纷纷携带厚礼前来拜贺，就连那些远在千里的蒙古部落，也不辞辛苦，带着各种土特产闻风而至。如此盛大的场面，一时间轰动了沈阳城内外，城里城外热闹无比。然而，之前已有元妃钮祜禄氏、继妃乌拉那拉氏、庶妃颜扎氏、侧妃叶赫那拉氏、庶妃纳喇氏、庶妃伊尔根觉罗氏等生有七个皇子，但是对这些皇子们的诞生，皇太极并没有如此重视，也没有举行过什么庆典活动，更别说颁布大赦令。

当时，皇太极的长子豪格已经30岁了，可以帮助皇太极处理一些国事。皇太极也已经把豪格当做一位得力助手了。按照常理，豪格作为长子，继承皇位的可能性很大。但是，皇太极却始终没有任何暗示，会让豪格继承皇位，哪怕是一丁点儿表示，他都不曾有过，可见皇太极心中自有打算、不便透露。种种迹象表明，皇太极对海兰珠的宠爱无可比拟，也说明海兰珠在宫中的地位显赫。

"天有不测风云，人有旦夕祸福"，皇太极与海兰珠的爱情小结晶，这个高贵又幼小的生命，在来到世界还不满一年，于崇德三年（1638年）正月不幸夭折，这个可怜的孩子连个名字都没来得及起。哪一个母亲能够承受得了失去爱子的痛苦，海兰珠也不例外，当她的孩子只剩下最后一口呼吸时，她的精神几乎崩溃了，觉得天都要塌下来了。从失去孩子的那一刻起，她整个人就越来越恍惚了，无论白天黑夜，她都能看到自己孩子的一哭一笑。由于她终日郁郁寡欢，没过多久就染上了重病。

崇德六年（1641年）九月，海兰珠弥留之际，皇太极却率领军队在松山战场上御驾亲征。当手下的人向他报告了海兰珠病重的消息后，皇太极心如刀割、心乱如麻，实在无法控制内心的焦虑。此时此刻的皇太极，只想快点赶回去，最后看一眼这位爱妃。可一边是帝王江山，一边是心爱的美人，他作为三军统帅，在战争结束之前是绝对不可以轻易离开战斗前线的。纠结半晌之后，皇太极立即召集这次参战的王公贝勒、八旗固山额真以及海兰珠和庄妃的哥哥科尔沁亲王乌克善和巴图鲁郡王满朱习礼等人开了一次紧急会议，在做完军事部署后，最后还是决定回宫看海兰珠最后一眼，要不他永远不能原谅自己。于是，他便乘马启驾返回盛京（今沈阳城）。

交代完战事之后，皇太极一路上马不停蹄，恨不得立即出现在海兰珠面前，替她喂水喂药，最后照顾她一回。当他刚刚抵达距离沈阳城不远的旧边驻跸歇宿时，当夜一鼓，皇宫内立即遣人来报海兰珠病笃的消息。皇太极听闻后，立即下令摸黑拔营启程，连夜赶奔宫中。同时，他还派遣大学士希福、刚林等人先行快马急驰，先趋问候。此时的皇太极，真是心急如焚，恨不得一步就能飞到海兰珠的身边。五鼓，天尚未明，皇太极的銮驾刚入沈阳城，就传来了海兰珠薨逝的噩耗。年仅33岁的海兰珠，就这样撒手人寰，随爱子离去了。

这个消息对皇太极而言，犹如五雷轰顶，悲不自胜。他三步并作两步走进大清门，直扑关雎宫。当出现在他面前的竟是海兰珠的遗体时，皇太极终于按捺不住心中的悲痛，声泪俱下、涕泣不已。面对此情此景，诸位贝勒大臣们只得以保重"龙体"为要，纷纷跪在地上劝皇上节哀。经过众大臣的力劝，皇太极方才稍止悲痛，随后便下令："宸妃丧殓之礼悉从厚。"

皇太极从海兰珠的殡所归来之后，没有入宫歇息，而是居住在临时搭设的"御屋"中。"上天造就朕的目的是为抚世安民，今乃过于悲哀，不能自持。天地祖宗知道朕这样太过，以此示警。朕应该戒哀才对。"虽然皇太极嘴上这样说，可是他对海兰珠的魂牵梦萦，仍然难以自拔。虽然贵为"九五之尊"的他，拥有众多妃嫔，天生丽质者亦不乏其人。然而，他唯独钟爱海兰珠一人，只有在她的身上倾注了夫妻间的全部感情。此后，皇太极总是睹物思人、黯然神伤，久久不能走出这段阴影。

自从失去海兰珠，皇太极就没能再振作起来，朝夕悲痛、饮食顿减，身体自然一天不如一天。诸位大臣担心皇太极会这样颓废下去，于是他们主动向皇太极提议，一起去蒲河涉猎，顺便可以散散心。可是海兰珠的殡所就在城北，他们去狩猎肯定要经过此地。众贝勒大臣们一心只想为皇上消愁解闷，却反而让皇太极更加触景生悲，引得他又一次大哭。谁又能想到，在战场上皇太极铁石心肠、勇猛果敢，没想到在感情方面，他居然跟常人一样，是那么的脆弱不堪。自此，这位戎马一生、驰骋疆场的皇太极，不再奔赴战场，就连猎场他也再没有去过。

在海兰珠去世后不到两年，也就是在崇德八年（1643年）八月初九的一个傍晚，在金碧辉煌的崇政殿里，皇太极召见完诸位贝勒、大臣后，拖着疲惫的步伐，回到了自己的寝宫清宁宫，静静地躺在东暖阁炕上小憩，端坐而崩。有人说，皇太极是无疾而逝；也有人说，皇太极是因为劳累过度，积劳成疾而死。那年，皇太极刚刚52岁，他的一生就这样结束了。可想而知，海兰珠的离开，对皇太极的打击实在太大，皇太极对海兰珠的这种真情笃意，在历朝皇帝中几乎是不多见的。

　　皇太极前后在位17年，他的去世，标志着大清王朝一个朝代的结束，也标志着大清王朝奠基工程的完结。大清王朝经过努尔哈赤、皇太极整整60年的奋争，为后来清军入关、定鼎燕京、统一中原，打下了坚实的基础。

福临自幼天资聪慧、读书勤奋。他审时度势、拨乱反正、倚重汉官，并学习了先进的汉族文化。为了使新兴的统治基业长治久安，他以明代兴亡为借鉴，警惕宦官朋党为祸，重视整饬吏治，注意与民休息，取之有节。也因为他的少年气盛、刚愎自用、急躁易怒，当他宠爱的董鄂妃去世后，他转而厌世，匆匆走完了短暂的人生历程，使其成为清朝历史上唯一一个公开皈依佛门的皇帝。

第三章

多情天子，不爱江山爱美人

从天而降的皇位

崇德三年（1638 年）正月三十，清太宗皇太极的第四个老婆博尔济古特氏，即孝庄文皇后，在盛京为皇太极诞下第九子，这个孩子就是后来的顺治帝，又叫爱新觉罗·福临。少年时代的福临，他的命运如同他的名字一样，"福"真的是从天上降"临"，为什么这样说呢？

崇德八年（1643 年）八月初九日夜亥时，皇太极带着"储嗣未定"的遗憾暴卒。据说，那天白天，皇太极还跟平常一样，在专心致志地处理朝中事务，没有任何异常情况发生；谁曾想，他会在夜间悄悄离开人世。因为在他去世之前，还没来得及留下任何遗言，也没有交代由谁来继承他的皇位，所以他的突然离去，让诸王贝勒一点心理准备都没有，朝中瞬间议论纷纷。随后，在皇太极的十四弟、掌正白旗的和硕睿亲王多尔衮与其长子肃亲王豪格之间，展开了一场激烈的皇位争夺战。那一天，是八月十四日，也就是皇太极死后的第六天。这两位争夺者，一位是皇太极同父异母的弟弟，另一位是皇太极的长子，他们势均力敌，相持不下。

在如此僵持的局面下，朝中大臣有人提议，可以按照清太祖努尔哈赤的遗诏，来规定皇位继承，并要求满洲贵族统统来参与这次大讨论。在当时的朝廷上下，有 7 个人的意见可谓是举足轻重：4 个亲王，他们分别是礼亲王代善、郑亲王济尔哈朗、睿亲王多尔衮和肃亲王豪格；另外还有 3 位郡王，他们分别是英郡王阿济格、豫郡王多铎和颖郡王阿达礼。其实，朝中大臣们心里都明白，其中最有希望夺得大位的只有两个人，那就是肃亲王豪格和睿亲王多尔衮。

对于肃亲王豪格而言，他是清太宗皇太极的长子，继承皇位的可能性是最大的。那年他 35 岁，可以说正值壮年。虽然他是多尔衮的侄子，但却比多尔衮还年长 3 岁。他不仅人才出众，而且武艺不凡，史称他"容貌不凡，有弓马才"，甚至还有"英毅多智略"等好称号。在他还是一个少年时，就随父亲皇太极赴战杀敌，也为此立过不少战功。皇太极在世的时候，亲掌的正黄、镶黄和正蓝三旗大臣都拥护豪格来继承皇位，尤其是两黄旗贝勒大臣，更是誓死要效忠于豪格。从表面情况看来，豪格继位的胜算似乎更大一些。

再来看睿亲王多尔衮，他如何能够与豪格对抗到底呢？多尔衮是清太祖努尔哈赤的第十四子，是清太宗皇太极的弟弟。那年他 32 岁，也是正值壮年。因为他作战勇猛、用兵如神，曾得到父亲努尔哈赤的钟爱。传闻说，努尔哈赤曾经还留下遗言：九王子多尔衮当立而年幼，由代善摄位；而代善鉴于当时的情势，并没有拥立多尔衮，而借势拥立皇太极。当时，多尔衮的兄弟是正白旗和镶白旗的旗主贝勒，这两个旗都支持多尔衮，这让他心中更有了底气。再加之多尔衮曾多次统军出征，"倡谋出奇，攻城必克，野战必胜"，为朝廷屡立功劳。按照军功和才能，他继承皇位的可能性也很大。但是"一山终究不能容二虎"，皇帝之位到底最后会花落谁家呢？

从实力方面来看，当时豪格有正黄、镶黄和正蓝三旗的支持，而多尔衮有正白、镶白两旗的支持。那么其余三旗，即代善父子掌管的正红和镶红两旗、济尔哈朗掌管的镶蓝旗的意见，在此时就显得至关重要了。崇德八年（1643 年）八月十四凌晨，掌管两黄旗大臣在大清门盟誓，要拥护豪格继承皇位，并部署两黄旗巴牙喇（即护军营，为禁军中护卫皇帝的部队）张弓挟矢，环卫崇政殿。不仅如此，又在崇政殿的东庑殿举

第三章
多情天子，不爱江山爱美人

行了议商皇位继承人的贵族会议，这次会议由年纪最长、地位最高的礼亲王代善来主持，当时代善已经61岁了。会议一开始，正黄旗索尼和镶黄旗鳌拜就大胆谏言，倡言"立皇子"，多尔衮听完他们的建议后，面无表情地说："你们资历还不够，先出去吧。"索尼和鳌拜只好暂时退席，但是两黄旗的巴牙喇则包围了宫殿，两黄旗暂时占了上风。即便如此，两白旗也不甘示弱，豫郡王多铎、英郡王阿济格弟兄纷纷发言，力劝多尔衮继承帝位。

多尔衮见形势十分紧张，当即有点心动，但又有点犹豫不决。多铎却说："你如果不答应，应当立我，我的名字在太祖遗诏。"多尔衮当然不会同意立多铎，立即反驳说："肃亲王（豪格）的名字也在遗诏里，不独王（多铎）也。"多铎也不肯示弱地说："不立我，论长当立礼亲王代善。"礼亲王代善貌似已经看清形势，立即表示自己老了，并提出豪格贵为长子，理应继承大统。此时豪格的内心其实是激动的，他自认为，有两黄、正蓝和两红旗的支持，大局早已定。于是，他表示谦辞地说："福少德薄，非所堪当。"其实，他本来就是假意谦让，想让众人重视他，然后对他"坚请不已"，紧接着他就可以顺着形势，登上皇帝的宝座。如此一来，不仅显得文雅谦恭，又能众望所归，可谓"两全其美"。但是，两白旗却总是不肯相让。这让豪格内心愤懑不已，无奈之下，只好表示暂退。

在经过一场激烈的争执之后，执掌两黄旗的大臣携带佩剑，走向前说："我们这些人吃先帝的，穿先帝的，先帝对我们的恩情有天大。要是不立先帝的儿子，我们宁可以死追随先帝于地下。"礼亲王代善听完这番话后，明显感觉到形势不对，于是以"年老不预朝政"为理由，匆匆忙忙离开席位。而英郡王阿济格也不傻，听了半天，看了半天，也大概明白点什么了；随后，他以不立多尔衮而退出。豫郡王多铎依然沉默不语，如此便出现了"定议之策，未及归一"的僵局。

正在这剑拔弩张、互不相让的紧要关头，表面憨厚敦实、内心机敏聪慧的郑亲王济尔哈朗终于肯发话了，并提出了这样一个方案：可以让既是皇子，但又不是豪格的福临来继承皇位。多尔衮听完这句话后，瞬间内心好复杂。他在心里权衡利弊了一番：如果自己利用目前的权势，强行继承皇位，肯定会引起两蓝旗与两黄旗的集体反对，那样的话，只有一个可能，就是两败俱伤；如果他同意让豪格登基，自己肯定也会不甘心，想得更糟糕一些，日后豪格一旦成为一朝之主，他还有可能会遭到豪格的报复和打击；如果让年纪尚幼的福临继位，他则可以收到"一石三鸟"之利：不仅可以打击豪格，自己作为叔父还有可能摄政，同时也能避免起内讧。想到这里，精明的多尔衮立即提出动议："我赞成由皇子继位，皇子当中豪格提出他不继位，那就请福临继位。福临年纪小，郑亲王济尔哈朗和我辅政。"豪格等人不好多说什么，只好同意了。

崇德八年（1643 年）八月二十六，六岁的福临意外地登上了皇帝的宝座，成为清朝的第三位皇帝，也是清军入关的第一位皇帝。这一切来得太突然了，让人来不及回味和思索；这一切来得太容易了，让人有一种"天福降临"的感觉。但需要强调的是，因为福临年幼，尚不能亲自处理朝政，只能由叔父睿亲王多尔衮及郑亲王济尔哈朗来辅政。实际上也是从那时候起，清廷由多尔衮一人控制。

崇德九年（1644 年）正月，改元顺治。三月，声威日壮的李自成率领农民起义军攻克北京城，懦弱无能的崇祯帝见大局已定，自缢于煤山（今景山）。就这样，统治中国 276 年的明朝宣告覆灭。这个消息传到清廷后，引起朝野上下的震动，当权的多尔衮决定立即入关，争夺政权。同年五月初二，多尔衮率领清军进入北京城；六月，多尔衮与诸王贝勒大臣商议决定，迁都北京。

同年八月二十，福临与皇太后博尔济吉特氏在文武百官的簇拥和保护下，离开盛京，迁往北京。九月十九，福临到达北京。十月初十，他在皇极门（顺治二年改称"太和门"）向全国颁布登基诏书，大清正式定都北京，开始了以北京为都城的长达二百六十多年的统治。

多尔衮，不是皇帝的皇帝

　　爱新觉罗·多尔衮，是清太祖努尔哈赤的第十四子，大妃乌拉那拉氏的第二子。他出生于万历四十年（1612 年）十月二十五，是清太宗皇太极的异母兄弟。多尔衮少年时，与其父亲的长相非常相似，因此深得父亲的喜爱。

　　据说，努尔哈赤在世时，曾想过让多尔衮来继承自己的汗位。天命十一年（1626 年）八月，努尔哈赤因被明将袁崇焕打得大败而归，最后含愤去世。多尔衮的母亲乌拉纳拉氏因有人在其背后作祟，年纪轻轻就被逼殉葬。多尔衮失去了母亲这个依靠，不满十五岁的他更加无力争夺汗位，只好暂时作罢。

　　皇太极执政时期，年轻的多尔衮以卓越的战功、出众的才能，超越了诸位兄长。他的所作所为，让皇太极十分满意，于是很快封他为睿亲王，掌管正白旗，参决军国大事，并娶了孝庄文皇后的族妹为妻。皇太极去世以后，再次出现了皇位之争，形成了睿亲王多尔衮与肃亲王豪格两派的严重对立。然而，他们谁也不肯相让，一时间剑拔弩张。其实，论起权力和势力，他们处于均衡状态：他们都手握重兵，多尔衮有两白旗的支持，豪格呢，则有两黄旗的拥护，不相上下、旗鼓相当。

　　为了尽快平息这场动荡，多尔衮把握大局、审时度势，在五大臣会议上拒绝了拥戴者对他的极力推荐，并同意由皇太极的第九子、年幼的福临来继承皇位，由他和郑亲王济尔哈朗共同辅政这位年幼的皇帝。这次议会的结果公布之后，不仅得到了各方的大力认可，也有效避免了大清朝内部的分裂和相互残杀。多尔衮虽然没能当上皇帝，但却在粉碎政敌豪格皇帝梦的同时，也大大强化了自己的权力和地位，成为清王朝的实际统治者。

又过了几个月，多尔衮接受了大明山海关总兵吴三桂的再三求助，亲自率领大军入关，击败了李自成领导的农民起义军，一举占领了北京。顺治元年（1644年）九月，多尔衮奉迎皇太后和年幼的福临入京，正式入主中原，实现了清太祖努尔哈赤和清太宗皇太极梦寐以求的凤愿。随后，多尔衮又挥兵南下，选择继续征战。这一次，多尔衮总揽朝纲、尽心王事，取法于前明，制定了各种内外制度，这在明清王朝更替的历史中起了至关重要的作用。

崇德八年（1643年）八月，年仅六岁的福临即位，由多尔衮和济尔哈朗一同辅政。到了第二年，也就是顺治元年（1644年）五月，大学士洪承畴、冯铨二人提出建议：改变内院过去对一些重大事务不得与闻的地位。多尔衮听后，很快同意了他们的建议。同年九月，多尔衮被封为"叔父摄政王"。顺治二年（1645年）三月，多尔衮又进一步下令，"凡条陈政事，或外国机密，或奇物谋略，此等本章，俱赴内院转奏"，使内院成为了参与国家重大决策的重要机构。不仅如此，多尔衮还让大学士"于国家事务，当不时条奏为是"。这些大学士追随多尔衮左右，应对顾问，处理政务，颇得重用。

同年六月，清军乘虚而入，直下江南。在路途中，多尔衮问大学士："江南'有甚好人物'？"大学士们回答说："地方广大，定有贤才。"多尔衮继续问："不是泛论地方贤才，只是先生们胸中有知道的否？"大学士们若有所思地回答："钱谦益是江南人望。"多尔衮接着又问："如今在否？"大学士们异口同声地说："昨'归文册'上有，现在。"多尔衮听完大学士们的回答，这才放下心来。自多尔衮担任摄政王以来，他就开始搜求汉族人才，用心网罗名士，孜孜不倦，使大批汉族士大夫纷纷归附于他。为此，多尔衮还在他们当中挑选了一些最有统治才能的，并把他们安排在内院、六部等中央重要机构中，使他们能更好地发挥国家治理作用。

多尔衮作为满洲贵族的带头人，始终把满洲贵族这个"大集团"当作维护清朝统治的最根本力量。清朝刚一建立起来，多尔衮就做出明确规定：在政治上和经济上，王公贵族享有种种特权。多尔衮有远大的政治眼光，他懂得维护满洲贵族的尊严和特权，但也明白不能完全依靠他们治理国家事务。所以，多尔衮在从根本上维护满洲贵族特权的同时，也开始不断限制诸王贝勒的势力，尤其是削弱、打击自己的政敌，使他们无法利用特权，来干涉国家的重大决策和事务。

清军还未入关前，多尔衮早已经做了不少准备工作，他先是取消了诸王、贝勒在皇太极时期兼管部院事务的职权。入关后的一段时间内，多尔衮又派遣多铎、阿济格、豪格、济尔哈朗等亲王率领大批满洲贵族，轮流到各地出征。说是派他们去出征，其实是另有目的。当时，多尔衮心中只有一个念头：只要让他们远离统治中心，就不会干涉到国政。到了顺治四年（1647 年）二月，多尔衮还不肯就此作罢，并以"府第逾制"的罪名，罢免了济尔哈朗辅政的权力。

顺治五年（1648 年），多尔衮又设立了六部汉尚书、都察院汉都御史，提高了汉官在这些重要机构中的地位和职权。同时，多尔衮为了使汉官能够有效发挥作用，还严禁满洲贵族欺压、侮辱汉官，但凡有人违犯，就要受到相应的处罚。同年二月，豪格平定四川后，凯旋，没想到多尔衮非但没有加封他，反而立即罗织罪名，并将他逮捕下狱，后来折磨致死。因为这件事，还牵连了额亦都、费英东、杨古利等勋臣的不少子侄，使和多尔衮对立的满族贵族势力大受削弱。

同年三月，多尔衮又翻出来旧账，以当初皇太极去世时，在继承问题上不揭发豪格为借口，革去了济尔哈朗亲王爵，并降他为郡王。同年十一月，多尔衮的权势越来越大，地位也越来越高，他的称号由"叔父摄政王"进为"皇叔父摄政王"。不过，多尔衮并没有被权势冲昏头脑，他时常告诫诸王大臣：不可谄媚自己而不尊重朝廷、不尽忠皇上。就在这年十一月，多尔衮由"皇叔父摄政王"被尊封为"皇父摄政王"，掌握了军政大权，成为大清的实际统治者和最高决策人，成为不是皇帝的皇帝。

　　然而好景不长，骁勇善战、功高天下的多尔衮却不长寿。顺治七年（1650年）十一月，多尔衮在塞外出猎，后来患了重病而死。十二月十七，当多尔衮的灵柩被送回京城时，顺治帝福临亲自率领诸王大臣穿着丧服，到东直门五里以外处迎候，凡是灵柩经过的地方，都有跪着哭丧的官员。十二月二十五，福临发布哀诏，并追怀其功德："昔太宗文皇帝升遐之时，诸王群臣拥戴皇父摄政王。我皇父摄政王坚持推让，扶立朕躬。又平定中原，混一天下，至德丰功，千古无两。不幸于顺治七年（1650年）十二月初九戌时以疾上宾，朕心摧痛，率土衔哀，中外丧仪，合依帝礼。"

　　没过多久，福临又追尊多尔衮为"懋德修道广业定功安民立政诚敬义皇帝"，庙号"成宗"。同时，福临又追封其元妃为"义皇后"，让多尔衮夫妇一同升太庙祭享，完全将多尔衮视同一位真正的皇帝，让他享受到了死后的极致哀荣。

亲政后的"反攻倒算"

　　向来身体妥妥的多尔衮，为什么会突然患病呢？传闻说，多尔衮去塞外狩猎时，膝盖不小心受了伤，当时出门在外，药物带得不齐全；无奈之下，他使用了不该使用的石膏敷治，结果使自己的病情加剧了。顺治七年（1650年）十一月中旬，多尔衮见自己的病迟迟不好，为了调治疾病，也为了改善自己的心情，他拖着患病的身子，率领诸王贝勒以及

第三章
多情天子，不爱江山爱美人
· · · · · ·

大批八旗官兵到塞外打猎行乐。没想到的是，塞北的气候过于寒冷，再加上行猎时过度操劳，多尔衮再也抵抗不住了，彻底一病不起。十二月初九，多尔衮病死在喀喇城，那年他才三十九岁。其实他自己也没想到，这次出行居然没能让他再次回到北京。

多尔衮去世的消息很快传到了北京，举国上下、朝野内外都陷入一片沸腾，在多尔衮摄政时期，用强权压制下去的各种矛盾这时候都暴露了出来。先来说顺治帝福临与多尔衮之间的矛盾。多尔衮被封为摄政王时，福临年龄尚幼，什么都不懂，一切都由多尔衮决策，多尔衮大权在握。而到顺治七年（1650 年）时，福临已成长为一个 13 岁的少年了。从名义上来看，福临贵为皇帝，可谓是一人之下，万人之上。然而事实并非如此，因为多尔衮摄政，他手中没有一点实权，这对福临来说，实在是一件无法长期容忍之事。多尔衮死后，福临才有机会真正获得皇帝的权力，正式亲政。

再来说以济尔哈朗为首的一批在摄政期间受压的诸王与多尔衮之间的矛盾。那时候，他们慑于多尔衮的威望和权力，即使心中有满腔怒火，也不敢说出来；然而，在他们内心深处却一直有自己的思想，从来没有放弃过那种保守、落后的政见。听闻多尔衮的死讯，他们内心或多或少有点窃喜。他们认为，这一次只要他们聚集起来，就能够夺回曾经失去的权力。另外，那些曾经深受多尔衮信任与重用的大臣们，心中也着了慌，为了能够保住自己在摄政期间得到的权力，他们也开始不断活动。于是，矛盾再一次被激化了，他们开始相互冲突、相互利用；在多尔衮死后的短短一个多月内，清王朝的政局就发生了天翻地覆的变化。

多尔衮死后的那段日子里，保守派的济尔哈朗等人的内心开始蠢蠢欲动。他们利用福临要亲政的迫切心情，也策划了一连串的活动。他们先是命大学士刚林等人前往摄政王府搜查，收回了那些象征权力的印符和赏功册；紧接着，他们又开始想方设法削减多尔衮亲信的军事实力。

其实，在多尔衮摄政时期，曾将清王朝的主要军事力量交由他的亲信、同母兄弟英亲王阿济格与豫亲王多铎，他们几个人在当时都是多尔衮推行其政策的重要军事支柱。然而，顺治五年（1648年），代善老病而死；到了第二年，也就是顺治六年（1649年），功绩卓著的豫亲王多铎因病去世，时年36岁。

从当时的情况来看，对济尔哈朗等人威胁最大的，就只有阿济格一人了。阿济格不仅妄自尊大，而且居功自傲，曾多次向多尔衮提出无理的要求，封自己为"叔王"，但都被多尔衮婉言回绝了。多尔衮死后，阿济格私心爆发，又想扩充自己的势力，与诸王大臣抗衡。他以多尔衮生前曾说过"不满养子多尔博，而想让阿济格之子亲辖正白旗"为由，企图吞并正白旗。阿济格的一举一动，遭到正白旗多尔衮旧部的极力反对。他们之间的矛盾，被想要铲除阿济格的济尔哈朗等人看在眼里；于是，他们决定联名上疏，控告阿济格对多尔衮有大不敬。没想到的是，顺治帝福临居然轻而易举就给他定了罪，剥夺了他手中的军权不说，还将他逮捕、削爵、幽禁、抄家，并将其诸子皆黜除宗室，赏给仇家当奴隶。

顺治八年（1651年）正月十二那天，福临正式亲政，这对他来说是一个值得庆祝的日子，他终于拥有一个皇帝应该拥有的权力了。此情此景，多尔衮曾经的亲信都看在眼里，纷纷开始给自己找后路。其中有一些人认为济尔哈朗前途无量，追随他绝对不会错，于是毫不犹豫投到了他的门下。此时，原来由多尔衮与多铎分别统辖的正白旗与镶白旗已成无头大雁，阿济格又在短短时日内沦为了阶下囚。济尔哈朗等人见时机已成熟，于顺治同年二月上疏，指控"多尔衮显有悖逆之心，臣等从前俱畏威吞声，不敢出言，是以此等情形未曾人告。今谨冒死奏闻，伏愿皇上速加乾断"。

在济尔哈朗等人的奏折中，为多尔衮拟了以下四条主要罪名：第一条，皇帝即位时，诸王曾立下誓言，由多尔衮与济尔哈朗二人联合摄政。

但没过多久，多尔衮却背誓肆行、妄自尊大，剥夺了济尔哈朗摄政的权力，反而立自己的同母兄弟阿济格为辅政"叔王"，可见其私心；第二条，多尔衮所使用的仪仗、音乐和侍从，与皇帝差不多，就连其王府也形同皇宫。不仅如此，多尔衮还私用皇帝御用的八补黄袍、大东珠数珠及黑貂褂等殉葬；第三条，多尔衮还散布皇太极称帝，是违背了清太祖努尔哈赤的本意而系夺位的流言；第四条，多尔衮还逼死肃亲王豪格，并纳豪格的妻子为妃。

这样的弹劾还不够，有一些人不知跟多尔衮什么仇，什么怨，又连续揭发多尔衮生前曾缝制八补黄袍等物品，似乎有谋逆之举。这下可好，其他诸工大臣也跟着凑热闹，他们群起攻击，有人说多尔衮专擅朝政，也有人说多尔衮有谋逆之心。福临听到大臣们的弹劾，顿时火冒三丈，他不顾一个月前曾亲自为多尔衮追封"义皇帝"的尊称，立即下令毁掉多尔衮华丽的陵墓，并掘出其尸体，先是用棍子打，又用鞭子抽，最后砍掉脑袋，暴尸示众。一瞬间，多尔衮雄伟壮丽的陵墓化为尘土。即便如此，福临还觉得不够解恨，又命人把睿王府废了，就连多尔衮曾经的亲信，也都没能逃过一劫，不是被处死，就是被贬革。没想到的是，短短的两个多月内，多尔衮的名誉就有了天壤之别。

就这样，多尔衮沉冤了一百多年，直到乾隆四十三年（1778年）才获得了平反昭雪。乾隆帝专门为其发布诏谕，肯定了多尔衮生前的功绩，"抚定疆陲，一切创制规模皆所经画。寻即迎世祖车驾入都，定国开基，成一统之业，厥功最著"。为此，乾隆帝下诏为其昭雪：复睿亲王爵，由其五世孙袭爵，并配享太庙，重修茔墓。其封爵"世袭罔替"，成为清代八家铁帽子王之一。可以说，多尔衮是在非常时期出现的一名非常人物，其生前身后的非常际遇，也终告了结。

重用汉官，巩固江山

对于亲政后已真正掌握大权的福临来说，他接下来要做的事情就是要加强皇权，巩固自己的实力。福临先是继承了父亲皇太极手下亲掌的镶黄、正黄两旗，紧接着又恢复了被多尔衮打击的两黄旗贵族的地位，提升了两红旗的满达海、瓦克达、杰书、罗可铎等，又把原来多尔衮手下实力最雄厚的正白旗收归己有。至此，福临已经独有三旗，实力大大增强。

然而，自清朝入关后，就出现了各种矛盾错综复杂、民族矛盾尤为激烈的现象。福临心里明白，他虽然可以倚靠满洲八旗的力量来稳固皇权，但想要统治整个中国，想要巩固大清江山，就必须要依靠汉官。于是，他在亲政以后，就采取了一系列改革措施，来巩固自己的统治。他采取的第一个措施就是削夺大臣们的权势，实施集权制。

此外，在任用朝廷官员方面，福临开始笼络并倚重汉官，彻底改变了多尔衮时期曾对汉官猜疑、压制的态度。不仅如此，福临还大刀阔斧地整顿了吏治，并启用了很多有才能、有胆识的汉人为官。当时，清廷有这样一条旧规：汉官在各衙门中不能掌印，即不能当家做主；但是自福临亲政后，他就规定：谁的官衔在前，谁就掌印。

顺治八年（1651年），清军南下肇庆（今广东），并于闰二月攻克肇庆。三月，孙可望从四川进入贵州。紧接着，清廷又派遣洪承畴率领大军向贵州进军。这时候，孙可望也率兵到达云南，南明名将李定国也随后进入云南，想要和孙可望联合起来抗清。九月，清陷舟山，南明鲁王朱以海走福建。十月，永历帝朱由榔（即南明皇帝，明神宗朱翊钧之孙，明光宗朱常洛之侄，桂端王朱常瀛之子）自南宁出走，郑成功收复漳浦（今福建），使人通好日本。

顺治九年（1652 年）元月，鲁王朱以海走厦门，想要依靠郑成功。二月，孙可望便把永历帝接到安隆所（今贵州）居住，吴三桂等人开始进军成都、重庆等地。五月，永历帝册封孙可望为景国公，李定国北伐破湖南清军。七月，李定国复桂林。十一月，清廷命令固山额真卓罗为靖南将军，与固山额真蓝拜一同率军增援肇庆。这样一来，既可以防止李定国军东进，也可以增加谈判的筹码。

到顺治十二年（1655 年）八月，福临又命固山额真卓罗出征，并命汉官承政龚鼎孳掌管部院印信。提及龚鼎孳，他曾与吴伟业、钱谦益并称为"江左三大家"。大明灭亡后，龚鼎孳先是投降了李自成，后来又投降了大清，官至刑部尚书、兵部尚书、礼部尚书。龚鼎孳闻命后，觉得诚惶诚恐、战战兢兢，于是他上书朝廷，以"向来以满臣掌印"为由，再三推辞。但是，福临仍然不肯改变主意，坚持让他掌印。从此以后，汉官掌印才正式作为一种制度确定下来。起初的时候，内阁大学士满人是一品，汉人只是二品，到顺治十五年（1658 年），改为全是一品；六部尚书曾经也都是满人一品，汉人二品，到顺治十六年（1659 年），也全部改为了二品。

其实，在福临还没亲政之前，就对汉族大学士洪承畴、范文程等人十分信任和看重，认为他们既熟悉典章制度，又老谋深算，日后可以在治理国家方面助他一臂之力。因此，在福临亲政没多久，就立即任命范文程为议政大臣，使他得到了汉人从未有过的宠遇，因为在这之前，这一职务全是由满人出任的。范文程成为议政大臣后，便常常与福临一起探讨治理国家问题，两人谈得甚是投机。范文程说："统治者所实行的政策，要顺乎民心、合乎潮流，并提出兴屯田，招抚流民，举人才。"凡是范文程提出的建议，大多数都被福临采纳和认可，比如，"不论满汉亲旧，不拘资格大小，不避亲疏恩怨"等重要建议。

也是从那时起，福临开始与范文程交往甚密，并在其陪同下"频繁驾临三院""出入无常"。宫廷内院几乎成了范文程的"起居之所"。久而久之，福临与范文程的一举一动，引得朝中一些汉官为之不满，然而福临却毫不在意。短短的时日内，范文程屡屡被加官晋爵，可谓是春风得意。后来，当范文程年老体衰、上疏乞休时，福临依然恋恋不舍，命他养好病后再回朝为官，让朝中其他官员都羡慕不已。

同时，福临对汉人地主的上层人物也极力笼络。为此，福临忍痛割爱，把父亲皇太极的第十四女和硕建宁长公主，也就是他的亲妹妹，下嫁给吴三桂的儿子吴应熊，以表示优宠。另外，当大学士党崇雅告老还籍时，福临两次破格召见，不仅赐坐，还赐衣帽、靴袜、茶饭，"温语慰劳良久"，并特命满人大学士车克为他送行。顺治十五年（1658 年）状元、翰林院修撰孙承恩英年早逝，福临"深悼惜之，赐白金三百两归其丧"。如此种种，都突出地反映了福临争取汉人的勇气。

顺治十六年（1659 年）十月，福临还特意谕吏部："向来各衙门印务，俱系满官掌管，以后各部尚书、侍郎及院寺堂官受事在先者，即著掌印，不必分别满汉。尔部即传谕各衙门一体遵行。"这在当时看来，的确是一个破天荒的决定，也正是这个决定，让汉官的权力和地位有了明显的提高。不仅如此，福临还一再要求满汉官员和衷共事，"凡会议政事，原应满汉公同商榷，斟酌事理，归于至当"，"不拘满汉皆可具稿"，不许"满汉两议"的现象再次出现，否则就要受到惩处。

看得出来，在争取汉人地主、提高汉官权力、重用汉官等方面，福临进行了大胆的尝试和努力。不仅如此，福临又命兵部整顿驿政，以保障驿路畅通；实行恤刑条例，以安定民心；开始举行武举殿试，为朝廷选拔文武全才；制订行军条例、整顿军纪等等。这一系列改革措施的制订与推行，充分体现出福临是一个有政治才干的皇帝，也是清朝一位刻意求治、很有作为的年轻皇帝。

鼓励农耕，整顿财政

福临亲政后，在重用汉官、改善吏治的同时，认识到"兵饥则叛，民穷则盗"的道理。因此，福临采取了一系列的经济措施，一再下令不允许八旗子弟圈占土地，帮助百姓摆脱饥饿、穷困的同时，也使得社会发展、民心稳定。

清初入关后，依然把京畿地区的大量土地划分给八旗子弟，以维护其利益。很快，恶果就显露了出来：因为无节制地圈地，不仅使社会生产力遭到破坏，社会秩序也由此动荡不安，以至于有些耕地变成了牧场，出现了良田荒芜、土地萧条等现象。久而久之，那些失去土地的农民便背井离乡、四处流浪，待到时机成熟时，就会聚集起来进行反抗。当然不仅仅是农民深受其害，就连当时的汉族地主因土地被圈占，与清廷的关系也变得紧张分分。

其实在多尔衮时期，就曾下令禁止圈地，虽然有大规模的圈地被停止，但仍然有零散圈地在进行。到顺治时期，福临下令户部迅速行文地方官吏，"将前圈土地尽数退还原主"。第二年，福临又强调："民地被圈者，该管官即照数拨补，勿令失业。以后仍遵前旨，永不许圈占民间房地。"如此一来，既稳定了民心，又扩大了百姓的耕地使用面积。

在福临看来，农业生产的好坏，直接影响着封建社会的统治，而农业生产的发展和可耕地面积的多少又有着直接的联系。为了使那些荒芜的土地尽快得到开垦和耕种，福临听取了大学士范文程等人的建议，于顺治十年（1653 年）以后推行屯田垦荒，一方面是为了扩大辖区，另一方面还可以增加正额田赋盐科和关税。当时四川以及北方各省，因受战争的破坏，只好由政府发放牛具和种子，颁布了招民开垦令，并实行了3年免税。此外，还在辽东一带实行招民垦荒授官令，鼓励百姓赴辽东开发。

顺治十四年（1657年）夏天，福临又颁布了劝惩条例，以垦荒的多少作为考核和奖惩官吏的唯一标准。当时由于战乱，不仅出现地荒丁逃的现象，还有隐匿土地以及占垦明代藩王勋戚地产不报的情形，以致官府所掌握控制土地的数量减少，严重影响了国家赋税收入。对于那些隐匿无主荒地者，福临采取了宽大政策，并下令："有隐漏田粮以熟作荒者，许自行出首，尽行免罪，其出首地亩，即以当年起科，以前隐漏钱粮概不追究。"等到这一政策正式公布于天下后，出首报垦者便开始大量增加。

对"为豪强侵占，以熟作荒"散在各地的原明代王田，福临毫不含糊，立即命令地方官彻底清查，继而实行"房屋应行变价，地土照旧招佃"的办法，以做到"粮租兼收"。此外，福临为了不"苦累小民"，曾经多次免除一些省份的土特产贡品，并一再蠲免受灾地区的钱粮，以休养生息。以上这些土地政策的推行，极大地稳定了清初的社会局势，赢得了天下百姓的心，同时也开启了"康乾盛世"的大格局。

需要强调的是，既要改善百姓生活，又要稳定国库收入，仅仅调整土地政策是远远不够的，还需要实施一些其他措施。因此，对于朝廷内部，福临又采取了一些措施，比如减少军费、节约公费，主要是裁减冗兵、冗官、冗费及不急之需。顺治九年（1652年）四月，户部专折上奏，建议可以在江宁、杭州、西安、汉中等地驻防满洲汉军兵丁，除草料口粮照例支出，每年多支米石应裁。顺治十一年（1654年）六月，户部又上奏皇帝，建议将州县官员衙役及各省兵马道之官员钱粮酌量裁减。顺治十三年（1656年）六月，福临和大臣们商议之后，立即下旨"裁汰"各部"文职冗员"；同年九月，议政王会议达成遵旨裁减地方存留银两。

第三章
多情天子，不爱江山爱美人

然而，因为连年战乱，百姓的户口、土地册籍遗失的遗失，烧毁的烧毁，朝廷想要征粮，却拿不出证据。这时候，贪官污吏便趁机钻了空子，他们上下其手，对百姓开始进行大肆敲诈、额外勒索，百姓苦不堪言，但也只能忍气吞声。为了规范赋税、减轻百姓的负担，顺治十二年（1655 年）四月，福临命令户部左侍郎王弘祚编撰《赋役全书》一书，以规范收税、降低赋税。在此期间，福临做了不少准备工作：他决定永远不再向江南征收橘子，以示不因"口腹之微"而去无端地骚扰百姓；他永免江西进贡龙碗、四川进贡扇柄等，不以皇家所需"苦累小民"；他决定修造宫殿，就地取材，不再用山东临清烧造的城砖，以减轻百姓的运输之苦；福临还一再蠲免受灾地区的钱粮，以保证有足够的时间，让百姓休养生息。另外，福临还通过亲政大典、上圣母尊号等大喜的日子，颁发恩诏，大赦天下，蠲免积欠钱粮和部分州县额赋，或革除某些非法科派。

福临亲政以后，一直没让自己闲下来。他采取的这一系列措施，虽然不能从根本上扭转民困至极的恶劣局面，但也可以稍稍减轻黎民痛苦、艰窘的处境，促进社会生产的恢复与发展。看得出来，福临为改革清初的弊政的确是付出了努力，但还是不够。比如，禁止旗下包衣逃亡及对窝藏逃跑包衣之窝主的惩罪律例，在他亲政后，他做过一些调整，但是成效并不显著。

顺治初年，虽然公布以明朝会计录征收赋税，但由于连年征战，内乱外患已相当严重，弊政累累。再加上兵饷、官俸、王禄、大工、赈济、宫费等大量开支，国库余存可谓是一贫如洗，面临着严重的财政困难。此外，正是这些弊政的实行，使得百姓颠沛流离、田园荒芜，社会动荡不安，经济一蹶不振。然而，经过几年的努力，全国土地和人口数量都有了大增长。到顺治十八年（1661 年），民田增至 549 万余顷，比 10 年前增加了将近一倍，对困弊不堪的社会经济的确起了一些复苏的作用。

满汉一家，联合蒙藏

据说，顺治帝福临 14 岁亲政时，因不通晓汉文汉语，每每阅读诸臣的奏章，他都十分茫然，不知如何批复奏章。原来在多尔衮摄政期间，多尔衮虽为摄政王，但总是有意疏忽对福临的教育，不给福临延师典学，只想让他做一个无知、无学的皇帝，以便于自己日后手揽大权，再加上少年时候的福临贪玩成性，这才荒废了学业。

但自福临亲政以后，好像整个人都大变样了，他意识到自己肩上的重任，如此堕落下去实在不可取。于是，他就在处理政务之余，开始勤奋好学、励精图治。为了能够治理好国家，他一直坚持"发奋读书，每晨牌至午理军国大事外，即读书至晚，然顽心尚在，多不能记。逮五更起读，天宇空明，始能背诵。计前后读书，读了九年，呕心沥血"。在短短的几年中，福临不仅博览群书、博古通今，而且熟谙儒释真谛，成为中国历史上罕有的饱学之君。

此外，福临深知儒家思想对汉族的影响巨大，因此，他经常号召臣民们尊孔读经，并提倡忠孝节义，来树立大清朝传统道德捍卫者的形象。顺治八年（1651 年）二月，也就是福临亲政后的第二个月，就立即遣官奔赴孔子的故乡厥里（今山东曲阜厥里）祭祀孔子。顺治九年（1652 年）九月，福临又亲自率领诸位大臣到太学隆重祭奠孔子，亲行两跪六叩礼。不仅如此，他还命内院诸臣翻译五经，号召全国读经。另外，他还大力提倡忠孝节义，一再下令表彰各省的"忠孝节烈"之人，并注重实行满汉一致。

福临亲政以后，一直没放弃笼络汉人。为了使更多的汉人解除顾虑，心服口服地参与国事，他还实行了开科取士，用八股文章考儒家经典。在他亲政的 10 年里，一共举行了 4 次会试，这 4 次分别是在顺治九年（1652 年）、顺治十二年（1655 年）、顺治十五年（1658 年）、顺治十六年（1659 年）举行的。其中，顺治十六年为恩试加科，共取中进士1500 名。凡是考取进士，就可以入翰林。福临还决心改变"各衙门奏事，但有满臣未见汉臣"的现象，并于顺治十年（1653 年）正月谕内三院，"嗣后凡奏进本章"，要"满汉侍郎、卿以上参酌公同来奏"，以达到满汉的"一心一德"。

虽然福临提高了汉官的地位，也促进了满汉的融合，但在一定程度上也危害了满族贵族的利益。他对汉官采取信任政策，的确能够体现出他的勇气与魄力，但却始终没能改变清朝"首崇满洲"的既定国策。因为一到关键问题上，他还是一味地袒护满人，所以让汉人大为不悦。顺治十年（1653 年）二月，福临又主张将部院大臣专用汉人不用满人的少詹事李呈祥革职，并流放东北地区，甚至于顺治十一年（1654 年）四月，下令将主张"留发复衣冠"的内翰林院大学士陈名夏处以绞刑，场面异常残酷，让人胆战心惊。正因为这种政治上的偏袒，使得福临对不少重大问题都不了了之，继而造成政治失明。

福临清楚地认识到，如果想要进一步缓和民族矛盾，只顾拉拢汉官，还是远远不够的，还需要照顾到其他势力较大的民族和地区。一直以来，满洲都很重视与蒙古之间的关系，也曾定下"满蒙联盟"的誓约；后来，又通过封官晋爵、保留特权、设立蒙旗、厚赐婚姻等手段，与蒙古尤其是漠南蒙古各部建立了坚实的关系。早在皇太极时期，漠南就已经归附大清，还曾多次入关协助清军作战。福临继位之后，在与漠南保持关系的同时，还努力改善与漠北蒙古部落之间有摩擦的不良局面；不久，福临又和漠西蒙古建立了关系。这些对促进全国统一事业、保障北方地区安宁，都起了非常大的作用；同时，也为日后他的爱子康熙帝玄烨顺利进行平定三藩之乱、三征噶尔丹等战争，创造了历史条件。

　　同时，福临也十分重视与西藏等边疆民族的联系。他深悉蒙古西藏笃信喇嘛教，"惟喇嘛之言是听"，因此，也开始奉行皇太极时期"宠幸喇嘛"的政策。顺治初年，也就是多尔衮摄政时期，福临曾遣官召五世达赖喇嘛赴京城，达赖应允辰年，即顺治九年（1652年）前来，但不知是何原因，一直未能赴约。直到福临亲政后，遣官再请，还特意在京城兴建西黄寺一座，供达赖到京城后下榻之用。这一次，五世达赖如约而至，并率领3000喇嘛浩荡前来。福临听闻达赖要来京城的消息，抑制不住心中的喜悦，准备亲自离京赴边外迎接，以表示优隆。他的这一想法很快遭到了大学士陈之遴、洪承畴等人的反对。福临执拗不过那些大臣，只好改派大臣前往迎接。

　　同年十二月，达赖终于顺利抵达京城，并进献了不少马匹方物。福临十分重视，特于南苑接见，"赐坐，赐宴"。顺治十年（1652年）正月，福临又在太和殿设宴，同时命诸王"依次设宴"达赖一行。二月，达赖因为水土不服、身体不适，于是向福临辞行。福临再次在太和殿设宴，命郑亲王济尔哈朗等人在清河为达赖饯行，并命和硕承泽亲王硕塞等人率八旗官兵护送其返藏。四月，福临又遣官赍金册、金印，赐五世达赖喇嘛为"西天大善自在佛所领天下释教普通瓦赤喇怛喇达赖喇嘛"。从此，达赖喇嘛的名号正式由中央政权确定下来。

　　在外交方面，福临与朝鲜、日本、越南等国，都保持了十分友好的关系。随后，他又开始与俄国有了接触。一方面，福临多次友善地接待沙俄使团，并把他们当为贵客。另一方面，福临又对沙俄侵略军以致命的痛击，再劝阻无效的情况下，将他们赶出国境，从而保卫了东北地区的安定。

　　福临虽然一直在尽力维护满洲贵族的特权，但只凭区区一二千名八旗王公大臣和五六万满洲男丁，无论如何也不能消灭二三百万名抗清将士和统治上亿汉民。因此，福临提出，必须实行"以汉治汉"政策，并多次宣称"满汉一家"。通过"满汉一家"政策，可以吸收大批汉官、汉士、汉将和汉兵，让他们遵循帝旨国法，治理京内外各级衙门事务，这就为统一全国、安定九州、巩固清朝统治起了至关重要的作用。

痛失爱侣，皈依佛门

说起来，福临算得上是一个性情中人。他不仅好学善思，对于佛教的一些理念，他也总是用心去钻研，绝不马马虎虎、得过且过。福临之所以笃信佛教，与他的生活环境有着很大关系。早在他的祖父努尔哈赤时，佛教就已经传到赫图阿拉（今辽宁省新宾县）。那时候，清太祖努尔哈赤每天都手持念珠、尊崇佛教。后来，他又在赫图阿拉城兴建了佛寺。

到了皇太极时期，为了与蒙古搞好关系，清太宗皇太极也开始崇奉喇嘛教，于是，"重教"成为当时的一项重要国策。没过多久，皇太极就命人在盛京（今沈阳）着手兴建实胜寺，崇奉玛哈噶喇佛。可见，藏传佛教在大清已产生很大影响。到了顺治时期，福临的母亲孝庄文皇后是蒙古族人，自幼受到佛教的熏陶，再加上她年纪轻轻就独自一人居住，只能以信佛来解脱内心的孤独与苦闷。其实，在当时的后宫里，蒙古族后妃的确不少，因此，慈宁宫里普遍信奉佛教。所有这些，对于那时年幼的福临有着深刻的影响，也使得他对佛教了解得很深。

顺治十四年（1657年），福临在太监的再三引荐下，开始接触和尚；没过多久，他也成为一名佛教信徒。这年深秋，福临驾幸海会寺，见到了临济宗龙池派一个叫憨璞聪的和尚。没想到他们一见如故、相谈甚欢，从早谈到晚。从那以后，福临就对佛教产生了更加浓厚的兴趣。在与憨璞聪的交谈中，福临发现，憨璞聪在佛法智慧和言谈举止方面表现得十分优秀，于是想要召他入宫，方便随时交流佛学。同年十月四日，福临又在皇城西苑中海的完善殿，召见了憨璞聪，并向他请教佛法，并赐予他"明觉禅师"的封号。从那以后，福临开始频繁地召见憨璞聪，有时候几乎每天都召见，只为了向他详细询问佛教界的耆旧。后来，福临又得知龙池派还有许多著名的和尚，比如玉林琇、木陈忞等人。于是，他心向往之，但却迟迟没有机会去拜见。

顺治十五年（1658年）九月，福临派遣使者到江南湖州报恩寺，只为了召见名和尚玉林琇来京城。没想到，这位叫玉林琇的和尚居然自恃清高，总是找各种借口，不肯前去京城应召。到了第二年，也就是顺治十六年（1659年）二月，在福临的再三召见下，玉林琇终于答应入京面帝。到京城后，福临非但没有因为他迟迟不来京城而责怪他，反而当即赐予他"大觉禅师"的封号，并以禅门师长礼待玉林琇，自称弟子。随后，福临觉得自己也应该有个法名，于是又让玉林琇帮他起个法名；玉林琇觉得不妥，再三推辞。福临当然不会允许别人拒绝他，并特意要求用丑些的字眼。玉林琇执拗不过他，只好书写了十几个字，让福临挑选自己喜欢的字。福临看了半晌，最后选了一个"痴"字，法名"行痴"。就这样，玉林琇在宫中一待就是两个月。

到了四月，玉林琇请求回还，福临实在有些舍不得放他走，但又不好强留他长期居住在宫中。于是，他又是赐黄衣，又是赏金印，遣官送归，并令使者召玉林琇的弟子茆溪行森来京城面帝。时间一天天过去了，福临对佛教愈信愈虔、愈修愈诚。在短短两个月的时间内，传闻说福临先后38次亲自到高僧馆舍去拜访。那时的福临，似乎完全放下了自己一国之君的身份，与那些僧人平起平坐、相访论禅、彻夜交谈，完全沉迷于佛教。不仅如此，福临因为笃信佛教，一度还萌生了出家的念头。

在憨璞聪的引荐下，福临又结交了另外一位名僧，那就是木陈忞。有一次，福临突然语重心长地对木陈忞说："想朕前身一定是僧人，所以一到佛寺，见僧家窗明几净，就不愿意回到宫里。"他又继续说："若不是怕

第三章
多情天子，不爱江山爱美人

皇太后挂念，那我就要出家了。"但是，在木陈忞的再三劝阻下，福临终究没能付诸行动，只能在心里默默想想。然而，此事过后没多久，福临又再次萌发出家的念头，最大的由头是他最钟爱的董鄂妃离他而去了。

提及董鄂妃，她是顺治十三年（1656 年）正式入宫的。同年八月二十五，她就被福临册封为"贤妃"。入宫仅仅一个多月，福临又以"敏慧端良"为理由，晋封她为皇贵妃。在当时，这样的升迁速度几乎是没有过的，可是董鄂妃却偏偏享受到了，只能说她真的很幸运。十二月初六那天，福临专门为董鄂妃举行了一次隆重的册妃典礼，并颁诏大赦天下。这一年，福临 19 岁，董鄂妃 18 岁。其实按照常规，皇帝只有在册立皇后的大礼上，才会颁布诏书公告天下。董鄂妃之能够接二连三地享受到这种特殊礼遇，足以表明福临对她有着不同寻常的宠爱。

其实，福临先后册封过两位皇后：一位是他母亲（即孝庄皇太后）的侄女博尔济吉特氏，是由多尔衮做主订婚、聘娶的；后来，因为二人性格不合，被降为侧妃。另一位就是孝惠章皇后，博尔济吉特氏。顺治十一年（1654 年）五月，那年她才 14 岁，就被聘为妃。六月，她被册封为皇后。然而，身为一国之君，虽然后宫佳丽三千，但真正让福临视为红颜知己还是董鄂妃。福临对董鄂妃的感情，可谓是六宫无色、专宠一身。他们二人的真挚感情，并非卿卿我我的普通小夫妻，而在于他们理性的相互促进。

顺治十四年（1657 年），董鄂妃为福临诞下皇四子。或许真的是爱屋及乌，顺治欣喜若狂，立即颁诏天下"此乃朕第一子"为此祭告天地，并接受群臣百官的朝贺。之后，又举行颁布皇第一子诞生诏书的隆重庆典，并大赦天下。看得出来，福临对这个孩子的待遇远远超越了他那些嫡子。从当时那种场面看来，福临似乎有册封这个孩子为太子的意思。然而，这个孩子却不那么幸运，生下来不过数月，就夭折了。为此，福临痛苦不已，为了给这个可怜的孩子一个名分，他立即下令追封其为"和硕荣亲王"。

　　然而，爱子百日而殇的消息，对董鄂妃来说简直如同晴天霹雳。那一瞬间，她觉得天都要塌下来了。本来体弱多病的她哪能受得了这样的打击，此后她就整天郁郁寡欢，始终走不出这段伤心的往事。没过多久，董鄂妃因为心事太重，明显感觉到身体大不如从前；经过御医的诊治，还是没有起到太大效果。之后，她便感觉意识模糊，甚至卧床不起。在顺治十七年（1660年）八月十九那天，董鄂妃终于抵抗不住病痛的折磨，在东六宫之一的承乾宫去世，那年她只有22岁。

　　福临向来多情、善愁，再加上爱子、爱妃的接连离去，让脆弱的他处在了精神崩溃的边缘。在那段日子里，他心中万念俱灰的感觉更加严重，似乎彻底看破了红尘。说夸张点，他连正常活下去的勇气都差点失去了。冲动之下，福临想要放弃江山社稷，出家做和尚，并让高僧茆溪行森为他削发剃度。后来，由于茆溪行森的师父玉林琇以立即烧死茆溪行森要挟福临，无奈之下，他只好再次打消出家的念头。

　　此后，福临的心思就不完全放在治理国事上了。因为董鄂妃的离世，他一时半会儿还缓不过来。悲痛到极点的他，为了表达自己对董鄂妃的感情之深，完全无暇顾及朝中大臣的意见，命令上至亲王，下至四品官，公主、命妇齐集举哀，并打算让服侍董鄂妃的太监、宫女统统为她殉葬。当他的母亲孝庄皇太后得知此事后，迟迟不肯同意，他才罢手。此外，福临还下令全国为董鄂妃服丧，官员一个月，百姓三天。甚至福临自己还为董鄂妃辍朝四个月。按照礼制，即使皇后去世，辍朝时间也只有五天。因此，四个月的辍朝时间，在整个清朝历史上都是无法被超越的。

　　短短的时日，福临经过了失子、失妻的几次大变故，原本身体虚弱的他，状况更加不好了。在董鄂妃死后仅半年，福临就染上了当时的一种不治之症——天花。当时正值元旦，宫中、民间都是一片热闹的气氛，每家每户张灯结彩，都在准备欢度新年；然而就在这时，福临病重的消息从宫中传出，朝廷传谕全国"毋抄豆、毋点灯、毋泼水"，并颁布大赦令。顺治十七年（1660年）正月初七清晨，福临崩于养心殿，时年24岁。

不忍細读的大清史

第四章

修内而安外，雄才开盛世

康熙帝自幼勤奋好学，文韬武略样样精通。在清除鳌拜、撤除三藩、统一台湾、平定噶尔叛乱等一系列军事行动中，康熙帝或御驾亲征，或决胜千里，充分显示了他出色的军事才能。他不仅慎选人才、表彰清官、修河治道，还想方设法笼络汉族知识分子等，是一位出色的政治家和睿智的君主。从康熙八年到乾隆三十九年，被誉为"康乾盛世"，是清朝最辉煌的时期。

第四章
修内而安外，雄才开盛世
· · · · · · ·

八岁登基，习武修文

据说，福临病重时，曾在大学士麻勒吉、王熙召二人的建议下，拟就了一封长达千余字的遗诏。也正是在这封诏书中，福临的皇三子玄烨被指定为皇位继承人。然而，玄烨的继位并不是福临的本意。因为在清朝初年，还没有形成像以前中原王朝那样稳定的立储制度，即嫡长子继承制度。因此，福临最先考虑的人选是自己的堂弟，而不是自己的儿子。

当时福临是这样认为的：在他的诸多儿子中，最大的也只有八九岁，实在不可以担当重任。而自己的弟弟们已经年长，完全有能力胜任，还可以避免幼主临朝所产生的种种危机。在这样的境况下，福临毅然决然地排除了传子，而决定传贤。但是，他筛选再三，觉得自己的诸位兄弟中也没有一个可以委之重任的人。正在他犹豫不决之际，有一个人从他脑海划过，那就是他的堂弟安亲王岳乐，这个人十分能干。然而福临的精心安排，却被孝庄皇太后一口否决了，因为孝庄心中早就有了盘算。在她看来，帝系的转移所引发的问题比幼主临朝还要错综复杂。因为谁来继承皇位的问题，福临与孝庄之间有了一些隔阂；直到他病危的那一刻，福临才命人拟就了一封诏书，同意让皇三子玄烨来继承自己的皇位。

福临当时有 8 个儿子，6 个女儿，3 个养女。他的长子和四子早年夭折。剩下的 6 个儿子分别是：9 岁的二儿子福全，8 岁的三儿子玄烨、5 岁的五儿子常宁、3 岁的六儿子奇授、2 岁的七儿子隆禧和八儿子永干。传闻说，孝庄原本希望继承人也出自于蒙古博尔济吉特氏。她不仅连续给福临册封了两位皇后，还把四位姓博尔济吉特氏的女子都册封为妃子。遗憾的是，这两个皇后都不是福临所爱，而且这六位女子都没有为福临生下一男半女。因此，福临既然没有嫡子，也就是皇后所生的孩子，他只能在庶出诸子中选择。皇五子常宁以下的孩子不是咿呀学语，就是在襁褓之中。只有福全和玄烨两位皇子可以作为备选。而玄烨的聪明才智早就被孝庄太后看中，所以他的可能性更大一些；福全虽然比玄烨年长一岁，但却有点缺陷，一只眼睛不知何故失明了。因此，皇太后最终还是选择了玄烨。

顺治十一年（1654 年）三月十八，玄烨出生在北京紫禁城内的景仁宫内。他的母亲是佟佳氏，是汉军旗人图山额真佟图赖之女，是一个连封号都没有的妃子。玄烨 6 岁时，不小心染上了一种疾病，经御医诊断，这是一种不好治愈的疾病——天花。因为这种病会传染，无奈之下，只好把玄烨送出宫外医治。小小年纪的他，就这样与母亲分离了，而且一分离就是很长一段时间，他并没有享受到多少母爱。而当时的福临呢？已经把全部心思都放在了董鄂妃一人身上，所以他也没有得到多少父爱。

后来，玄烨好不容易回到宫中，回到亲人身边。没等过上几天幸福日子，不幸的事情发生了。在他 8 岁时，父亲福临病逝，10 岁时母亲佟妃也随之病逝。看得出来，玄烨的童年并不快乐。唯一值得庆幸的事，就是他战胜了病魔，躲过了天花之劫，仅在脸部留下几个细小的麻点。正是这场突如其来的怪病，使得他对当时这种最可怕的疾病有了终身免疫，而出过天花竟然也成了他继承帝位的另一个有利因素。谈及玄烨的成长，还要归功于他的祖母孝庄太后，得益于她的特殊钟爱和精心培养。孝庄在教育儿子方面，的确不算成功，尤其是在福临的婚姻方面。或许

第四章
修内而安外，雄才开盛世
* * * * * * *

也正是这个原因，让孝庄心中有了些许遗憾，她暗自告诉自己，日后要把所有的精力都投入到年幼的玄烨身上，把他培养成一个优秀、能干、有出息的人。玄烨幼年时，不仅五官端正、口齿清楚，在行为举止方面，也深得孝庄的喜爱。因此，玄烨刚刚懂事时，孝庄就开始教导他如何做人，如何为政，每日都不曾间断过。正如玄烨所说："朕自幼会学步能言时，即奉圣祖母慈训。"

平日里，在生活方面，孝庄对玄烨真是慈爱备至，照顾得无微不至。但是，在学习知识中，如果玄烨犯了错误，哪怕是一点小错误，孝庄都不会轻易饶恕，一切按规矩办事。因此，无论从饮食方面，还是　言行，玄烨都得按照规矩和礼仪行事，一旦有疏忽，就会受到重重的责训。尤其是在政务方面，孝庄几乎每日都会抽时间去指点玄烨，不会给他提供任何偷懒的机会。孝庄可谓是花费了不少心血，才使他学会处理各种复杂的问题。也正是这位贤德的祖母，帮助和推动了玄烨去完成一项伟大的事业。

幼年时的玄烨，不仅天资聪慧，而且爱好学习。5 岁时，他就随众上朝，"站班当朝"，并入书房开始读书识字。他十分喜欢读书，但凡遇到不懂的问题，他都会勤学好问，不给自己留问号。当时的玄烨，每天都读书到深夜，从来不知倦怠。成年后，玄烨就比其他同龄人懂得更多、更广。可以说，他不仅知识渊博，而且通古知今。即便如此，玄烨也并不满足，依然在不停地学习。一方面，他在接受学习新的文化知识；另一方面，他又接受严格的军事训练，希望多方面发展。骑马、射箭都是他训练的主要科目。没过多久，他便练就了一身过硬的骑射功夫。

玄烨不仅汉文水平很高、历史知识丰富，而且擅长算学。不仅如此，他还有着丰富的水利知识。他曾经六次巡江南视察河工，并对每项水利工程都做出了具体指示，的确令人佩服。因此，玄烨是历史上善于治国而又为数不多的伟大政治家。他还是一个多才多艺的学者，无论从自然科学方面，还是人文科学方面，他几乎都有过一些研究。虽然不能说精通，但起码可以说是有所了解。他一生勤奋好学、博览群书，算得上是一位全才。

直到福临去世后的第 3 天，也就是顺治十八年（1661 年）正月初九，8 岁的玄烨才在祖母孝庄的亲自主持下，亲御太和殿登基，成为清军入关后的第二位皇帝。到康熙元年（1662 年），清廷正式颁诏天下，并改年号为康熙。从此，清朝便缓缓地拉开了以康熙帝玄烨为起始的"康乾盛世"的序幕。

智除权臣鳌拜

玄烨继位时虚岁只有 8 岁，因为年纪太小，关于国家大事他根本一无所知，更不懂得如何料理。当然，这些问题他的祖母孝庄都为他提前安排好了，特意为他安排了四位大臣，给他做辅政大臣。这四个人分别是：索尼、苏克萨哈、遏必隆和鳌拜。这四位大臣都有着特殊的来历，都是上三旗的贵族。所谓"上三旗"，就是皇帝统辖的正黄旗、镶黄旗、正白旗。当时，掌管上三旗的人都是人上人，一般人是没有权力掌管的。孝庄曾经目睹，福临在世的时候，他们四个人对福临一直忠心耿耿、百依百顺，故而认为他们日后也一定会这样去铺佐她的皇孙，也就是未来的新皇帝，然而事实并非如此。

年仅 8 岁的玄烨虽然已经是一国之君，但他毕竟还只是个孩子，正处于贪玩成性的年龄。他每天除了按时读书，就是结伴玩耍，国家大事一件都处理不了。因此，朝廷大权都被掌握在了四位辅政大臣手里，玄烨只是徒有虚名、有名无实。没想到的是，这四位辅政大臣，揽大权没多久，就开始做一些过分的事情。他们的心思已经完全不在辅佐玄烨身上，而是各自有了私心私欲。因为在那时候，圈占土地十分重要，他们重新圈占土地 380 垧（一垧为 15 亩）。

到康熙三年（1664 年），他们四个人又圈占土地 13 万垧。就这样他们依然不肯满足，还擅自恢复明末加派的练垧（即以练兵为名征收的苛捐杂税）。如此一来，他们每年又多了一笔额外的"收入"，百姓每年都要向他们上交几百万两白银。后来，百姓的生活惨不忍睹，眼看着这笔款实在征收不上来，他们才肯罢休。他们的所作所为，都是违背当时清廷法令的，都是顺治时期已经革除的制度；特别是他们倒行逆施的行为，很明显是对小皇帝玄烨的不忠诚，也是违背百姓真实意愿的。

在四位辅政大臣中，最为嚣张跋扈的就是鳌拜。说起鳌拜，他的前半生，也就是顺治时期，可谓是军功赫赫，并被称为"满洲第一勇士"。然而，从他的后半生开始，也就是康熙帝玄烨继位之后，他就开始操握大权、结党营私。所以，在当时的朝廷里，群臣都对鳌拜惧怕三分。他依仗福临在世时对他的宠信，认为自己曾是朝中元老，对朝中其他大臣吆五喝六，根本不放在眼里。此外，手握大权的他，还把自己的亲属都安插在内大臣、大学士、六部尚书等重要位置上。关于国家大事，都是他来决定，再拿到朝堂宣布。对此，玄烨也只能忍气吞声，毕竟年龄还小，还没有能力跟他对抗。后来，玄烨渐渐长大，也渐渐懂事，对有些政务也有了他自己的看法。但是，只要是鳌拜决定要做的事情，就绝不允许其他人对他说一个"不"字，也包括玄烨在内；如果玄烨不同意，他就终日在朝廷上大吵大闹，非逼得玄烨同意不可。要是哪位大臣敢提出异议，他就会找各种借口除掉他，以解心头之恨。而另外三位辅政大臣呢，也是事事听从他的意见，从不敢有所怠慢。

有一次早朝期间，玄烨跟大臣们商议由谁来担任户部尚书时，其实玄烨心中早有指定人选，但只有鳌拜一人似乎不太同意。其实，其他大臣都心知肚明，鳌拜是有自己的私心，说来说去他就是想安插他的一个亲信。但是，鳌拜又不能跟玄烨对着干，不好直接把玄烨亲自指定的人驳回去，他沉思半天最后发话了："可以让这两个人同时担任户部尚书。"玄烨听完，也不好再跟鳌拜叫板，只好暂且同意了。当时，鳌拜的权力已超过玄烨，财富也超过一般大臣好几倍，这是封建帝王绝对不能允许的。

玄烨自小受皇权思想的熏陶，按他自己的话说："日日读书，必字字成诵，从来不肯自欺欺人。"他对任何事情都喜欢刨根问底，当皇帝更是如此。因此，对于朝中的四位辅政大臣，特别是像鳌拜这样硬生生侵夺他权力的事件，玄烨都看在眼里，记在心里，等待日后爆发。

很长一段时间，玄烨心中都很气愤，一直想找机会制服鳌拜，给鳌拜一次血的教训。可是他转念一想：这么多年来，鳌拜苦心经营、势力渐大，朝廷上下都是他的"爪牙"，想要立即根除，实在有点难度，只能慢慢来；而且一不小心，就会走漏风声、打草惊蛇。他又想，要想彻底除掉鳌拜，必须要斗智斗勇。为此，玄烨动了一番脑筋，终于想出了一个办法。

按照清朝的规矩，皇帝可以挑选一些贴身侍卫在身边，以护自己周全。于是，玄烨下令挑选了十几个身体强壮的满族少年侍卫，在他身边听从差遣以及做贴身侍卫。这些侍卫的年龄跟玄烨差不多，而且都是一些体格健壮、腰腿灵活的少年。从那日起，玄烨便每天都和他们一起游戏，与他们一起练习摔跤。鳌拜每每进宫办事，都看见玄烨在和他们玩摔跤游戏，心中暗自高兴；他以为这位小皇帝不理政事，只顾贪图玩乐。在他眼中，玄烨就是一个不谙世事的毛头小子，根本不足为惧。自此，鳌拜就更不把玄烨看在眼里了。

很快6年过去了，玄烨已经14岁了。根据福临的先例，玄烨宣布亲政。那时候，四位辅政大臣，只剩鳌拜和遏必隆二人了。辅政大臣索尼因病去世，苏克萨哈因为跟鳌拜发生过矛盾，被鳌拜设计诬陷，最后冤死。那时的遏必隆知道自己岌岌可危，根本不敢有其他任何举动，只好处处附和鳌拜，听从他的支配。玄烨宣布亲政后，按理说，鳌拜应该把

第四章
修内而安外，雄才开盛世

所有权力都交还给玄烨，可是他并没有那样做，依然我行我素，而且比以前更加狂妄、专横。玄烨实在不甘心长期被鳌拜所控制，一心想要制伏鳌拜，但一直都没有找到合适的机会。

康熙八年（1669年）五月的一天，鳌拜突然假称有病，不肯去上朝。而且，他还特意放出风声，说他作为前朝元老忠臣，皇帝应该亲自到他家去探望。玄烨听到风声，没有生气，也没有拒绝，立即带着御前侍卫亲自去鳌拜家里探望。鳌拜根本没想到，玄烨来得如此之快。

当玄烨走进鳌拜的卧室时，见鳌拜神色紧张，双手还使劲按住床沿，一副慌慌张张的样子。一个御前侍卫见此情景，快步走上前去，揭开床席一看，原来下面藏着一把利刃。玄烨看到眼前的这一切，似乎明白点什么，但他并没有立即揭穿，而是一阵大笑，以缓和紧张的气氛。侍卫们一个个都横眉立目，都怒气冲冲地盯着鳌拜。如此一来，鳌拜更加紧张了，浑身开始打哆嗦，心想："这下完了。"谁知，玄烨笑过之后，轻轻一摆手，继续说："刀不离身，这是咱们满族的旧习惯嘛，不足为奇。"说完，他立即岔开了话题，详细询问了鳌拜的病情，并嘱咐他好好调养。紧接着，又对左右侍候的人嘱咐了几句，便起身回宫去了。鳌拜这才松了一口气，侥幸认为玄烨没有看出任何破绽。

又过了几天后，玄烨得知鳌拜要进宫奏事，认为机会来了。于是，他立即把那些每天陪他摔跤的少年侍卫们叫到身边，问道："你们是怕我呢，还是怕鳌拜？"侍卫们齐口同声地说："我们只怕皇上。"康熙听后十分激动，马上放高声音说："鳌拜作为辅政大臣，违背先皇的重托：他毁弃祖上定的国法，处处安插亲信，排斥异己，擅杀大臣。那天的事你们都见到了，他胆敢害到朕的头上来了。国家大事，他都是在家里商量好了，才向朕启奏。这样下去，朕这个皇上还能做什么？大清国立国不长，照他这么专权，何时才能安定富强？"玄烨见小侍卫们很气愤，又放低了声音说："你们虽说年纪轻轻，可都是朕的左膀右臂，朕要靠你们除掉这个老家伙。"侍卫们听完玄烨的这番话，一个个气得牙痒痒，都摩拳擦掌地叫了起来："听皇上吩咐。"玄烨高兴地说："好，等会儿鳌拜来了，你们看我的眼色行事。"

当下，玄烨定好铲除鳌拜之计，就命令十几个侍卫躲起来了。一炷香的功夫，鳌拜只身一人进宫来了。他依然像往日那样，大摇大摆地走向武英殿。还没等站稳脚跟，玄烨便使了个眼色。这时候，躲在一旁的十几个少年一拥而上，没等鳌拜缓过神来，就开始拳打脚踢、连拉带拽，很快就将他推倒在地上了。鳌拜虽然身经百战，而且是一个受过封号的武将，然而他从来没见过这样的场面，还以为这是小皇帝玄烨在跟他闹着玩呢。可是当他看到玄烨冷峻的面孔，听到侍卫们愤怒的喊话时，这才醒悟过来：原来小皇帝已经对自己下了手，不过他醒悟得太晚了。平日里，他根本不把这些小孩子放在眼里，也不知道这些小孩子身手居然如此敏捷，一会工夫就捆住了他的手脚。他瘫倒在地，实在不能动弹，更加没有还手的机会。

随后，玄烨便召来了议政王和大臣，命令他们立即审讯鳌拜。议政王和大臣们平日都十分痛恨鳌拜的专横，看到鳌拜终于被制服，心里甭提多高兴了。很快，他们就列举了鳌拜欺君罔上、独揽大权等30条罪行，并一致要求将他处以死刑。鳌拜一听说要将他处死，也顾不上什么君臣之礼，在朝堂上脱下上衣，坦露出自己身上的伤疤，大声喊道："这都是老臣跟随先皇打仗留下的呀！"玄烨想到他的确曾经为朝廷立过不少汗马功劳，点点头说："念你效力年久，军功显著，免死。"于是，鳌拜被判终身监禁。紧接着，玄烨又下令将他的那些死党们一网打尽，处死的处死，判刑的判刑，没有一个人幸存下来。

就这样，16岁的玄烨利用自己的聪明才智，成功擒拿住了权倾朝野的元老级人物鳌拜，扫除了他自己掌握朝政的一个大障碍，也为朝中大臣除去了一股恶势力。从此，玄烨精力充沛地全力治理国家，开始了他杰出的政治生涯。

第四章
修内而安外，雄才开盛世
* * * * * * *

运筹帷幄，平定三藩

　　清朝初年，由于清朝统治者的力量有所欠缺。为了能够直接控制南方各省，玄烨下令将那些汉人降将有功者分封管理在一些南方省份：吴三桂被封为平西王，镇守云南兼辖贵州；尚可喜被封为平南王，镇守广东；耿仲明被封为靖南王，他去世后又将其子耿继茂袭封，镇守福建，上述三方势力合称为"三藩"。当时，"三藩"在所镇守的省份权力相当的大，远远超过当地那些地方官员，因为他们不仅可以掌控当地军队，还可以掌控税赋等。

　　清廷入关后，面对偌大的国土和频繁的战事，八旗兵力出现严重不足。为了能够与那些农民起义军，还有南明小朝廷进行对抗，清廷不得不采取一些措施。在当时看来，只有依靠明朝的降官降将来充当前驱，从事招抚工作以及武力镇压。在那些降官降将中，对清朝贡献最大的便是孔有德、耿仲明、尚可喜、吴三桂他们四人，他们也因此得到了相应的回报，清廷特意封他们四人为王；而他们各自所率领的军队也成为八旗以外的一支不容小觑的重要力量。

　　经过20年的不懈斗争，那些坚决抗清的农民军终于抗不住了，南明小朝廷的腐朽政权也日渐垮台了。这时候，清廷的压力小了不少，于是又把八旗的基本力量放置在北方，而对于南方各省，就暂时交由吴三桂等人去镇守。值得一提的是，在"三藩"之外，还有一个孔有德。但孔有德在与农民军李定国作战时，因为战败自杀于桂林，而他唯一的儿子也被李定国所杀。他们一家仅有一女孔四贞幸存下来，而孔四贞又是孙延龄的妻子，孙延龄的父亲孙龙曾经又是孔有德的手下将领。所以，清廷就以孙延龄为将军代领其众，驻守在桂林。如此一来，"三藩"便各拥重兵，久据数省。

据说，平南、靖南二藩各拥有兵力15佐领，绿营兵各六七千，丁口各2万；平西王吴三桂所属兵力53佐领，绿营兵12000人，丁口数万。吴三桂初镇云贵时，清廷曾准予便宜行事，但他自恃势重，不仅大量圈占民田，又借疏河修城，广征关市，开矿鼓铸，垄断其利。耿精忠袭封王爵后，纵令属下夺农商之业，又广集宵小之徒。而尚可喜又在广东令其部属私充盐商，又私市私税；在他年老多病之时，又将其兵事交其子尚之信。至此，"三藩"各据一方，互通声气，广布党羽，实际上已成为割据势力。

在这样的境况下，玄烨决定撤藩。其实早在清世祖福临去世时，吴三桂就拥兵北上入祭，兵马塞途，居民走避。当时清廷就有心理准备，怕吴三桂会趁机发生叛变，于是命其在城外张棚设奠，礼成即去。玄烨亲政数年之后，对朝廷中外的利害和前代藩镇的得失都已经做到心中有数，他曾说："朕听政以来，以'三藩'及河务、漕运为三大事，夙夜厪念，曾书而悬之宫中柱上。"后来，玄烨在一个合适的机会，命吴三桂将其所管的各项事务交出，并责令云、贵两省督抚来管理。没想到，不识相的云贵总督卞三元、提督张国柱、李本深居然一同向玄烨请命，请求平西王吴三桂仍总管滇黔一切事务。玄烨以吴三桂欠佳为理由，一口回绝了。

康熙十二年（1673年）三月，平南王尚可喜主动请辞，要回老家辽东养老，并让留其子尚之信继续镇守广东。经户、兵两部和议政王贝勒大臣的集议，他们一致认为，尚之信嚣张跋扈、罔利恣行，实在难以留镇广东。玄烨听闻后，遂诏令尽撤全藩。吴三桂和耿精忠二人得知后，内心开始不安起来，于是在同年七月，他们先后疏请撤兵，意图试探朝廷意旨。之后，玄烨便召开议政王大臣会议，大学士索额图、图海等人都认为"三藩"不可迁移，唯有刑部尚书莫洛、户部尚

第四章
修内而安外，雄才开盛世

书米思翰、兵部尚书明珠等人力请徙藩。纠结之下，玄烨又命议政王贝勒大臣及九卿科道会同确议，可是诸王以下者的意见依然各不统一，实在难以决断。

玄烨冷静了半晌，他考虑到藩镇久握重兵，势力颇大，非国家之利。同时，他认为，吴三桂和朝廷对立已久，"撤亦反，不撤亦反。不若及今先发，犹可制也"。于是，玄烨力排众议，毅然决定同意撤藩。然而，吴、耿二人疏请移藩，并不是他们的本意，实在是形势所迫。吴三桂原本以为玄烨会慰留他，没想到玄烨真的"成全"了他们，同意他们移藩。所以，当吴三桂等人接到撤藩的命令时，一时间气急败坏。随后，吴三桂便暗中指令死党，向撤藩使者请愿，并要求停止撤藩；继而又施延时日，与心腹将领密谋发动一场叛乱。

康熙十二年（1673年）八月，清廷命礼部侍郎哲尔肯等人奔赴云南，户部尚书梁清标等人奔赴广东，吏部侍郎陈一炳等人奔赴福建，他们各持敕谕，会同该藩及督抚商榷移藩的相关事宜。九月，清廷命陕西总督鄂善总督云南军务，宁夏总兵官桑额提督云南军务。此时，吴三桂与其党羽正在不分昼夜地加紧密谋。侍郎哲尔肯、学士傅达礼等人既至云南，催促他们起行。可是，吴三桂表面上同意立即起行，但却又多次找各种理由来延期。

康熙十三年（1674年）十一月，吴三桂终于策划好了一切，开始动手了。他先是杀害了云南巡抚朱国治，紧接着又拘捕了按察使以下不顺从的官员。此外，他还发布檄文，自称"原镇守山海关总兵官，今奉旨总统天下水陆大元帅，兴明讨虏大将军"。更有甚者，他还佯称拥立"先皇三太子"，打起了"复明"的旗号，一场大规模的三藩之乱由此开始，并分为以下三个阶段：

康熙十二年（1673年）十一月至康熙十五年（1676年）四月。由于战乱不断扩大，吴三桂兵出三贵，进据湖南澧州、常德、岳州、长沙等地；清军云集荆州、武昌、宜昌等地，但不敢轻易渡江撄其锋。孙延龄叛于广西桂林，罗森、郑蛟麟、吴之茂三人叛于四川，耿精忠叛于福建，台湾郑经（郑成功的长子）渡海进兵福建漳州、泉州和广东潮州，提督王辅臣又叛于宁羌（今陕西）。一时间，四方震动、人心动摇。玄烨听闻后，焦急万分，准备御驾亲征，可是经议政内大臣密议之后，纷纷谏言不能前去。当时，清军东征西讨，才会出现顾此失彼的局面。随后，尚之信又叛于广东，总督、巡抚俱附之，清廷又增兵两江（江南省和江西省）。

康熙十五年五月至康熙十七年（1678 年）七月。清军的形势才逐渐有所好转，王辅臣败降平凉。随后，因郑经部争据福建漳、泉、兴、汀等地，耿精忠腹背受敌，仓促撤兵请降，尚之信也相继投降。孙延龄又在桂林被吴世璠（吴应熊的嫡长子）杀害。于是，清军集中所有兵力进逼长沙、岳州等地，吴三桂则聚众固守；两军在江西吉、袁二州、广东韶关、永兴和广西梧、浔二州及桂林等湖南外围要地反复争夺。

康熙十七年八月至康熙二十年（1681 年）十月。那年，吴三桂已经74 岁了，按理说应该到了享清福的年龄了，可是吴三桂却是个例外，依然征战沙场。清兵的连续反击，挫败了吴三桂的锋锐，为了鼓舞士气、挽救危局，稳定军心、民心，吴三桂于康熙十七年三月初一，在衡州称帝，国号大周。虽然他已称帝，但依然未能改变叛军的困境。

同年秋天，吴三桂因病去世，形势变得更加严峻起来，叛军失去了首领，众心散乱并逐渐瓦解。随后，他的孙子吴世璠便继承了他的帝位。清军听闻叛军的境况，立即发动进攻。从此，叛军一蹶不振，湖南、广西、贵州、四川等地逐步被清军攻陷。但是，马宝、胡国柱等叛军仍然困兽犹斗、节节顽抗。又折腾了两年多，清军才进逼云南；终于在康熙二十年末，成功围攻了省城昆明。被逼之下，吴世璠自杀，余众出降。就这样，一场席卷 10 省、长达 8 年的"三藩"叛乱终于被平息了。

第四章
修内而安外，雄才开盛世
* * * * * *

拉拢汉人，开考"博学鸿词"

在智除了权臣鳌拜，平定了"三藩"之后，康熙帝玄烨觉得确实应该喘口气了。可是他心里比谁都清楚，在战场上，以武力征服顽敌并不是一件难事。但是，对于他这样一个被汉人视为满洲夷人的帝王来说，要彻底化解民族歧视、缓和满汉之间的矛盾，使汉人心服口服，真的是一件长期又艰难的事情。

顺治初年，由于对汉族官员总是持有歧视态度，朝官中同一官职，满官品级却一直高于汉官。正是这种明显的歧视，打消了汉官的积极性，有些汉官甚至抱着混日子的态度，三心二意地应付当时的局面。等到玄烨亲政后，他就立即下令将满汉官员品级划一。尽管实际上在每个衙门中仍然是满官当家做主，但起码在形式上可以看得过去。同时，玄烨又采取了另一项针对汉族士大夫的招抚攻心之策。本来清军一入关，就已经恢复了科举取士制度，企图对汉族士大夫诱之以功名利禄。但是，依然有一些名望很高的知识分子仇恨清朝，不肯应试为官。玄烨知道，随着大规模战争的结束，他们的对立情绪肯定会逐渐缓和。因此，他认为继续征召，才是消除仇恨、表示诚意的最佳办法。

康熙九年（1670年），玄烨以"孝康皇后升祔礼成"为词，颁诏天下，"命有司举才品优长"，又不自愿出来为官的遗老，提拔他们为"山林隐遗"之士，并征聘到京，以便任用。但是，玄烨如此尽心尽力地做事，却仍然看不见效果。比如，宁波故明翰林院编修葛世振，关中名儒李颙，当他们接到清廷征召的旨意时，竟然称病不肯服诏。玄烨瞬间觉得身心俱疲，但也没有就此放弃，依然在苦思冥想能够收服人心的大计。

直到康熙十七年（1678 年），"三藩"势力被先后分化的关键时刻，一道谕旨由京城发往全国各地："自古一代之兴，必有博学鸿儒，振起文运，阐发经史，润色辞章，以备顾问著作之选。朕万几余暇，游心文翰，思得博学之士，用资典学。四海之广，岂无硕彦奇才，学问渊通，文藻瑰丽，可以追踪前哲者。凡有学行兼优，文辞卓越之士，不论已仕未仕，令在京三品以上及科道官员，在外督抚布按，各举所知，朕将亲试录用。其余内外各官，果有真知灼见，在内开送吏部，在外开报督抚，代为题荐。务令虚公延访，期得真才，以副朕求贤右文之意。"

随着这道谕旨的发出，一场大规模搜访荐举人才的活动正式开展。在短短的时间内，就有 170 余人报名参加。这一次，玄烨终于成功了。玄烨决定利用好这一机会，表明自己的宽宏大量以及真心诚意。同年十一月，各地被举荐的名士都陆续抵达京城。玄烨并没有立即开考这场被命名为"博学鸿词"的特科，他先发了这样一道旨意："冬季白天时间太短，不利于答卷，难以显示各学人的才华，可将考期后延，待来年春暖再行安排。"同时，玄烨还命令主管部门——礼部一定要妥善安置应试者的食宿问题，决不可怠慢。并给每位应试者每月发放白银三两、白米三斗，以解决应试者饥寒交迫的忧虑。

康熙十八年（1679 年）三月初一，玄烨一大清早就起驾到堂子（清帝祭神的地方）致祭，之后才回宫登上了太和殿。在一片礼乐和传呼声中，应试者开始排队进入太和门。当他们齐集太和殿前，首先对皇帝行三跪九叩首大礼，然后才来到体仁阁下依次就座，准备应试。这时候，大学士才捧来试题，试题分别是《璇玑玉衡赋》《省耕诗·五言排律二十韵》。正当应试者准备答卷时，朝廷又发来一道旨意，赐宴体仁阁，并由大学士亲自向应试者宣布。在此之前，凡是来参加会试、殿试、馆试、状元、庶吉士，从来没有被赐宴，玄烨却做到了。随后，玄烨又命

第四章
修内而安外，雄才开盛世

大学士、掌院学士等官员陪应试者赴宴、赐茶。等他们都吃饱喝足之后，考试才正式开始。应试者这才意识到，这次考试试题如此简单，要求如此宽松，根本不像是在考试，只是走走形式而已。几个小时后，吏部便将所有应试者的考卷收齐，这场张罗半年的"博学鸿词"特考就结束了。

第二天，玄烨在朝官和侍卫的簇拥下，带着试卷由京城向南行。在行至河北定兴附近的十里铺村时，停留了下来，并在那里连续住了5天。后来抵达保定，随后返回京城。在路上的这十几天里，玄烨翻看了应试者的试卷，总体来说还算满意，只是有部分应试者答得不是很理想，或许他们是故意没有认真答卷吧。对于这些人的试卷，玄烨也不想认真，与阅卷官大学士李霨、杜立德、冯溥和翰森院掌院学士叶方蔼等人商量后，便开始拟写录取名单。

玄烨认为，那些特别有影响、有名气的人，必须要录取。本着这一原则，这次"博学鸿词"特考，取中一等彭孙遹等12人，二等李来泰等30名。就连那些诗句不通、逻辑不通的试卷都被列入录取名单，比如朱彝尊、潘耒等人，还有毛奇龄写的诗，里面竟然还有违碍字样；最让人难以理解的是，有一个叫严渖孙的应试者，竟借口眼睛不好，只写了一首《省耕诗》，结果也被录取了。对于这些应试者，玄烨都特加优待，并授为翰林院检讨。如此看来，玄烨收服人心的策略，取得了初步成功。

其实，玄烨早在举行"博学鸿词"之前，他就注意到开科举、设特科、召山林隐逸这些办法，但他觉得这些办法有一定的局限性。对于那些注重读书的人而言，他们的被召用，固然可以发挥广泛的影响。但是在很大程度上，会影响那些汉族地主有财势者和科举落第者。因此，在三藩之乱发生不久后，玄烨又下令实施捐纳制度。当时清廷的确是财政紧张、兵费支拙，这次正好可以一举两得。准许那些名落孙山、入仕无路，又总想为官扬名的一些落魄士人和地主，出钱即可捐得知府、知州、知县或者监生、生员出身。如此一来，便吸引他们与清朝合作，减少了参与叛乱的同时，又扩大了清王朝的统治基础。这一办法果然取得了明显成效，据统计，清廷每年捐纳收入，竟高达二百多万两银子，大大缓解了军费的紧张状况。

就当时收买人心的实际作用来说，捐纳制度甚至较"博学鸿词"特科的影响范围更宽、更大。其实，玄烨的初衷并不是真的想用选人的博学鸿词者来修撰《明史》，他的最终目的只是为了进一步缓解民族矛盾。从这一点看来，目的好像已经基本达到了。

收复台湾，功在郑成功

提及英雄郑成功，似乎无人不知、无人不晓。他一生最大的功绩就是用武力收复台湾，彻底结束了荷兰人在台湾长达38年的殖民统治。郑成功，原名福松，字大木，祖先来自光州固始县（今河南首潢州县），而后迁至福建，再至广东潮州，最后定居于泉州南安县。他自幼善于学习、勤于思考、英勇有为。他的父亲郑芝龙，是明末福建总兵官，曾组织向台湾移民，并积极开发台湾岛。

顺治二年（1645年），21岁的郑成功在福州受到隆武帝朱聿键的召见，隆武帝十分赏识他，并授言：朕以无女可赐妻与你为憾，应勿忘朕、尽忠义。随后，赐予他明王朝的国姓朱，名字也改为成功，这就是国姓爷郑成功的由来。到了第二年，郑成功的父亲郑芝龙决定投降大清，因为他当时的权势是海上贸易，而垄断海上贸易的关键点就是中央帝国给予的垄断权。为了能够保住垄断权，他才投降了大清。郑成功曾苦苦劝阻，但未能阻止。没过多久，郑成功率领部下至南澳（今属广东），准备起兵抗清。郑成功认为，收复台湾已不容踌躇，于是立即召集文武官员，讨论进军台湾的问题。他意识到，目前形势紧迫，"附近无可措足，惟台湾一地离此不远，暂取之，并可以连金、厦而抚诸岛"。随后，"广通外国，训练士卒，进则可战而复中原之地，退则可守而无内顾之忧"。

在这样的境况下，郑成功做出了"亲征"台湾的重大决策。从战略上来看，这是郑成功的一次根本性转变，也是一个英明而大胆的决策。这对结束祖国的分裂局面、维护祖国的神圣主权和保护领土完整，有着十分重要的意义。郑成功在酝酿、讨论收复台湾的过程中，做了不少准备工作。他不仅提前储备粮饷、练兵造船、侦察敌情，在物资上、精神上他也做了十分周密的安排。此外，他还制定了详细的作战方针：首先收复澎湖，作为前进基地；然后乘涨潮之机，通过鹿耳门港，在台江实施登陆作战；同时，切断台湾城（今台南市安平区）与赤嵌城两地荷军的联系，分别予以围歼，再收复台湾全岛。

同年五月，清军渡过钱塘江，成功占领了浙江。此时的郑成功，痛心于国破家亡和人民苦难，再加上父亲不听他劝投降了大清；接二连三的打击，让郑成功心力交瘁，可是他又不甘心这样堕落下去。于是，郑成功继续提振信心、焚衣招贤、募兵抗清。清军入关之后，郑成功经过一场浴血奋战，终于攻取了厦门、金门，并把它们作为抗清根据地。他考虑到全局形势，认为如果只靠厦门和金门作为根据地，实在是势单力孤，是不可能实现恢复中原的大业。此时，郑成功突然茅塞顿开，他想，如果赶走荷兰侵略者，收复国土台湾，扩大抗清根据地，壮大自己的力量，形势或许会好很多。再加之台湾人民早已经不堪忍受荷兰侵略者对他们的暴行，他们早就盼望赶走侵略者的那一天到来。于是，郑成功下定决心挥戈东征，以收复台湾。

顺治十八年（1661 年）三月，郑成功披甲执剑，率兵 25000 人、战舰近 500 艘，从金门料罗湾出发，凌波越海去收复台湾。郑成功的军队在进军的过程中，突然遭遇东南逆风，一时间白浪滔天，船队不能正常行进，只得返回，暂时停泊在澎湖屿中间。一连几天都是这样，郑成功只好停止行进，等待时机出发。可是没过几天，军粮告急，郑成功意识到必须要速战速决。他立即发布了一道命令，并庄严宣告："我率领大军，冒着风险东征，是为了收复被侵占的国土，绝不是为了到海外去贪图安逸。他激励将士们，不要怕惊涛骇浪，不要怕敌人的大船大炮，只要听从指挥，万众一心，就一定能够战胜困难，夺回台湾。"将士们都被郑成功这番话感动了，于是齐心协力，顶着逆风，冒着骤雨，在巨浪的拍打下，继续向东南方向进发。

直到四月二十九黎明，郑成功才顺利抵达台湾海岸线外。他的船队避开了赤嵌城海岸，从鹿耳门绕道登陆。登陆后，他的船队立即包围了军事据点赤嵌城（今台南），与荷兰殖民军展开了激烈的战争。战斗中，荷兰军以"赫克托"号战舰攻击，郑成功一声令下，把敌军团团围住，60多只战船一齐发炮，把"赫克托"号击沉。与此同时，又击溃了台湾城的援军。随后，赤嵌城的荷兰军在水源被切断后投降，赤嵌城被很快收复。

荷兰总督揆一见势不妙，便开始玩弄缓兵之计，假意表示愿意年年纳贡。郑成功斩钉截铁地对来使说："除非你们投降，把台湾交还中国，别的没有第二条路好走。"随后，郑成功下令立即进攻，一举攻下了揆一盘踞的台湾城。在台湾人民的大力支持下，经过9个月连续不断的围攻和激战，荷兰人终于弹尽粮绝，最后不得不挂白旗表示投降，并派人送出了一封投降书。

康熙元年（1662年）二月初一，正式举行了受降仪式。这一天，荷兰侵略者在中国人民面前弯下了腰、低下了头。至此，荷兰侵略者在台湾38年的殖民统治宣告结束，宝岛台湾又回到祖国的怀抱。而郑成功在成功收复台湾5个月后，因多年戎马倥偬、操劳成疾，不幸离世，那年他只有38岁。

三征西陲，扫平噶尔丹

清朝初年，我国北方的蒙古族分为漠南蒙古、漠北喀尔喀蒙古、漠西厄鲁特蒙古三大部落。而漠西厄鲁特又被称为卫拉特，它分为四部：即和硕特（游牧于今新疆乌鲁木齐地区）、准噶尔（游牧于今伊犁河流域）、土尔扈特（游牧于今新疆塔城地区）、杜尔伯特（游牧于今额尔齐斯河流域）。在这四部中，属准噶尔部的势力最强。因为准噶尔曾先后兼并土尔扈特部以及和硕部的牧地，迫使土尔扈特人转牧于额济勒河（今伏尔加河流域）。而和硕特部落的部分民众迁入青海，部分民众则西迁，进入伏尔加河流域。

康熙时期，准噶尔部由噶尔丹执政。他执政后，首先吞并了新疆境内的杜尔伯特和原隶属于土尔扈特的辉特部，紧接着进占青海的和硕特部，最后又攻占了南疆维吾尔族聚居的诸城。随着准噶尔势力范围的不断扩大，噶尔丹分裂割据的野心日益膨胀起来。而当时也正是沙皇俄国疯狂向外扩张的时期，为了达到侵略中国西北边疆的罪恶目的，沙俄开始不断地对噶尔丹进行拉拢利诱。

原来，自沙俄在雅克萨失败以后，他们并不甘心，一直耿耿于怀。就在《尼布楚条约》签订的第二年，在沙俄的不断唆使下，噶尔丹野心勃勃，先是兼并了漠西蒙古的其他部落，又向东进攻漠北蒙古。谁曾想，漠北蒙古如此不堪一击，很快就被噶尔丹击败了。走投无路之下，几十万漠北蒙古人逃到漠南蒙古，请求清朝政府给予保护。玄烨听闻后，第一次派使者面见噶尔丹，要求他把侵占的地方还给漠北蒙古。噶尔丹仗着有沙俄撑腰，不但不肯退兵，还以追击漠北蒙古为名，开始大举进犯漠南蒙古。

这下可惹怒了玄烨，他立即召集大臣商议此事，在会议上宣布由他亲征噶尔丹。他认为，噶尔丹这个人气焰如此之旺，野心也不小，日后肯定还会干出其他出格的事情。他既然打进来，清廷一定要反击。康熙二十九年（1690 年），玄烨率兵亲征，他决定兵分两路：左路由抚远大将军，即由二哥福全率领，出古北口；右路由安北大将军，即由弟弟常宁率领，出喜峰口。玄烨则亲自带兵在后面指挥。右路清军最先跟噶尔丹军队交战，最后打了败仗。噶尔丹气势汹汹、长驱直入，一直打到距离北京只有 700 里的乌兰布通（今内蒙古昭乌达盟克什克腾旗）。此时，屡次夺胜的噶尔丹更加得意扬扬，居然还派使者向清军交出他们的仇人。

玄烨征战沙场多年，什么惊险的场面没见过，当然不会就这样答应噶尔丹的要求。他又再次命令二哥福全率兵进行反击，而噶尔丹早已将几万骑兵集中在大红山下，他挑选的这个地方，前面有河流阻挡，后面有树林掩护，可见噶尔丹有多狡猾。不仅如此，噶尔丹还弄来上万只骆驼，将其四脚都束缚住，让它们躺在地上。然后又在每只骆驼背上压箱子，并用湿毡毯裹住，摆成一个长长的驼城。这个驼城到底是用来干什么的呢？后来才得知，原来他们是想在那箱垛中间射箭放枪，以阻止清军进攻，可见噶尔丹有多阴险。幸好，清军没那么笨，他们用火炮火枪对准驼城的一段，开始集中轰击，一时间炮声隆隆、震天动地，很快驼城就被炸开了一道缺口。这时候，清军的步兵骑兵才一起冲杀过去。福全又派兵绕出山后进行夹击，把叛军杀得七零八落。噶尔丹一看形势对自己很是不利，情急之下，他立即派一个喇嘛到清军表示求和。福全一面停止追击，一面派人向玄烨请示；玄烨下令说："快进军追击，别中了贼人的诡计。"果然，福全中了噶尔丹的缓兵之计，等福全奉命继续追击时，噶尔丹早已带着残兵败将，逃到漠北去了。

噶尔丹回到漠北后，他们表面上向清廷表示屈服，暗地里却在昼夜不停地招兵买马，想要重整旗鼓。康熙三十三年（1694 年），玄烨第二次约噶尔丹会面，并打算与他订立盟约。噶尔丹不但不肯听从玄烨的诏令，还暗地里派人到漠南捣乱。不仅如此，他还扬言已经向沙俄政府借到鸟枪兵 6 万，将会大举进攻蒙古各族。各部亲王得知噶尔丹很快就要来进攻他们部落，顿时乱了方寸，纷纷向玄烨求援。

康熙三十五年（1696 年），玄烨第二次亲征，这一次他决定兵分三路出击：黑龙江将军萨布素从东路进兵；大将军费杨古率陕西、甘肃兵将，从西路出兵，截击噶尔丹的后路；玄烨亲自带中路军，从独石口（今河北赤城县）出发。在出发之前，三路大军都提前约好了时间，对噶尔丹进行环形夹攻。当玄烨率领的中路军到达科图时，遇到了敌军前锋。这时，东、西两路军还没到达。正当两军对峙时，有一位将士说："听说沙俄要出兵帮助噶尔丹。"随行的一些大臣听完这句话，稍稍有点恐惧。于是，有一位大臣主动规劝玄烨班师回京。玄烨气愤地说："朕这次出征，没有见到叛贼就退兵，怎么向天下人交代？再说，朕中路一退，叛军全力对付西路，西路不是很危险了吗？"

为了激烈将士们的士气，玄烨决定继续带头进兵克鲁伦河，并且派使者第三次会见噶尔丹，并将玄烨亲征的消息告诉了噶尔丹。噶尔丹站在山头张望，看到玄烨黄旗飘扬、军容整齐，被清军的阵势吓着了，准备连夜拔营撤退。这一回，玄烨吸取前两次的教训，一面派兵追击，一面又快马加鞭通知西路军大将费扬古，要他们在半路截击噶尔丹。顽固的噶尔丹率兵奔走了 5 天 5 夜，在到达昭莫多（今蒙古乌兰巴托东南）时，撞见了费扬古的军队。昭莫多历来是漠北的战场，这里曾经是一片大树林，前面有一个开阔地带。费扬古按照玄烨的部署，提前命人在树木繁茂的地方设下埋伏，他先派先锋 400 人诱战。一边战，一边退，一步步把叛军引到埋伏圈。清军下马步战，随着号角声响起，他们一跃上马，首先占据山顶。中计后的叛军顿时恼羞成怒，疯狂地向山顶发起进攻。清军也不甘示弱，从山顶不停地放箭发枪，与叛军展开了一场激战。随后，费扬古又派出一队人马在山下袭击叛军。在清军的前后夹击下，叛军死的死，降的降。最后，噶尔丹只带了几十名骑兵再次脱逃。

经过两次大战，噶尔丹元气大伤。玄烨要噶尔丹投降，然而顽固不化的噶尔丹依然不肯就犯。康熙三十六年（1697 年）二月，玄烨第三次带兵渡过黄河，准备亲征。这时候，噶尔丹原来的根据地伊犁已被他的侄儿策妄阿那布坦夺取。他的左右亲信听说清军来到，一个个都吓破了胆，纷纷表示投降。噶尔丹终于走投无路了，但他不想苟活于世，于是服毒自杀。

至此，噶尔丹发动的叛乱，历时 8 年，终于被彻底粉碎了。从此以后，清廷重新控制了阿尔泰山以东的漠北蒙古，并赐予当地蒙古贵族各种封号和官职；同时，清廷又在乌里雅苏台设立将军，以统辖漠北蒙古。

多子非福，立储也烦恼

历朝历代，权力的交接都是一件大事，也是一件让统治者头疼的事情。对最高权力的过分迷恋，会让有些人忘却自我、失去理智，甚至忘记父子、兄弟之间的情分。试想，如果统治者选错了继承人，这不仅会让祖宗蒙羞，更有可能危及到家族的统治。而玄烨能够在众多的儿子中，选出胤禛来做他的接班人，可谓是慧眼独具、睿智非凡。

玄烨一生有 35 个儿子，20 个女儿。在他的诸多儿子中，长大成人者过半。二阿哥胤礽为孝诚仁皇后所生。在胤礽出生后没多久，其生母就因病离他而去，于是，玄烨格外关心和宠爱这个孩子，想要给这个孩子更多的关爱。康熙十四年（1675 年），胤礽还未满两岁时，玄烨就立他为皇太子。随后，在玄烨的精心栽培下，这位皇太子能文能武，满汉文字兼通；他既熟知四书五经，又精通骑射。但让玄烨失望的是，胤礽却没有"心系天下、纯孝仁慈"的胸怀抱负。或许是因为母亲早逝，他的性格暴戾无常、骄纵蛮横，而且还结党营私。康熙四十二年（1703年），玄烨下令杀索额图，索额图是胤礽生母的叔父，与胤礽交往甚密。也正是这个原因，玄烨父子关系变得更加紧张。在发现胤礽的种种劣迹后，玄烨气急败坏、忍无可忍，于康熙四十七年（1708年）九月初四，以胤礽"不法祖德，不遵朕训，惟肆恶虐众，暴戾淫乱"为理由，宣布废除他太子之位。之后，废储太子的事件如同一支火把，点燃了玄烨诸位皇子抢夺储位的战火。

大阿哥胤禔是庶长子，一向不被玄烨所喜欢。胤禔知道自己没有希望，便向父亲玄烨提议立八阿哥胤禩，理由是"术士张明德尝相允禩必大贵"，玄烨未做理会。后来，他见太子胤礽被废，以为时机已到，又说要替父杀掉胤礽；玄烨听后十分寒心，对他严加斥责。这时候，三阿哥胤祉又跑出来揭发大阿哥胤禔曾经请喇嘛用巫术蛊惑胤礽，才致使胤礽精神失常。玄烨听后极为震怒，认为胤禔心术不正，并斥他为"乱臣贼子"，胤禔因此而被玄烨囚禁。

再来说被称为"神威无敌大将军"的八阿哥胤禩，他才具优长，在诸皇子中属于佼佼者，因为心有主见，在朝中大臣心目中地位甚高。在玄烨征求大臣立新储意见时，胤禩开始苦心经营拉拢其他兄弟和朝臣们。这种在王公大臣中的"威望"本是胤禩的优点，可是他过于急躁，很快引起了玄烨的疑忌。当玄烨得知胤禩拉帮结派之行为时，便将其关押，后又释放。一时间，朝中众说纷纭、争议不断。这时候四阿哥胤禛站了出来，他一方面在玄烨前替二阿哥胤礽开脱罪行，另一方面又表示体察玄烨的内心苦楚，并以孝诚之心宽慰了玄烨。

当玄烨目睹了大阿哥胤禔、三阿哥胤祉、八阿哥胤禩的所作所为，对废太子之事有点后悔了。于是在太子被废3个月后，玄烨借"胤祉揭发胤禔用妖术蛊惑太子，以致太子行为不正常，并非事实"为由，于康熙四十八年（1709年）三月，又恢复胤礽的太子之位。然而太子复立后，依然不肯悔改。没过多久，朝中有人告他与刑部尚书齐世武、步军统领托合齐、兵部尚书耿额等人结党营私。康熙五十一年（1712 年）九月，玄烨再次下诏废太子胤礽；从此，废太子胤礽被圈禁到死。三阿哥胤祉见此乱局，不敢再继续掺和进去，于是主动退出竞争。

胤礽第二次被废后，八阿哥胤禩知道自己无望，又转而支持十四阿哥胤禵。而九阿哥胤禟、十阿哥胤䄉都附庸八阿哥胤禩，只有十三阿哥胤祥附庸四阿哥胤禛。胤禛在胤礽第一次被废后，敢于在玄烨面前替胤礽说好话，属太子党；而在胤礽第二次被废之后，胤禛看到胤礽没有复立的可能，也开始结党营私、窥视储位。这时，朝中便形成了以胤禛为首的"四爷党"和以胤禩为首的"八爷党"这两股大势力。

到玄烨晚年时，十四阿哥胤禵逐渐被玄烨所倚重。在当时看来，胤禵似乎是皇位继承的最大可能者。胤禵虽与四阿哥胤禛是同胞兄弟，但却不怎么交往，反而与八阿哥胤禩关系甚好。那时候，胤禵既是一员"良将"，有带兵才能，又聪明绝顶，可谓是"才德双全"。恰逢康熙五十七年（1718 年），准噶尔不断进兵侵扰西藏。正在朝廷用人之际，31岁的胤禵被任命为抚远大将军，主持西北一切军务，而四阿哥胤禛被留在京城，这就为他后来继承皇位埋下了伏笔。

康熙六十一年（1722 年）十一月十三晚上七八点时，玄烨在北京西郊畅春园病逝。在他去世前，他还命近臣步军统领隆科多宣布遗嘱，将自己的皇位传给了四阿哥胤禛，即后来的雍正皇帝。胤禛继承父业后，也确实有所成就，所以，他作为玄烨的继承人是当之无愧的。

雍正帝是在康乾盛世前期登上历史舞台的。正是复杂的社会矛盾，为胤禛提供了施展抱负和才干的机会。他在位期间，不仅严整吏治、清查亏空，还对清朝的赋役进行了大刀阔斧的改革。他执政期间，不仅高瞻远瞩、励精图治，而且惟日孜孜，无敢逸豫，取得了卓有成效的业绩，为后代的"乾隆盛世"打下了雄厚的基础。尽管他生性多疑、刻薄寡恩、统治严酷，但比起他的业绩来，这些都没那么重要。

第五章 『铁腕』下的一代名君

第五章
"铁腕"下的一代名君

韬光养晦，铲除异己

　　康熙十七年（1678年）十月三十寅时，玄烨的第四子胤禛出生在北京紫禁城永和宫内，他的生母是德妃乌雅氏。他的生母乌雅氏因为出身不好，生胤禛时她还只是个小小的宫人，还没有正式被册封。等到胤禛出生以后，她才被升为妃嫔，但地位也没有那么高。按照当时清朝的祖制，后宫是不允许生母抚育自己亲生儿子的，所以在胤禛刚刚满月后，就被交给孝懿仁皇后佟佳氏抚养了。

　　康熙二十二年（1683年），年仅6岁的胤禛就被送进了尚书房，跟从文华殿大学士兼礼部尚书张英学习四书五经；闲暇之余，还跟着大学士徐元梦学习满文。这个徐元梦曾经还是玄烨的老师呢。当然，那时候与胤禛关系最好的是礼部尚书顾八代，胤禛十分信任并尊敬他，曾用"品行端方、学术醇正"这八个字来评价他的老师。看得出来，少年和青年时代的胤禛丝毫不能放松，几乎是没有时间玩耍的。在父亲玄烨和诸位老师的严格管束下，他的每一天都过得十分充实。等胤禛稍微年长一些，他便跟随父亲玄烨四处巡幸，时不时奉命处理一些政事。就在他16岁那年，胤禛还陪同其三兄胤祉前往祭祀曲阜孔庙。

　　到康熙三十五年（1696年），也就是胤禛刚过19岁生辰时，准噶尔部的首领噶尔丹肆意妄为、嚣张至极，惹怒了玄烨，于是他就随父亲玄烨一起征讨噶尔丹。在这次随军中，胤禛掌管正红旗大营，但却没有亲

自参加此役，而是由父亲玄烨御驾亲征。康熙三十七年（1698 年），21
岁的胤禛受封为贝勒。23 岁时，胤禛又随从父亲玄烨视察永定河工地，
检验工程质量问题，这些临时的工作他都完成得很不错。25 岁时，他又
随同玄烨巡幸五台山。到了第二年，他又跟随玄烨南巡江浙一带，对治
理黄河、淮河工程进行验收。

康熙四十七年（1708 年）夏天，由于种种原因，玄烨第一次罢黜了
二阿哥胤礽的太子之位。在推选新太子的过程中，胤禛表现得十分镇定，
他支持复立胤礽，与八阿哥胤禩也保持着友好的关系。康熙四十八年
（1709 年），玄烨又由于一些客观原因，决定复立胤礽为太子。同年，玄
烨又封胤禛为和硕雍亲王，胤禛可谓是步步高升。当然，在此期间，玄
烨的诸位儿子为了谋求储位，各怀鬼胎、结党营私，钩心斗角十分激烈。
不争气的太子胤礽在经历了废除太子，再次被立后，完全没有了安全感，
总觉得下一秒他还会被废除。这一次，他为了巩固自己的储位，居然傻
傻地进行了一些非法活动，这下是真的惹怒了父亲玄烨。在康熙五十年
（1711 年），在经历了一些波折后，二阿哥胤礽还是被遗弃了。玄烨再次
将他废黜，自此以后，凡是朝中大臣有人替胤礽说情的，一律都会遭到
玄烨的处罚和责骂。

然而，他留下的皇太子的空位，玄烨迟迟没有安排合适的人选来替补
这个空缺。这便惹得其他诸位皇子为之蠢蠢欲动、大动心机、大费周折。
八阿哥胤禩向来交际不错，结交的都是一些王公大臣，当时的他在诸位皇
子中算是名望颇高的一位。于是，他仗着自己的实力，在玄烨面前旁敲侧
击，却又一次受到玄烨的严厉斥责。他的好伙伴十四阿哥胤禵也十分讲义
气，也开始联络各方人士，似乎颇有所图。而这时的胤禛呢，目睹了眼前
的一切事情后，他依然表现得沉着、冷静；与诸位兄弟的关系呢，也还说
得过去。他既没有跟谁闹脸子，也没有跟谁交往密切。从表面看来，他跟
诸位兄弟的关系似乎都很和气；唯一不同的是，很长一段时间里，他与年
羹尧、隆科多二人交往密切，似乎聊得十分投机。

第五章
"铁腕"下的一代名君
· · · · · ·

康熙六十年（1721 年），也就是胤禛 44 岁这年，恰好也是康熙登基 60 周年大庆，胤禛奉命前往盛京祭告祖陵，回京参加贡士会试试卷复查事务。第二年，胤禛又奉命清查京、通两仓，又秉命冬至祭天。在那几年里，胤禛参加的这一系列活动，对他来说有着双重意义：一来由于他多次随从父亲玄烨巡幸、外出代办政务，足迹遍于全国各地区，使他有机会了解各地经济物产、山川水利、民间风俗以及宗教信仰的机会；二来他跟随父亲玄烨观察并处理一些政事，考查了地方行政和吏治，锻炼了处理某些政事的能力，也从中获得了从政的一些经验。或许正是这两个方面的因素，对胤禛日后治理国事起了很大作用。

到了第二年，也就是康熙六十一年（1722 年）十一月十三，玄烨因病去世，胤禛继承了皇位。次年，胤禛改年号雍正，后称雍正帝，成为清朝第五位皇帝，也就是清军入关后的第三位皇帝。胤禛即位后，便开始重用十三阿哥胤祥。与此同时，他也不想放过他的"政敌"八阿哥胤禩等人。也就在这时候才看出来，原来胤禛跟胤禩一直以来都是面和心不和，谁心里都不服谁。眼看着胤禛登上皇位，胤禩等人当然不肯轻易认输，所以双方的斗争在胤禛继位后延续了下来。

胤禛继位之后，就立即开始在政治上采取多种措施，来巩固自己的皇位。为了消除异己、分化瓦解诸皇子集团，胤禛先是将十四阿哥胤禵从西北军前召回京城，并加以圈禁；同时，他又晋封八阿哥胤禩为廉亲王和总理事务大臣；紧接着，他又将九阿哥胤禟发往青海西大通（今青海大通西北）。自此之后，胤禛心中才稍稍踏实了一些。

雍正二年（1724 年）初，胤禛意识到，如果一味地打压朝中势力，非但不能彻底巩固政权，还会失去人心。于是，他对朝中政敌的打击有了一些节制。同年三月，在青海平叛取得了胜利之后，胤禛的政权力量才有所增强。于是，他想趁热打铁，立即加紧惩治八阿哥胤禩他们一伙人，想要一锅端。同年四月，胤禛开始对胤禩声罪致讨，说他"肆行悖乱，干犯法纪，朕虽欲包容宽宥，而国宪具在，亦无可奈何，当与诸大臣共正其罪"，之后便削宗籍和圈禁。随后，三阿哥胤祉也被革爵圈禁，九阿哥胤禟被削宗籍和圈禁，就连平时没有任何行动的十阿哥胤䄉也被圈禁，十二阿哥胤祹也被降爵。十四阿哥胤禵的下场最为曲折，他先是被派去守陵，再后来又被圈禁。

同年五月，胤禛又革去苏努贝勒一职。七月的时候，胤禛又发出《御制朋党论》，进一步开展反对胤禩党人的活动。没过多久，年羹尧、隆科多的问题，让胤禛放松了对八弟胤禩的攻势。直到雍正四年（1726年），八阿哥胤禩、九阿哥胤禟先后因禁致死，十四阿哥胤禵被迁于京城景山，其他胤禩党人也都遭到了相应的处分。至此，经营二十多年的胤禩集团彻底垮台了。

就这样，在胤禛的精心设计下，在很短的时间内，他先后铲除了皇室以及臣僚重点几个盘根错节、力大势雄的集团，诸如八阿哥胤禩等足以危及胤禛宝座的人，一个接一个地被诛除殆尽。而当时朝臣中那些拉帮结派、兴风作浪的人，虽然不足以危及胤禛的皇帝宝座，但毕竟也不利于胤禛独断专行，因此，也被胤禛以各种借口处置了。一时间，胤禛树立起了帝王威严，朝野上下对他既有钦佩，又有惧怕。

革除利弊，整饬财政

康熙末年，财政亏空十分严重，胤禛继位后，便雷厉风行地进行了一场钱粮大清查。他即位不到一个月，就将此事正式提上了日程。新官上任三把火，胤禛以最快的速度成立了专司审查钱粮奏销的机构——会考府，任命十三阿哥胤祥管理重要事务，皇舅隆科多、大学士白潢、尚书朱轼等人协助胤祥一同处理一些事物。这次清查亏空行动首先在中央进行，而对地方上的一些清查也在同时进行着。

胤禛认为，钱粮亏空的关键所在是上司勒索与官员自身侵贪，这一判断切中要害。因此，胤禛向各级官员发出警告，要求不得苛派民间，限期完结亏空，否则从重治罪。那些在清查过程中办事不力的官员，则会被予以调查和追究责任。经过一段时间的清查活动，果然大见成效，财政情况开始有所好转。

然而，任何活动的开展都有一定的利和弊，并不能做到完美无缺，心急如焚的胤禛为了尽快挽救财政亏空的现象，也犯过一些严重的过失。当时，胤禛的镇压措施非常严厉。他曾下过这样一道命令：不论具体情节，但凡抗官者都必须以反叛论处，斩杀不赦，决不轻饶。甚至于在拘捕这些官员时，有人"共在　处，虽非卜手之人，在旁目观，即系同恶共济"，都被统统斩立决，场面极其惨烈。而对于民间那些秘密结社的人员，胤禛则施行了另一种方法，他嘱咐官吏们一定要"时时察访，弋获首恶，拔树寻根，永断瓜葛"。当时胤禛考察到苏州手工业工人居然要求增加工资，达不到他们所期望的工资时，他们便集体罢工叫歇，明着作对。对此，胤禛严加惩处，并立碑永禁叫歇，那些工人们也终于被制服了。

当时胤禛已是45岁的中年人了，不仅经历丰富、思想成熟，也具备了驾轻就熟、锐意革新的魄力。因此，他上台伊始，就立即加大了对亏空钱粮官员处分的力度。他一改其父玄烨纵容的态度，凡亏空钱粮者一律革职，毫不留情，并由本人负责归还，直到还清为止。后来，他又立即着手推行耗羡归公制度。康熙六十一年（1722年）十二月，胤禛对同年九月父亲玄烨在年羹尧、噶什图奏请火耗归公"断不可行"的批谕上做出修正，他认为："皇考洞察其故，每将税务交地方管理，各省已居其半。嗣后税务悉交地方官监收，岁税之外所有羡余，该抚奏闻其解，应赏给者再行赏给，尔等会同户部工部议奏。"自此没过多久，耗羡归公制就在全国各省全面推行开来。

何为耗羡？耗羡本是州县官员额外征敛的非法所得，现在解归省府国库，作为国库收入的一部分。从表面看来，它是把暗征变为明征，把非法变为合法，把州县私取变为省府公取；而从实质来看，它是用明规则取代潜规则的方式，将原本流失到州县官员手中的所得收归到国库，可以说是完善了财政制度。所以，从它的实际作用来看，首先就是充实了国库，缓解了财政紧张的局面；其次是整饬了吏治，有利于官员的廉洁。

雍正二年（1724年）八月，胤禛鉴于相关案件量刑过轻，还相应地加重处罚："那（挪）移一万两以上至二万两者，发边卫充军；二万两以上者，虽属那（挪）移，亦照侵盗钱粮例拟斩。"同时，对于那些因贪污、勒索而造成亏空的官员们，胤禛依然毫不留情，凡有犯者便即革职抄家，用其家产赔偿亏空。后来，他还特别设置了一个封桩库，"凡一切赃款羡余银两，皆贮其内，至末年至三千余万，国用充足。"果然功夫不负有心人，胤禛经过多年不断的努力，康熙朝遗留的亏空基本追缴完毕，朝中各级官员也大受威慑，不敢轻易以身试法。

到雍正三年（1725年），也就是耗羡归公后，户部库存白银由康熙六十一年（1722年）的800万两跃升至6000万两，三年间增长了7.5倍。究竟应该如何支用这些财政收入呢？胤禛做出这样的规定："收支分开，一部分用于弥补以前的财政亏空，各地有亏空的须在三年内如数补足。"当时时任河南巡抚的石文焯，想拍胤禛的马屁，立即上奏称"凡有亏空之州县，二年内将所有羡余积累补苴，如二年限满不完，题参追究"。胤禛心中虽然高兴，但同时也提醒他"不许扰害地方百姓"，做到让下属心悦诚服、心服口服。不管过程怎样，这一规定有利于国库的充实，是一个不假的事实。

耗羡归公后，其支用除上述一途外，另外一项就是用于养廉银的支配。官员拿着很低的薪俸，不仅要养家糊口，还要聘请师爷，还要孝敬上司，迎来送往，支出的窘态可想而知。可以说，耗羡的私征、私派、私用也与此大有关系。对此，胤禛心知肚明，但也只好暂时装糊涂。他曾在云南巡抚杨名时的《奏陈禁革规礼羡余加派等项事宜折》上批道："朕并非着你们穷苦了方称朕意也。"所以，在耗羡收入归公后，胤禛就将相当一部分的归公耗羡以养廉银的名义，用于大幅提高各级官员的薪俸。

看得出来，胤禛实行耗羡归公制度，大大充实了国家的财政收入，这对于朝廷而言，自然是件大好事。但是，胤禛是将这些钱中的相当一部分用于官员"养廉"。也就是说，胤禛把一些钱用在了那些听命于朝廷，为朝廷治政牧民的人的身上，他的根本出发点还是"官本位"。至于老百姓呢，除了那本不应交的"火耗"少交了一些之外，正税一厘不少。如此一来，增加后的国家财政收入的分配跟百姓一厘钱关系没有。可想而知，这样的政府要想得到百姓的拥护，也就只能是奢望了。然而可悲的是，尽管胤禛大幅提高了官员的收入，但时间久了官员们也会习以为常，"高薪"在他们眼里又变成一件平常的事了，他们的贪欲又会再度激发出来，贪象又会再度出现。对于这些循环出现的问题，胤禛可谓是伤透了脑筋。

土司制度与改土归流

说起土司制度，它是在唐宋时期羁縻州县制的基础上发展而成的。其实质是"以土官治土民"，承认各少数民族的世袭首领地位，给予其官职头衔，以进行间接统治，朝廷中央的敕诏实际上有时并不能得到真正的贯彻。有些土官以世袭故，恣肆虐杀百姓，为患边境，"汉民被其摧残，夷人受其荼毒"，甚至土司家族内部都会发生械斗或是战争。康熙三十八年（1699 年），东川彝族禄氏家族因争夺土府继承权，互相残杀。

再来说改土归流，它又被称为土司改流、废土改流，始于明代中后期，是指将原来统治少数民族的土司头目废除，改为朝廷中央政府派任

流官。土司即原民族的首领，流官由中央政府委派。改土归流不仅有利
于消除土司制度的落后性，对于加强中央对西南一些少数民族聚居地区
的统治也有一些益处。为了解决日久相沿的土司割据的积弊，明清两朝
的君主，已经开始酝酿解决这个问题。

改土归流一般采取两种办法："一是从上而下，先改土府，后改土
州；二是抓住一切有利时机进行，如有的土官绝嗣，后继无人，或宗族
争袭，就派流官接任；土官之间互相仇杀，被平定后，即派流官接任；
有的土官犯罪，或反王朝被镇压后，以罪革职，改由流官充任。"此外，
在有的土民向封建王朝申请"改土归流"时，王朝以所谓从民之意，革
除土官世袭，改为流官。总之，封建王朝一有机会，立刻抓紧改流。

而"改土归流"是自明代中叶以后，才逐步开始的。它是在土官与
封建王朝的矛盾日益尖锐的情况下产生的。这个矛盾，唐、宋以来就长
期存在。随着社会生产力的不断发展，土官制度越来越不适应社会的需
要，广大人民不断的反抗斗争又动摇了土官制度的统治。与此同时，土
官又日益与封建王朝闹对立，反对封建王朝对他们的管辖。这种有损于
封建王朝国家统一的行为，封建王朝自然是不能容忍的，于是，"改土
归流"便势在必行。

康雍乾盛世时期，国力强盛，中央政府已经有足够的力量加强对少
数民族地区的统治。雍正四年（1726 年），鄂尔泰大力推行改土归流政
策，即由中央政府选派有一定任期的流官直接管理少数民族地区的政务，
"改流之法，计擒为上策，兵剿为下策，令其投献为上策，敕令投献为
下策"，"制苗之法，固应恩威并用"。比如，贵州广顺长寨土司向官兵
挑衅，遭到清军毁灭性的打击，设长寨厅（今贵州省长顺县）。

为了解决土司割据的积弊，雍正四年（1726 年），云贵总督鄂尔泰
建议取消土司世袭制度，设立府、厅、州、县，派遣有一定任期的流官
进行管理。雍正帝对此甚为赞赏，令其悉心办理。到了雍正六年（1728
年），又命贵州按察使张广泗在黔东南推行改土归流政策。在废除土司

世袭制度时，对土司本人，根据他们的态度给以不同的处理：对自动交印者，酌加赏赐，或予世职，或给现任武职；对抗拒者加以惩处，没收财产，并将其迁徙到内地省份，另给田房安排生活。在设立府县的同时，添设军事机构。清政府在改土归流地区清查户口，丈量土地，征收赋税，建城池、设学校；同时废除原来土司的赋役制度，与内地一样，按地亩征税，数额一般少于内地，云南、贵州改土归流的目标，到雍正九年基本实现。改土归流废除了土司制度，减少了叛乱因素，加强了政府对边疆的统治，有利于少数民族地区社会经济的发展。

改土归流后，部分上层土司不甘心失败，时刻图谋复辟。而有些清军在新地区肆行抢掠，有的流官不善于经理，骤然增加赋税，兴派徭役，自身又贪赃勒索；加之新设营汛部伍大多从邻近地区抽调而来，致使原来地区力量空虚。这不仅使原土司有了叛乱的口实，也给了他们以可乘之机。雍正十三年（1735 年）春，贵州古州、台拱地区苗民上层鼓动百姓发动叛乱。叛乱者深入丹江、黄平、凯里等厅州县，胤禛派兵镇压未果。直到乾隆帝弘历继位后，任命张广泗为七省经略，于乾隆元年（1736 年）平定叛乱；清廷下令取消新区赋税，按当地习惯审理民事纠纷，以巩固对改土归流地区的统治。

年羹尧与隆科多之死

年羹尧与隆科多是何许人也？他们曾被称为是胤禛的左膀右臂。他们二人，性格实在迥异：一个专横傲慢，睥睨万物；一个见风使舵，精明绝顶。但他们的共同点是：都有着相似的际遇和命运，都对胤禛有着"再造之恩"，都曾被胤禛重用，都曾权倾一时。他们二人，一个是抚远大将军，一个是吏部尚书。胤禛在争夺皇帝位、收拾众兄弟的斗争中，全靠隆科多、年羹尧二人的支持和帮忙，才继承了皇位。可是胤禛在坐稳江山以后，却一直怕隆科多恃功骄傲、逾越礼法、泄露秘密，内心一直惴惴不安，总想找机会收拾隆科多、年羹尧这两大功臣。刚开始时，隆科多宠荣备至，被胤禛誉为当代第一超群拔萃之稀有大臣。而年羹尧呢，威震西北，实际上是没有封王的西北王；他远在边陲，却一直参与朝中的机要事务，成为炙手可热的人物。胤禛想要除掉他们，貌似没有那么容易。

就这样，胤禛已经作了"过河拆桥"的决策，可是隆科多、年羹尧却还蒙在鼓里，一无所知。且说年羹尧，自恃有功，煊赫一时。他为了炫耀自己，在雍正二年（1724年）进京城时，极力讲排场、摆阔气。他带着兵马，前呼后拥地离开西北。王公大臣得知年大将军来京，早就在广宁门外的道路两旁，伫立等候。正午时分，一队快马过后，只见众兵丁簇拥着一人，耀武扬威而来。近时细看，那人头戴三眼花翎，身穿金黄服饰，外加四团龙补，骑着高头大马。这人正是年大将军，好不威风。王公大臣一见年大将军，无不拱手称贺，年羹尧却挥动鞭子抽打坐骑，风驰电掣般穿过了等候在道路两旁的人群，好像根本没有看见那么多的人在迎接他。

他去见胤禛时，到了御前，也只是欠了欠身，就一屁股坐了下来，随意伸开双腿，没有一点人臣应当遵守的礼节。王公大臣们看到年羹尧如此这般的狂妄举动，心里都感到愤愤不平，暗地里议论纷纷。年大将军还没有离京，种种传闻就流行起来：忽而传出，皇上犒劳在青海有功的军队，是接受了年羹尧的请求；忽而又传出，皇上惩治康熙年间主张立八皇子胤禩为太子的阿灵阿等人，也是听了年羹尧的话。所有这些传闻似乎都是想说明一个问题，即"恩威不自上出"，皇上被年羹尧玩弄于股掌之上。胤禛听了这些传闻，既感到刺伤了自己的尊严，又感到整治年羹尧、隆科多的时机已经来到了。

第五章
"铁腕"下的一代名君

後来，因为京都中众多的谣言，不仅中伤陷害年羹尧，也是针对隆科多的；究其原因，造谣者是出于妒忌。皇上明眼一看，就知道内中的情由。明着是责难造谣者，实际上却是告诫年羹尧和隆科多，警告他们不要飞扬跋扈。有个王公，为了讨好皇上，事后悄悄上了一本，建议皇上不要放年羹尧回陕西，以便留京控制。可是，雍正帝没有这样做，因为他认为时机还不成熟，不能打草惊蛇。过了一些日子，年大将军仍然一无所知，和往常一样，率领着兵马，耀武扬威地回到西北的任所去了。

在年羹尧走后的一些日子里，隆科多细细地玩味、琢磨皇上的讲话，不由得心里惊慌起来。他想："皇上起了疑心，猜忌我了。从今以后，自己做事就要留有后手。"他也知道胤禛是一个好抄人之家的君主，常常出人不意，突然派出缇骑抄王公大臣之家。隆科多想到这里，禁不住心情一阵紧张起来。害怕有那么一天，抄家之举会落到自己的头上来，那岂不是糟糕了？他左思右想了一阵，决定赶快设法，尽早把财产分藏到亲友和西山寺庙里去。不久，隆科多向胤禛提出，辞去步兵统领的兼职，争取主动，避免猜忌；哪知雍正皇帝对隆科多的一举一动，早就了如指掌。他看过隆科多的辞职奏本后，心想："这个隆科多真可谓老奸巨猾，竟想欺蒙皇帝。幸亏朕有缇骑四出侦察，得知你的诡计，不然的话，岂不要上当受骗。既然事已至此，朕何不将计就计？"只见胤禛提起朱笔，在奏本上批谕：准予辞职，另委巩泰就任。这巩泰与隆科多素不和睦。胤禛选择他去接替这个职务，分明是不让隆科多再对这个职务施加影响。这一着，使隆科多吃了一闷棍，心里有苦说不出来。相反，胤禛却敲响了惩治隆、年二人的紧锣密鼓。

再说在西北的年羹尧，没有自知之明，继续飞扬跋扈。这就使得胤禛更加急着要除掉他。俗话说：无巧不成书。在这年二月，出现了所谓"日月合璧，五星连珠"的嘉瑞。其实，这是日月同升和金木水火土五星同在地球一侧四十五度角范围以内的现象，只不过这种自然现象的出现，需要几百年才有一次。当时钦天监在推算出这一自然现象将要发生之后，立即报告给皇上。雍正皇帝以为这是难得遇见的幸事，命史官加以记录，并知晓臣民，准备庆贺。这样一来，全国大小官吏绅士土豪，都向胤禛上了歌功颂德的贺表。胤禛读着这些贺表，心里不免一阵快慰。当他拿起抚远大将军年羹尧的贺表时，就有一股异样的反感，再打开一读，发现有"夕惕朝乾"一语，顿时脸色一变，把贺表丢在一旁，大骂道："大胆逆臣，语出狂悖。"不久，他令年羹尧把抚远大将军印信交给岳钟琪，调任年羹尧为杭州将军。

年羹尧接到调任的圣旨，一时间手足无措，心乱如麻。他闭门三日，左思右想也想不出对策，只好乖乖就范，启程去杭州。哪知刚到杭州，雍正皇帝又再降谕旨，夺去他将军之职，以闲散章京（章京是办理文书的小官，闲散章京是没有固定职务待用的小官）安置杭州，令他去守涌金门。年羹尧这才知道事情比自己预想的更糟，就不免心灰意懒，他不断背诵"飞鸟尽，良弓藏；狡兔死，走狗烹"的这几句话，发泄心头的怨愤之情，天天盘算着后事安排。

朝中那些王公大臣，见年羹尧已经倒下，就发动了墙倒众人推的攻势，纷纷上奏本参劾。这个说年羹尧作威作福，揽权纳贿，排异党同，冒领军功，侵吞钱财，杀戮无辜，残害良民；那个说年羹尧阴谋叵测，狂妄多端，妄想窃取九重之威福，实在是大逆不道，国法所难容。在一致要求诛戮声中，雍正皇帝就以群臣所请为名，下令逮捕年羹尧。议政大臣召开会议，罗列年羹尧92条大罪，请立即凌迟处死。胤禛假惺惺地说"年羹尧虽然罪大恶极，但念在有功在前，免正典刑，令其自裁"，随后又下令将其父年遐龄、兄年希尧革职，子年富立即斩首，其余满15岁的儿子遣送广西、云南、贵州极边远贫瘠之地充军，嫡系子孙将来长至15岁者，皆次第照例遣送，永不赦回，亦不许为官；年羹尧之妻因系宗室之女，送回娘家；年羹尧父兄族中现任、候补文武官员者，一律革职；年羹尧及其子所有家产，俱抄没入官。

年羹尧已经伏法，可是隆科多还未死。雍正皇帝正准备向隆科多兴师问罪，凑巧，都察院上了一本，弹劾隆科多，说他私受年羹尧金 800 两，银 42200 两，庇护了年羹尧，干扰了对年的审讯，罪应革职。雍正皇帝遂削去隆科多的太保头衔，着即遣送阿兰善山，修城垦地。不久，刑部上奏，弹劾隆科多私藏玉牒。这玉牒是皇家宗谱，收藏在宗人府衙内。如果需要翻阅玉牒，得先经过皇帝的批准，然后沐浴焚香，才能取出阅读；隆科多居然收藏在家，当然犯下了大不敬罪。雍正皇帝以此为据，着令缇骑从阿兰善山把隆科多逮捕归案，交由顺承郡王锡保密审。锡保奉旨，知道胤禛的意思是要收拾隆科多，便于草草审问后，将隆科多押回监狱，听候圣裁。

不久，诸王大臣经多次审议，议定隆科多犯有 41 件大罪。其中大不敬罪 5 件，紊乱朝政罪 3 件，欺罔罪 3 件，奸党罪 6 件，不法罪 7 件，贪婪罪 17 件；奏请皇上立即处斩隆科多，将其妻子收官为奴，没收其财产。雍正帝见奏，假惺惺地表示念其前功，特加圣恩，免予正法；命令在畅春园外附近空地造房三间，将其永远禁锢；家中财产尽收入官，长子岳兴阿革职，夺去世爵，次子玉柱遣送黑龙江为奴。隆科多遭此厄难，心情抑郁成疾，于雍正六年（1728 年）死于禁所。

最大的文字狱，莫过于吕留良案

古代的文字狱究竟是什么？它是指封建统治阶级利用特权，对知识分子进行的一种迫害行为。当时，为了进一步稳固政权，以皇帝为代表的统治阶级就从文人的诗文中摘取相关字句，开始罗织一系列罪名。对于罪名轻者，就会被发遣边疆；对于罪名重者，不仅自己会招来杀身之祸，有的甚至还株连九族。虽然文字狱历朝历代都会发生，但是在清朝年间，文字狱真是到了登峰造极的地步。

雍正年间，曾经发生过一起令人闻之色变、骇人听闻的文字狱，即吕留良案。说起吕留良，他到底是什么人？原来吕留良出身于一个封建仕宦家庭，祖上在明朝时期世代为官，他的故乡是浙江石门。吕留良的父亲吕元学曾担任繁昌知县，其主要功绩是将繁昌县的三台山修筑完成。没过多久，吕元学因为不幸患病，只好辞去一切官职，回到故乡，为人乐善好施。

幼时的吕留良便"颖悟绝人，读书三遍辄不忘"。8 岁时，吕留良就已能文；10 岁时，吕留良的三兄吕愿良建澄社于崇德，东南士子千余人，往来聚会，征选诗文，评议朝政，让吕留良深受影响。崇祯十四年（1641 年），孙子度建征书社于崇福禅院。吕留良在 13 岁时，就以诗文入社，大得孙子度赞赏，并被视为畏友。吕留良向来博学多艺，并有二十四绝技，可以说是"凡天文、谶纬、乐律、兵法、星卜、算术、灵兰、青乌、丹经、梵志之书，无不洞晓"。

清朝初年，吕留良曾应试为诸生，结果运气不佳的他，几次参加乡试都没能考中。一气之下，吕留良抛弃仕途，讲学乡里。其子吕葆中考中进士，在翰林院任职，而吕留良一生一身傲骨，自称是明朝遗民，始终不愿意屈志归清，背叛大明。于是，他长期隐居山林、授徒讲学、著书立说。在很短的时间里，他的名声越来越大，终于成为著名的道学先生。为此，地方官多次推荐他入朝为官，但是他始终不肯出山，依然坚持自己的主张。后来，因为吕留良曾多次拒绝应试，被革除诸生（经考试录取进入府、州、县各级学校的生员）。被逼无奈之下，他只得出家为僧，他的这一举动震惊了当时的朝野。

其实，当时吕留良激进的反清思想主要体现在他的著作、日记和书信中，而且还经常有一些"谤议及于皇考"的言论，这对于一个始终不愿意归顺清朝的人来说，他的此番举动倒不奇怪。后来，人们在翻看吕留良的著作时，惊讶地发现他居然也记载了许多清朝的事迹，下笔行文毫无顾忌，尤其对康熙时政指斥颇多，胆子着实有点大。当时有一个叫曾静的湖南靖州人，也曾经到州城应试，看到吕留良的部分诗文，文中力倡华夷之别。于是，他对吕留良的诗文产生了很大兴趣，还专门派弟子张熙到吕留良家中求吕氏遗书。吕葆中热情接待了张熙，把先父的遗书全部交给了他，并向他介绍了吕留良之徒严鸿逵以及严鸿逵之徒沈在宽等人。

后来才知道，吕留良曾经与张熙、严鸿逵、沈在宽等往来密切、志趣相投，以华夷之别为思想基础，谋图反清复明。当时恰值雍正帝抑制宗室，无时无刻不在猜忌功臣，胤祀、胤禟和年羹尧等人也都先后被治罪，其党徒造作流言，攻击胤禛不得人心，行将垮台。而曾静等人误信流言，认为反清复明时机已成熟。他们听说川陕总督岳钟琪是年羹尧的部将，两次要求入京朝见胤禛，都被拒绝了，对胤禛可谓是又恨又怕，正暗自担心；又听说岳钟琪是岳飞的后裔，而大清则是金人后裔，认为岳氏与清朝恰为世仇。于是，他们便策划了一番，决定借助于岳钟琪的兵力反清复明，派张熙前往游说。

张熙向岳钟琪投递了这样一封书信，上面列举了胤禛的九大罪状：弑父、逼母、害兄、屠弟、贪财、好杀、酗酒、好淫、诛忠用佞，力劝岳钟琪拥兵举义，光复明室。岳钟琪收到书信后大吃一惊。为了擒得主谋，他佯装赞同张熙的意见，并与张熙订盟起誓，同生死共患难，让张熙请出其师友辅佐起事；张熙居然真的信以为真，老老实实供出了曾静。紧接着，岳钟琪又佯装迎请曾静，将二人送往北京，接受胤禛的亲审。曾静、张熙见到胤禛后才明白，他们被岳钟琪所出卖，立即伏地认罪，供出了事情的全部真相。

这一回，雍正帝动怒了，立即传命浙江总督，查抄吕留良、严鸿逵、沈在宽等人家藏书籍，连同所有人犯一起解送京师审讯。胤禛亲阅吕留良的书稿，研究吕留良的反清思想，认为应该就此案大造舆论，从理论上批驳华夷有别说，在意识形态领域大树特树清朝正统观念。他将已死的吕留良、吕葆中和严鸿逵戮尸，沈在宽凌迟，吕、严亲族16岁以上男子全部斩首，妇女幼童发往东北边疆为奴。将此案中曾静、张熙的口供和谕旨编为《大义觉迷录》，颁发全国各地，又让曾静、张熙二人到浙江地区去宣讲，当众忏悔认罪，消弭反清意识；胤禛宣布不杀曾静、张熙，也不许自己的子孙杀他们，官面原因是他们认罪态度好，而实际上却是拿他们当工具使。但后来乾隆帝一即位，因为实在看不起这两个软骨头，就以这两人曾经恶语中伤先帝为由，将他们杀害了。

而吕留良在死后49年，即雍正十年（1732年）被雍正帝钦定为"大逆"罪名，惨遭开棺戮尸枭首之刑，所有著作被付之一炬，其子孙、亲朋、弟子广受株连，无一幸免，成为清代以来最大的文字冤狱。

秘密立储，匆匆辞世

其实，在清朝之前，历代封建王朝的皇位继承制度，都是以嫡长子继承制为主的。因此，嫡长子继承制成为我国古代实行时间最长的一种皇位继承制度。然而自清朝建立以来，其立储制度就在不断地变化着。到了雍正时期，随着社会经济的不断发展，各种体制趋于完善，君主专制也在不断加强，其皇位继承制度也随之发生了重大的变化。

就胤禛个人而言，他亲身经历过康熙时期激烈的储位之争，深刻认识到储位争夺对朝堂政局、对社会经济甚至对整个清朝发展都很不利。正是在这样的背景下，胤禛才决定创立秘密立储制度。

秘密立储制度的创立，让所有向往天禄、有心皇位的皇子都开始心存希望，不敢有丝毫放松，时刻努力给帝王看。久而久之，他们就失去了自我，总是用帝王的标准来约束自己，来塑造自己的美好形象。再加之诸皇子之间没有了明确的竞争目标，也就不容易结成以某几个皇子为核心的政治势力集团。看得出来，这个办法的确是有一些好处的，它不仅可以削弱斗争的激烈程度，也在一定程度上避免了血腥残杀。然而即便如此，也还是无法彻底消除统治者内部争夺帝位的斗争。

因此，从胤禛以后，虽然争夺皇权的斗争变得平和了一些，但是在更多时候又表现出另一种权术和计谋的较量。由此看来，秘密立储制的积极意义在于，既有利于在诸多皇子中选优，又可以避免皇子们之间为了争夺储位而互相算计，从而保证了皇位继承人的相对平稳过渡。也就是从雍正时期开始，皇宫内不再公开立皇太子，而是进行秘密立储。直到皇帝驾崩之后，到底由谁来继承皇位，才会真相大白，才会正式公布于朝众。

具体的方法是这样的：由现任皇帝亲自书写立储谕旨，一式两份。一份密封在锦匣内，被安放在乾清宫"正大光明"匾后；另一份则由皇帝自己保存着。等到皇帝驾崩时，由御前大臣将两份遗旨一起取出，共同拆封，对证无误后当众宣布由谁来继承皇位。

至于清朝为什么要建立秘密立储的制度呢？有人说，清朝皇帝的传位制度与历代不太一样，既不一定传位给长子，也不预立太子，而是实行了一种秘密的立储制度。其实这种说法并不准确，因为在清朝，秘密立储制只不过是皇位传位制度的一种形式，而不能说是全部。在清朝的12位皇帝中，采用秘密立储方法选定的皇帝只有四位：乾隆帝、嘉庆帝、道光帝、咸丰帝这四位，其余八个皇帝都是通过其他继承方式登上皇位的。

比如清太祖努尔哈赤，他就是由当时的八大和硕贝勒商议推举，才得以登上汗位的。等到努尔哈赤死后，他的儿子清太宗皇太极也是通过贵族公推，最后继承皇位的。皇太极去世后，在王公贵族各不相让的情况下，清世祖福临才被推举为各方一致接受的新皇帝。看得出来，贵族公推制有一个很大的好处，就是被选举出来的皇帝都是当时条件下最为优秀的人物，努尔哈赤和皇太极就是如此。虽然福临即位时年仅 8 岁，但是摄政王多尔衮和济尔哈朗都是当时最优秀的，而福临长大后也十分优秀，没有辜负其母孝庄太后的谆谆教诲，成了一位十分出色的帝王。

福临去世之前，又特意指定由他的皇三子玄烨来继承他的皇位，也就是康熙帝。玄烨执政期间，也曾经实行过太子制，但还是以失败而告终。因此，在他去世前，他指定他的皇四子胤禛继位，也就是雍正帝。不难看出，这两位皇帝都是由皇帝遗命而登上皇位的，这种传位方式称为皇帝遗命制。皇帝遗命制虽然由皇帝一人指定，但事先还是会经过与王公贵族以及皇太后等人的共同协商，在参考其意见的基础上，最后才圈定一人。

因此，怎样立储，怎样传位，真是让皇帝们深感伤脑筋的一件事情。鉴于康熙帝在预立太子问题上的失败，胤禛于雍正元年（1703 年）八月，正式宣布秘密立储法——将他的继承人弘历的名字写好，并御笔《夏日泛舟诗》轴放匣中，置于乾清宫"正大光明"匾后，驾崩后从匣中取出宣读；又以密旨藏于内府，以备核对。这个方法成功避免了皇子争权而引起的激烈斗争，也避免了康熙帝晚年诸皇子互相倾轧的局面。雍正帝采用这种新的制度，选立了清朝的第六位皇帝——弘历，也就是乾隆帝。

不忍细读的大清史

第六章

盛世风流，却能独享高寿

　　乾隆帝弘历继位之初，实行宽猛互济的政策，务实足国，重视农桑，在停止捐纳、平定叛乱、访求书籍等一系列治国举措中，体现出他的政治才能与文治武功。乾隆帝精于骑射，向慕风雅，笔墨流留于大江南北。但是，乾隆帝多次征伐、耗费繁巨，导致晚年时国库财用耗竭，经济转衰。他还重用大贪官和珅，以至农民起义在其晚年层出不穷、此起彼伏，清王朝从强盛走向衰败。

仓促登基，稳定政局

康熙末年，胤禛忙于争夺储位的斗争，无力顾及对弘历的教育，因而弘历接受启蒙教育比其他皇族子弟都晚，直至九岁才入学读书。胤禛即位并决定弘历为储君之后，才加强了对他的教育。除原来教师福敏之外，还选派了朱轼、徐元梦、张廷玉、嵇曾筠、蔡世远等著名文臣辅导弘历学习文化知识和儒家经典，又以宗室重臣允禄、允禧等教其火器使用和弓马骑射。同时，还让他代行祭天、祭祖以提高其在全国臣民心目中的地位。在雍正帝的精心培养下，短短几年的时间，弘历便兼通满、汉文，遍习文武。

胤禛的第四子是弘历，他的生母是钮祜禄氏。弘历的二哥弘昐两岁时早殇，未曾与序行次；而与序行次的长兄弘晖、三兄弘昀又于康熙四十三年（1704年）、四十九年（1710年）先后去世，年长于弘历的只有弘时一人，所以弘历在雍正帝诸子中排行第四而实为第二子。康熙五十年（1711年）八月，弘历出生时，祖父玄烨已年迈，二伯父胤礽虽已不被康熙帝所喜爱，但仍居于法定继承人"太子"的地位，父亲胤禛仅是受封不及两年的雍亲王，母亲也不过是雍亲王身边的格格。当时，弘历的出世，也只是在康熙帝众多的孙辈中增添了一员而已，并未引起皇室甚至雍亲王府邸的特别重视。

由于弘历"性情放纵，行事不谨"，失欢于乃父，但却在康熙末年得到康熙帝的宠爱，使其父在争夺储位的斗争中处于颇为有利的地位，因而雍正帝即位之初，便把年仅十三岁的弘历作为自己心目中的储君。不久，雍正帝对康熙以来的建储方式进行改革，决定秘密建储。雍正元年八月，雍正帝亲书弘历之名并存藏于乾清宫"正大光明"匾额之后。这样，弘历便由一个普通的皇子上升为密定的储君，地位发生了极大的变化。

为了进一步培养从政能力，雍正十一年，雍正封他为宝亲王，让他参与处理平定准噶尔叛乱和平定贵州苗民起义等重要政治军事事务。弘历在雍正时期受到了全面而又严格的教育和训练，表现出色，深得信任。雍正十三年（1735年）八月，雍正帝突然去世，依照程序，宣读雍正帝建储密旨和有关手续，弘历便以继承人的资格，顺利地登上了皇帝宝座，改年号"乾隆"。

自清军入关至康熙、雍正朝，清朝的统治正处于向上发展的时期。两个皇帝励精图治，英武有为，都为清朝统治的巩固做出了重要贡献。然而，由于具体历史条件的限制，他们在处理统治阶级内部关系和制定的一些具体的政治、经济政策上，也存在着许多问题。这些问题的存在影响着统治阶级内部的一致，不利于政治、经济的进一步发展。因此，乾隆帝即位之初，便集中力量纠正前两朝特别是雍正朝的一些弊政，并在这一过程中施展了自己的政治才干。

皇室内部关系失调，是当时统治阶级内部颇为突出的一个问题。早在康熙末年，围绕着争夺储位这一中心问题，皇室内部便各立门户，自树党羽，明争暗斗，矛盾非常尖锐。雍正帝即位后，对政敌又大肆镇压，或者监禁，或者流放，或者杀戮；更为甚者，他对自己的主要政敌允禩、允禟等人，强行将其分别改名为阿其那、塞思黑，并残害致死，又祸及他们的子孙，削除宗籍。一时之间，皇室内部斗争变得空前激烈。尤其严重的是，此案涉及八旗贵族和功臣后裔甚多，既不能把他们尽行诛杀，又无法禁止其私下议论。尽管雍正帝在政治斗争上取得了成功，但由于在皇室内部结怨过多，在舆论上却处于极为不利的地位。

乾隆帝即位后，为了调整皇室内部关系失调的局面，收揽人心，缓和统治集团内部的矛盾，他首先将雍正帝长期监禁的政敌允禵等人释放出狱，恢复爵位。不久，又将允禩、允禟的子孙给予红带，收入玉牒，给予疏远皇族的待遇，同时，对于允禩集团中一些骨干成员，也分别赦免其本人及家属。乾隆帝的这些措施，在一定程度上缓和了原来十分尖锐的矛盾，为保持统治阶级各阶层人员的一致性，奠定了良好的基础。

在调整皇室内部关系的同时，乾隆帝还对雍正朝年羹尧、隆科多两案的遗留问题进行了妥善处理。年、隆两人都是雍正帝的佐命大臣，对其统治的建立和巩固都曾起过很大的作用；后被雍正帝视为隐患，立为专案，严厉惩办，对其友朋也从重处罚，冤案层出，株连过多，使许多官员和士子人人自危，怨声载道。乾隆帝即位后，便即恢复年羹尧"冒领军功案"内革职的文武官员的职务，其后，对于此案牵连所及的各起文字狱的人员也分别放回原籍。乾隆帝敢于纠正前朝的乱政，不仅缓和了一个时期中最高统治者和广大官吏、知识分子之间的紧张关系，也赢得了他们的好感和支持，无疑稳定了政局，有利于统治。

除此之外，乾隆帝还对雍正朝以来形成的中央政府和地方缙绅之间颇为紧张的关系进行了调整。地方缙绅是清朝统治的社会基础，雍正朝以前，清政府曾给予他们一定的特权，但是，他们并不满足于此，而是包揽词讼，横行乡里，鱼肉百姓，抗缴赋税，所作所为严重地危害了清政府的利益。至雍正时期，先后决定革除所谓儒户、宦户等名目，并推行了士民一体当差的政策，对其中的违法者予以严厉的打击。这些措施的推行，虽在一定程度上加强了朝廷对地方基层政权的控制，但却使政府和其政权的支柱地方绅衿之间的关系处于十分紧张的状态，长此下去，对于清政府的统治是十分不利的。乾隆帝看到了问题的严重性，立即放宽了雍正朝为惩治不法缙绅而制定的各项限制措施，对生员欠粮、包讼等不法事的处分分别改宽改缓；不久，又把举贡生员的杂色差徭一并豁免。这些措施，比较雍正帝的限制政策，应是一个倒退，但在当时却收到了扩大统治基础的效果。

一方面，乾隆帝调整统治阶级内部各种关系，扩大自己的统治基础；另一方面又采取步骤纠正或放弃雍正时期推行的一些错误政策和措施。例如，雍正帝由于崇信"祥瑞"，迷信炼丹长生之术，因而被臣下和僧道蒙蔽，严重影响了他的身体健康和政务。乾隆帝不信丹术，将宫中僧道驱逐出宫，下令严禁呈报"祥瑞"，"凡庆云、嘉谷一切祥瑞之事，皆不许陈奏"。从大的方面来说，雍正帝在施政过程中也产生这样或那样的失误。例如，他推行耗羡归公政策，地方官员便迎合他的谕旨，多征多交耗羡，结果却加重了人民的负担，地方官员的利益却不受任何损害；讲求地方官员的治绩，鼓励垦荒，地方官员则隐匿水旱、奏开垦，谎报政绩，而将负担转嫁到一般农民身上；为劝农而实施奖给老农八品顶戴的办法，实际上多为乡曲无赖所垄断；为解决八旗生计问题，曾在京师附近试行井田制，八旗子弟却盗卖官牛、出租土地，井田制变得不伦不类。对于这些问题，乾隆帝一即位就连颁谕旨，分别予以纠正。雍正十三年（1735年）十月，乾隆帝规定，以后各地奏报垦荒田亩时，"必详办查核"，"不得丝毫假饰以滋闾阎之累"。同年十一、十二月间，又连下诏书，命令江南、四川、陕西等地减少耗羡成数；乾隆元年（1736年）七月，停止实行老农顶戴之例；同年十一月，废八旗井田为屯田。乾隆帝以很大的勇气调整和纠正了雍正朝的某些失误政策，当然他也继承和发展了雍正时有积极意义的政策，这就使得乾隆朝的政治和经济在康熙、雍正两朝的基础上继续向前发展，对清朝统治全盛局面的出现，是一个良好的开端。

第六章
盛世风流，却能独享高寿

• • • • • •

重农恤商，百务俱兴

在弘历通过纠正前朝的一些弊政而使统治得到初步巩固的同时，他还采取种种措施，强化以皇帝为中心的封建君主专制统治，促进封建经济的发展。这些措施虽多是创自前朝，但经乾隆帝发展之后却进一步制度化，并在各方面都收到了较大的效果。因此，他在位期间，政治安定、经济发展、文化繁荣，清朝的统治进入了入关以来最兴盛的时期。

奏折制是乾隆帝在位期间确立的一项重要制度。以前官员报给皇帝的奏章，基本上依照明朝旧例，分题本、奏本两种，前者报公事，用官印，后者报私事，不用印，在手续上皆经内阁转呈才能到达皇帝手中。为了加强皇权，提高运转速度和保密程度，顺治康熙之际，在此两种文书之外，出现了不经内阁而直接与皇帝本人联系的奏折。但在当时，拥有此种权力的人员极少，而且也没有一定的品级规定。

雍正时期，拥有奏折言事权的官员逐渐增多，但奏折仍非正式公文。许多事情都是由官员本人先用奏折与皇帝秘密联系，在得到皇帝首肯之后，仍以题本、奏本形式经内阁正式上奏。乾隆帝即位后，对前朝拥有奏折权的官员予以承认，至乾隆十三年（1748 年），才正式下令停止使用奏本。这样，奏折最终取代了奏本，成为与题本并行的一种最重要的上行文书。

乾隆帝同雍正帝一样，严禁各地官员对上奏内容及皇帝批示互相泄漏。如乾隆八年规定："嗣后凡密奏事件，未经发出之先，即上司属员，概不得互相计议参酌。如有漏泄通同，一经发觉，按其情事轻重，分别治罪。"这些新规定，不但进一步削弱了内阁的权力，而且也使皇帝对各地情况的了解经常化，对于皇权的加强有着重要的意义。

乾隆帝还重建军机处并极大地加强其权力。军机处初建于雍正七年（1729 年）六月，原是为西北用兵期间军事上保密的需要而设置的。在此期间，有关西北用兵的一些奏折不经内阁而经由军机处直达皇帝，因此，这一机构的设置在客观上起到了加强皇权的作用。乾隆帝即位之初，曾一度将此作为前朝弊政之一而予以裁除，但不久又因实际需要而于乾隆二年十一月将此机构重新恢复，并在原来的基础上进一步增大了权力。雍正时，该机构在职军机大臣始终没有超过三人，其下所设的军机章京，也一直维持在十人左右。而军机处重建之后，乾隆帝扩大了军机大臣人数，任命鄂尔泰、张廷玉、讷亲、海望、纳延泰、班第等六人为军机大臣，军机章京也由原来的 10 人扩充至 16 人，满汉各半。

此后，随着其权力的加大和处理事务的增多，人数相应又有所增加。在对人员编制不断充实的同时，军机处处理事务也日益增多，权力愈加扩大，各项制度也不断趋于健全。以其处理事务而言，雍正时期的军机处，不过是西北用兵时"筹办军务"的临时机构，乾隆时期，则扩大到"内而六部卿寺，暨九门提督，内务府太监之敬事房，外而十五省、东北奉天、吉林、黑龙江将军所属，西南至伊犁、叶尔羌将军、办事大臣所属，迄至四裔诸属国，有事无不综汇"；其职责几乎无所不包，如帮助皇帝撰写上谕、处理奏折，审核内阁、翰林院所拟诏旨，议大政、谳大狱，为皇帝准备政事的参考资料，参与科举考试，奉派出京查办事件，陪同皇帝出巡、记录和积累有关档案等事务性工作，还对从中央到地方的各级文武官员的使用、任免提出草案，供皇帝本人选择等等。

乾隆十四年（1749 年），弘历将雍正时期铸造的"办理军机事务"的六字军机处印信改为"办理军机事务印信"，规定印信平时由内奏事处的夸兰达太监收存，用印时，由值班军机章京以镌有"军机处"三字的金鐍将之请出，用毕立即交还。为严格保密，军机处中的听差皆拣选 15 岁以下不识字的幼童充任，而在军机处值庐，还有专派的御史往复稽查，不准任何人窥探。如有地方督抚官员通过各种方式向军机章京刺探情况，必严加处理。尽管军机处在国家政治生活中发挥着如此重要的作用，但乾隆帝却始终未设专官，未立衙署；其职权范围虽广，但不过是仅供"传述缮撰"，"而不能稍有赞画于其间"的一个皇帝私人的秘书班子而已。因此，军机处权力的加大，仅仅是皇帝个人权力的加大。通过军机处的重建，乾隆帝不但将传统的议政王大臣会议的旧有权力剥夺殆尽，使其名存实亡，而且也使明朝以来的内阁形同虚设。与奏折制度一样，军机处的重建及其机构、制度的健全，都进一步强化了乾隆帝的君主集权。

坚持雍正帝以来的秘密建储制度，并从理论上加以阐释，是乾隆帝加强君主专制统治的另一个重要措施。雍正帝创立了这一制度，并没有从理论上加以说明，它还不被统治阶级中的多数人所理解。弘历在即位之初，也只是依雍正时期旧例，亲书建储密旨，"照旧收藏"，而在思想上仍然把它看作是"酌权济经之道"，还没意识到后世子孙一定要执行照办。随着弘历儿子们的渐次成人和其统治经验的不断丰富，他越来越认识到明立太子的害处和秘密建储的好处，这才开始进行反复的阐释。他指出，"储贰一建，其弊丛生，不特金壬依附，易启嫌隙，而名分早定，日久必致流于骄佚而不自知"。"有太子然后有门户"，"盖一立太子，众见神器有属，幻起百端。弟兄既多猜嫌，宵小且从而揣测，其懦者逢迎以陷于非，其强者设机媒蘖以诬其过，往往酿成祸变，遂致父子之间，慈孝两亏，家国大计，转滋罅隙"。

因此，他认为"建储册立，非国家之福，召乱起衅，多由于此"，而秘密建储可以避免上述弊端。他说，这样做是为了"不肯显露端倪，使群情有所窥伺，此正朕善于维持爱护之深心也"。但是，朝廷和地方的一些官员不赞成这一办法，不断上疏，建言立储。乾隆帝对他们严加斥责，甚至说他们是"离间父子、惑断国家之人"。他断然表示："以后谁如提及此事，朕必将伊立行正法，断不宽贷。"这样，制止了朝野思想的混乱，制度得以确立起来。这一制度，对于因皇室人员争位而招致国家动乱，起到了抑制的作用。

打击朋党、改善官吏队伍状况，也是乾隆帝加强君主专制的一个重要方面。弘历即位之初，辅政大臣鄂尔泰和张廷玉在朝廷各有一帮势力，他们以民族、同乡、血缘、登仕途径等关系而各结为门户。如张廷玉原籍安徽桐城，于是，桐城张氏一族赖其势力而登仕的有张廷璐等 19 人，与其联姻的桐城姚氏，有姚孔振等 13 人在仕；同样，鄂尔泰在满洲贵族中也有较多的追随者。如果任其发展，对乾隆帝加强自己的君主专制统治将十分不利。在这个问题上，明末党争是个深刻的教训。他反复告诫臣属不得依附逢迎，还利用机会对之加以限制，甚至对其为首者进行打击。

乾隆十四年（1749 年）十一月，张廷玉以原官致仕时，乾隆帝曾特颁谕旨，许其身后配享太庙，但很快因他未曾亲自谢恩而收回成命，还削去其伯爵爵位。乾隆二十年（1755 年），乾隆又制造了"坚磨生诗抄案"，将鄂尔泰的两个亲信胡中藻和鄂昌处死，借此机会将鄂尔泰的牌位也撤出贤良祠，以为大臣植党之戒。与此同时，他还有计划地改变旧有官吏队伍的组成成分。这一工作不仅对原有官吏的升转乾纲独断，丝毫不假手于人，而且在遴选新任官吏时，也注意选拔与上层官僚关系不深的出身寒微之士。

乾隆初年，他接连开博学鸿词科、经学特科等，其用意即在于此。经过一段时期的调整，形成了以君主为核心的一支官吏队伍，对全国臣民的控制大大加强了。除了上述各项措施之外，弘历还汲取历朝统治的经验教训，对内监干政和宗室擅权等方面也颇为注意。他即位之初，就对太监中的不法分子进行惩治，而后又对包括自己儿子在内的宗室的不法行为严加处罚。乾隆帝将此两项政策贯彻始终。在乾隆帝在位的六十年中，内监活动相当收敛，宗室地位也相对较低，都未构成对皇权的威胁。这些措施，对于他皇权的极度扩张，也都起过重要的保障作用。

　　为了维护君主在全国臣民面前至高无上的地位，乾隆帝还继康熙帝、雍正帝之后大兴文字狱，对各级官吏、士子和百姓的思想进行严密控制。他制造的文字狱，不仅像前朝一样对敢于收藏具有反清色彩的"国初伪妄诗文"和"明季末造野史"的文人进行严厉惩罚，还将有碍专制统治的当代人的著作也一并列为重点打击对象。因此，这一时期文字狱的名目和数量都是空前的：以名目而言，有什么妄议朝政，谤讪君上；隐喻讥讽，私怀怨望；诋毁程朱，倡为异说；妄为著述，不避圣讳；捏造妖言，狂诞不经等。

　　乾隆时期社会经济繁荣局面的形成，从根本上来说，是明末农民大起义打击地主阶级、破坏封建生产关系的结果，是清初以来广大人民辛勤劳动的结果。但是也应看到，清朝建立后几代统治者包括乾隆帝不断加强君主集权而出现的长期的安定局面和鼓励农业生产、促进经济发展的政策，也为经济的发展创造了良好的客观环境。在这一社会经济繁荣局面的形成过程中，乾隆帝弘历起了一定的推动作用。

乾隆帝的"十全武功"

　　加强对边疆地区的控制，以巩固国家的统一，这是乾隆帝一生中的重要实践活动。他继康熙、雍正两朝之后，对西北用兵，平定西藏，抗击廓尔喀入侵，坚持对西南少数民族地区实行改土归流，这些军事政治活动将西北、西南地区少数民族的割据政权削除净尽，使得清朝中央政府直接控制的版图超越了历史上的任何一个王朝。而弘历制定的各种措施，将中央政府对边疆少数民族地区的有效管理提高到了一个新的水平。

弘历的这些活动，对于进一步开展国内各民族之间经济、文化的交流，对于国家统一的进一步巩固，都做出了重要的贡献。

准噶尔部是我国西北地区的厄鲁特蒙古诸部之一，康熙中期以后，该部崛起，先后兴兵进犯喀尔喀、青海和西藏等地。为了维护国家的安定和统一，康熙、雍正两朝曾先后对西北用兵。军事打击虽使准部上层贵族对相邻地区的进犯活动有所收敛，但是清政府也没有实现对西北边疆进行直接统治的最终目的。

乾隆十五年（1750年）后，准部上层贵族发生了争夺汗位的内讧。最初，喇嘛达尔札联合其他贵族杀死策妄多尔济、纳木札尔而夺得汗位；不久，喇嘛达尔札又被达瓦齐和阿睦尔撒纳所推翻，汗位又被达瓦齐夺去；接着达瓦齐又因争权夺利和阿睦尔撒纳兵戎相见。准部上层贵族争夺汗位的斗争，使得本部和附近各部的广大牧民与中下贵族深受其害。为了摆脱战争灾难，萨喇尔、三车凌等先后率部内迁。乾隆十九年（1754年），在争夺汗位斗争中失败的阿睦尔撒纳也率领二万余人投降清朝，达瓦齐政权已经处于众叛亲离的境地。在这种情况下，乾隆帝为实现康熙、雍正两朝的"筹办未竟之绪"，对西北地区准部的分裂势力展开了新的军事打击。

这次战争，分为平定达瓦齐和平定阿睦尔撒纳叛乱两个阶段。乾隆二十年（1755年）春，乾隆帝调动大军，分北、西两路进军西北。由于达瓦齐政权已不得人心，清军"兵行数千里，无一抗者"，不过三个来月，便攻下西北重镇伊犁，将达瓦齐擒获。清政府此次出师取得了重大的胜利。

然而，正当清政府处理善后事宜的时候，一度投降清政府的阿睦尔撒纳为了实现自己做"四部总台吉，专制西域"的野心，竟置国家与民族利益于不顾，于乾隆二十年（1755年）九月，又悍然发动了大规模的武装叛乱。由于此时大部分清军已经撤走，除少数据点外，北疆大部分地区又很快沦陷。在阿睦尔撒纳的煽动下，喀尔喀蒙古的个别上层贵族如青滚杂布等也揭起叛旗，武装反清。乾隆帝不能坐视叛乱继续蔓延和扩大，便于乾隆二十二年（1757 年）再度出兵西北。在清军的打击下，阿睦尔撒纳政权土崩瓦解，阿睦尔撒纳被迫逃亡俄罗斯，此后不久患病死去。西北地区重新处于清朝中央政权的控制之下。

弘历平定准部上层贵族叛乱的军事行动无疑对维护国家统一有着重大的积极意义。但是，这次战争毕竟是封建统治者进行的统一战争，在战争中，清军对当地人民的屠杀非常残酷，致使战后当地人口锐减，社会经济也受到很大的破坏。在准部上层贵族的叛乱被平定下去之后，从乾隆二十二年（1757 年）到二十四年（1759 年），弘历又进行了平定天山南路维吾尔族宗教首领大小和卓武装叛乱的军事活动。

维吾尔族是世居我国新疆地区天山南路的一个少数民族。清初，准部贵族称雄西北，维吾尔族广大人民和其他西北各部一样处于准部贵族的统治之下。维吾尔族人民要向准部贵族交纳为数甚巨的各种贡赋，他们的宗教首领阿布都什特、玛罕木特及其二子波罗尼都、霍集占兄弟，还相继被噶尔丹、策妄阿那布坦、噶尔丹策零等长期拘禁于伊犁。阿睦尔撒纳发动叛乱期间，为了争取维吾尔族贵族的支持，对其政策有所改变。他释放波罗尼都返回维吾尔族本部，还诱使留居伊犁的霍集占兄弟率领准噶尔本部的回教徒也参加了叛乱。清政府平定阿睦尔撒纳武装叛乱的胜利，使广大维吾尔族人民最终摆脱了准部贵族的统治和压迫，在乾隆帝派遣使者商讨和平统一南疆的问题时，包括波罗尼都在内的许多维吾尔族有识之士都表示："安集回地各城人民，听候大皇帝谕旨。"这反映了维吾尔族人民的共同愿望。然而，刚从伊犁逃归的霍集占兄弟却妄图借此实现其割据的野心，在他的唆使下，前来商议和平统一事宜的清朝使臣被杀害，南疆形势急转直下，一场新的武装叛乱又爆发了，史称大小和卓叛乱——其中"大和卓"即波罗尼都，他虽以为清廷"恩不可负"，但却仍参加了叛乱；"小和卓"即霍集占。

乾隆二十三年（1758 年），弘历派遣靖逆将军雅尔哈善等率满汉官军，由吐鲁番进攻维吾尔部北方门户库车，并在大败霍集占援军之后攻克该城。不久，又派遣战功卓著的将军兆惠率军挺进南疆，攻打叛军的主要据点叶尔羌城。乾隆二十四年（1759 年）春，定边右副将军富德又率军南下，清军遂分两路进攻叛军据点叶尔羌、喀尔喀什两城，在清军的强大攻势下，霍集占兄弟率领残部突围而出，西逃至巴达克山，被当地首领擒杀。大小和卓木掀起的武装叛乱最后被平定下去。

准噶尔部和维吾尔部叛乱的平定，使得清朝政府直接控制的领土极大地得到扩展。为了加强对这些地区的管理，乾隆二十七年（1762 年），清政府于惠远城设伊犁将军，作为"总统新疆南北两路事务"的最高军政长官。在伊犁将军之下，在乌鲁木齐设都统，统辖乌鲁木齐、古城、巴里坤及吐鲁番等地驻军；在塔尔巴哈台设参赞大臣，统辖塔城的驻军；在南疆喀尔喀什、叶尔羌、英吉沙尔、和阗、乌什、阿克苏、库车、辟展等城设"办事大臣"或"领队大臣"，对当地实行军事统治。这些措施，进一步加强了中央政府对新疆地区的管理，对维护国家统一和领土完整发挥了重要的作用。

清政府平定准部上层贵族武装叛乱的胜利，解除了长期以来准部上层贵族对相邻各部的压迫。这一事件的直接后果，是乾隆三十六年发生的土尔扈特部的重返祖国。土尔扈特部是我国厄鲁特蒙古四部之一，清军平定准部上层贵族的武装叛乱不久，即乾隆三十五年（1770 年）十一月，土尔扈特部渥巴锡汗便率领部民 17 万，不顾沙俄的重重阻挠，毅然踏上归途。经过八个月的长途跋涉，克服了给养缺乏、疾病流行等难以想象的困难，终于在乾隆三十六年（1771 年）六月进入中国境内，从而实现了他们长期以来要求返回祖国的愿望。

弘历对土尔扈特部的归来十分重视，专派陕西巡抚文绶前赴巴里坤等地，购办牛羊、衣物，接济他们的生活；不久，又指令伊犁将军舒赫德负责"分地安居，使就米谷而资耕牧"；张家口都统常青负责解送当地牧群"驱往供馈"；陕甘总督吴达善负责"发帑运茶，市羊及裘"。在安排好他们的生活之后，乾隆帝又在热河避暑山庄附近接见渥巴锡等土尔扈特部首领，分别赐封为卓哩克图汗、亲王、郡王、贝勒、贝子、辅国公、台吉等，使其"管理所属，咸务生理，延及子孙，永荷安全之福"。

这是一件盛大的喜事，乾隆帝欣然命笔，亲撰《土尔扈特全部归顺记》《优恤土尔扈特部众记》《御制土尔扈特部纪略》等重要文章，记载土尔扈特部回归祖国的艰难历程。土尔扈特部重返祖国是乾隆帝经营西北边疆所取得的一项重要成就，这在当时及以后都有着深远的历史意义。

加强对西藏地区的管辖，也是乾隆帝在位期间巩固西南边疆的一项重大政治实践活动。入关之初，以达赖喇嘛为首的西藏地方政府即已归服清朝中央政府的统治。康、雍时期，清朝政府先后平定准部贵族策妄阿那布坦对西藏的侵犯，委任西藏地方政府，设立驻藏大臣等，加强对西藏地区的管辖。在康、雍两朝的基础上，乾隆帝又通过出兵平定西藏叛乱，抗击廓尔喀入侵，对其政治、宗教等方面的旧有制度进行改革，而使清朝中央政府对西藏的控制进一步得到了巩固。

乾隆十五年（1750 年），西藏发生了以郡王珠尔墨特那木札勒为首的地方贵族割据势力的武装叛乱。在叛乱中，珠尔墨特那木札勒被驻藏大臣处死，但是两位驻藏大臣傅清、拉布敦也同时遇害。以达赖喇嘛为首的广大僧俗和入藏清兵联合作战，这次叛乱很快即被镇压下去，然而这次叛乱却表明：让西藏个别贵族拥有过大的权势，很不利于西藏政局的安定和中央政府对西藏的统治。弘历意识到这一点，便于乾隆十六年（1751 年），在平叛斗争胜利后，立即废除了旧有的藏王制度，并成立了由四名噶隆组成的西藏地方政府噶厦；不久，又制定《西藏善后章程》，提高了达赖喇嘛和驻藏大臣的权力，还决定在西藏长期驻军 1500 名，这就从政治上和军事上都加强了中央政府对西藏地区的管理。

中央政府对西藏地区的管理虽然有所加强，但由于西藏统治集团内部矛盾错综复杂，西藏政局仍不平静。至乾隆五十二年（1787年）和五十六年（1791年），又先后两次遭到廓尔喀的入侵。尤其是后一次，廓尔喀侵略军在西藏上层贵族沙玛尔巴的勾引下，竟深入到西藏内地日喀则一带烧杀抢掠，给广大藏族人民带来了极大的灾难。乾隆帝即派遣大将军福康安率军入藏，将侵略军全部驱逐出境。

次年，即乾隆五十七年（1792年），经弘历批准的《钦定西藏章程》颁布实施，对西藏地区的政治、宗教、军事和外交进行了全面的整顿和改革。在政治事务上，该章程规定，驻藏大臣在处理藏内事务方面与达赖、班禅的地位平等，拥有监督管理和任免西藏各级官员的极其广泛的权力；在外交事务上，规定由驻藏大臣主持对外交涉，禁止噶隆以下的地方官员和外国私下联系。所有这些，都进一步加强了清朝中央政府对西藏地区的管辖，同时也限制了地方割据势力的发展，有助于西南边防的巩固和西藏地区政局的安定。

在西南地区，乾隆帝继续执行雍正朝以来改土归流的政策。他的主要活动，是在乾隆十二年（1747年）至十四年（1749年）及乾隆三十六年（1771年）至乾隆四十一年（1776年）两次平定大小金川土司的武装反抗。

大小金川位于四川西北大渡河的上游，是我国藏族人民的聚居地之一。清初，两金川土司头目先后接受清朝的统治，而清朝也对他们传统的世袭统治制度予以承认。乾隆初年，大金川日益强盛，土司莎罗奔不断侵扰相邻各部，兴兵攻打小金川，劫持了土司泽旺及其印信；不久，又出兵攻掠革布什札、明正两土司。为了惩治大金川对邻部的侵犯，乾隆十二年（1747年），乾隆帝调动三万大军，分两路进攻大金川。然而，由于当地山势险峻、气候恶劣和将领指挥失宜及间谍混入等许多原因，直到乾隆十三年（1748年）夏秋之际，清军仍然没有取得什么进展。乾隆帝势同骑虎，又增兵、增饷，特派大学士傅恒前往该地指挥作战。傅恒至军后，采取了岳钟琪选精锐深入的作战方略。乾隆十四年（1749

年）二月，清军进逼莎罗奔老巢勒乌围，莎罗奔被迫乞降。

但是，各土司之间的武装冲突仍然经常发生。为制止各土司之间的武装冲突，乾隆三十一年（1766 年），四川总督阿尔泰采取了让大小金川和各土司之间相互联姻的措施。这一措施暂时制止了各土司之间的相互攻掠，但却为大小金川及相邻土司的联合反清准备了条件。乾隆三十六年（1771 年），大小金川土司索诺木、僧格桑分别攻掠附近土司，乾隆帝决定再度出兵。清军取各个击破之策，先尽全力攻打小金川，乾隆三十七年（1772 年）底，攻克其主要巢穴美诺，僧格桑逃往大金川。次年春，清军转向进攻大金川。指挥作战的温福腐朽无能，这一年夏天，在索诺木的反攻下，清军遭到严重失败，连同前已攻克的小金川也一并丧失。乾隆帝又任命阿桂为定西将军，调集军队，重新组织进攻。冬天的时候，再克小金川，而后，又师出三路，进攻大金川。经过两年的战斗，至乾隆四十年（1775 年）底，终将大金川平定。这时，乾隆帝决心彻底推行改土归流的政策，在小金川旧地设美诺厅（后改名懋功厅），在大金川旧地设阿尔古厅，皆隶属于四川省，还分别在其险要地区设兵镇守。从此，这一地区结束了混乱相争的局面。

清初以来，经过历朝特别是乾隆皇帝对边疆地区的经营，到十八世纪后半叶，我国形成了历史上空前统一的局面。在北起恰克图，南至南海诸岛，西起巴尔喀什湖，东至库页岛极其辽阔的土地上，居住着以汉族为主体的几十个民族的人民。为了维护国家的统一，以乾隆皇帝为代表的清朝统治者坚持"修其教而不易其俗，齐其政而不易其宜"的原则，对少数民族的宗教信仰和生活方式表示尊重，对其上层贵族则授以爵位和与之联姻，多方笼络。这些政策取得了极大的成功，他在位六十余年，各少数民族地区基本上保持了长期安定的局面。所有这些，都有利于全国各地包括边疆地区经济文化的发展，并推动清朝迅速走向全盛。

《四库全书》的编纂

弘历即位之初，就立即开始组织学者修史，编撰各种书籍，其中著名的有《国朝宫史》《续三通》《清三通》《通鉴辑览》《大清一统志》等等，总数不下数十种。为了充实国家藏书，还于乾隆六年（1741年）正月颁布谕旨，征求"业在名山，而未登天府"的名家著作。乾隆中期以后，他又以组织编纂《四库全书》为中心，进行了一场更大规模的系统整理和总结中国古代文化的活动。

乾隆帝十分重视文化，他决意对社会上全部现存文献进行整理，首先广泛征集图书，不断颁布求书谕旨。在这些谕旨中，他指示地方各级行政官员必须将求书作为一件大事来抓，同时，还为征求遗书制定了具体政策："在坊肆者，或量为给价"；家藏者"不妨缮录副本，仍将原书给还"，"一切善为经理，毋使吏胥借端滋扰"。他意识到广大臣工百姓因惧怕以文字获罪而产生的畏疑情绪，亲自反复进行解释，还以皇帝题词、赏赐图书、《总目》留名等手段奖励藏家献出家藏秘籍。经过他的多方努力，至乾隆三十八年（1773）九月，从全国各地征求的图书已逾万种，从而大大地充实和丰富了国家藏书。他还组织许多学者从内府所藏的《永乐大典》中辑出佚书五百多种，为这一时期古典文献的全面整理开拓了一个新领域。

在征求遗书活动取得很大成就之时，乾隆三十八年初，他决定在对全部现存文献进行整理的基础上，编纂一部巨型丛书《四库全书》和一部大型目录书《四库全书总目》。这是一项巨大的工程。为了保证这一工作的顺利进行，乾隆三十八年二月，根据他的指示，"四库全书馆"

正式成立，许多知名学者先后被征召入馆，分别担任纂修、校理等职。这样，一个以整理古典文献为主要内容的编修《四库全书》的工作便开始了。

根据乾隆的历次指示，在两书纂修的过程中，各纂修官分别对各地征集到的每一种书籍的不同版本进行校勘，并就作者、成书时代、内容异同、版本优劣诸方面进行考证，将其校勘、考证成果以另纸粘于该书每卷之末；同时，还仿汉朝刘向校书的旧例为每书撰写一篇提要，内容包括作者的时代爵里、本人事迹以及该书版本、卷次、内容价值等，并以该书的价值为据，拟出应刻、应抄、应存目三种意见，候旨决定。经乾隆皇帝同意后，其中，应刻、应抄两部分书籍皆交缮书处组织人员按已定规格进行抄录，收入《四库全书》；所有应刻、应抄、应存目三部分书籍提要，则均按类例汇为《四库全书总目》。

因为纂修的这两部书籍卷帙浩繁，不易翻阅，因而在两书编修正式开始不久，乾隆三十八年五月和乾隆三十九年七月，乾隆帝又分别指示在两书基础上另编《四库全书荟要》《四库全书简明目录》两书。前者为《四库全书》"撷其精华"，后者则略去《四库全书总目》中的总序、各类小序和存目部分书籍的提要，仅对《四库全书》所收之书各做简单介绍。乾隆四十一年九月，又将收入《四库全书》的各书校勘记录也另行抄出，汇为《四库全书考证》一书，付聚珍版刊刻，以广流传，从而更加丰富了这次文献整理活动的内容。

在组织学者对社会全部现存文献进行整理的同时，乾隆帝还极为重视这批文献的收藏和流传。为了达到防火、防潮、防蠹、长期保存图书的目的，四库全书馆开馆不久，即派专人赴宁波了解已有二百多年藏书历史的范氏天一阁的建筑情况，并依其式样在紫禁城、盛京故宫、圆明园、热河避暑山庄等处分别建造了文渊、文溯、文源、文津等内廷四阁；其后不久，又以江浙为人文渊薮之地，在扬州、镇江、杭州等处建立南三阁，续抄三部《四库全书》存储其间，以便文士及研究者"就近观摩誊录"。不仅如此,乾隆帝还指示,另抄《四库全书》副本一部,贮于北京翰林院,供愿读的词馆诸臣和北方文士抄阅。此外,再辟紫禁城御花园后的摛藻堂、圆明园之味腴书屋储放《四库全书荟要》。这些措施,对这一重要文献起到了保存和传播的作用。

在弘历的直接领导下,经过全馆人员的共同努力,继乾隆四十三年《四库全书荟要》首先告成后,乾隆四十六年至五十二年,八部《四库全书》亦先后抄写完毕,并陆续入贮各阁。而《四库全书总目》和《四库全书简明目录》等书也在经过反复修改之后由武英殿刊出。《四库全书》总计八部,每部79309卷,分装36300余册,6752函;《四库全书荟要》两部,每部19930卷,分装成11200余册,2001函,分别储存于政治中心的华北和文化发达的江浙等地。这就是说,在十几年的时间里,国家藏书量便增加了70万卷,30多万册。乾隆帝亲自领导编纂《四库全书》,集中全国优秀人才,投放大量资财,终于告成,这实在是我国古代文化发展史上的壮举。

编修《四库全书》,是乾隆帝亲自主持的一次空前规模的文化整理活动,这一活动把清代的学术研究及文化事业推向繁荣的顶峰。首先,由于该书的纂修是结合从《永乐大典》中搜辑佚书和大规模地征求民间遗书两项活动同时进行的,这就使《四库全书》和《四库全书总目》两书的收书范围和质量都远远地超过历代。各地藏书家累世珍藏的宋刻、元抄善本书和失传几百年而文献价值极高的珍本秘籍都因之化私为公,化零为整,再加之《四库全书》在纂修中,对各书进行了分门别类的系统整理,从而使大批珍贵的古典文献赖此得以保存和流传。据统计,《四库全书》收录的书达3461种,《四库全书总目》介绍的书达10254种,基本上将明代以前特别是元代以前的主要著作做了收录和介绍,为后人研究古代政治、经济、科技、文化保存了可贵的资料;其次,由于《四库全书》修成之后分八处存放,因此许多学者可以就近借阅。作为这一事业的主要主持人和开创者,弘历做出的贡献是不可泯灭的。

然而，弘历在主持纂修《四库全书》的过程中，也对中国古代文化的保存和流传犯下了不可饶恕的错误。他在位期间，不但先后制造了多起文字狱，禁锢学术思想的自由发展，而且在《四库全书》的纂修中，还寓禁于征，通过征求民间遗书、查缴禁书等活动，对全部现存文献进行了一次总审查，使许多极有价值的古典文献尤其是有关明清之际的不少历史著作遭到查禁、销毁的厄运。

据说，在《四库全书》纂修期间，因为各种罪名而遭销毁的图书约在 3000 种左右，几乎跟《四库全书》的收书量大致相等，损失是惨重的，这是自秦始皇焚书坑儒以来中国古代文化的又一次浩劫。一些图书即使侥幸未被销毁，也因为不符合乾隆帝规定的"为天地立心，为生民立道，为往圣继绝学，为万世开太平"的封建道德标准而被判为"存目类"，有目无书，不收入《四库全书》，甚至有的连"存目类"也不予登录。一些图书虽因影响较大而不得不收，但也因忌讳多端而对其中内容加以抽毁和篡改，使许多珍贵古籍或遭肢解，或者严重失真。在这一点上，弘历是不能原谅的。

大贪官和珅

和珅，生于乾隆十五年（1750 年），是清代满汉大学士中最为显赫的人物。他在乾隆朝任职 20 余年，举凡朝廷的军政、财务，皆由其专揽；又是清朝最大的贪官，家中堆满珍宝异物，价值难以统计。他所造成的不良影响，对清朝的中衰起了推波助澜的作用。

和珅的五世祖尼牙哈纳巴图鲁在清军入关中立有战功，被授予三等轻车都尉世职；叔祖阿哈硕色在康熙年间，随驾征准噶尔时，"追贼阵

亡"，后追叙其军功，赠和珅之父常保一等云骑尉（并承袭三等轻车都
尉世职），常保还兼任过福建副都统。和珅年少时，曾在咸安宫官学就
读，受到了良好的训练，学到了不少本领。乾隆三十四年（1769 年），
他承袭其父世职，并以满洲官学生被挑选入銮仪卫，充当浑唐阿（皇帝
轿前的执事人）。

　　有一次，弘历出巡，车驾将发，因仓促间找不到黄盖而大怒，大喊：
"是谁之过欤？"随行人员皆瞠目相向，不知所措，只有和珅应声回答
说："典守者不得辞其责。"乾隆帝顺着声音看到了和珅，见他仪表俊
秀，音响洪亮，高兴地说："若辈中安得此解人。"一路上，乾隆帝问他
家世年岁，读过什么书。和珅虽无多大学问，但由于读了一些"四书"
"五经"，能熟练地背诵某些段落，加之机灵善辩，奏对颇使乾隆帝满
意，觉得他是一个人才。

　　乾隆三十七年（1772 年），和珅被派为总管仪仗，升任三等侍卫。
他不仅受到弘历的宠信，也得到身居显位的英廉（曾任刑部尚书兼正黄
旗满洲都统、大学士、直隶总督）的青睐，英廉将自己亲手抚养大的心
爱的孙女嫁给他为妻。

　　乾隆四十年（1775 年），和珅被擢为御前侍卫兼正蓝旗满洲副都统，
从此加官晋爵，平步青云，几年之内，任至军机大臣、大学士，还先后
兼任、担任吏部尚书、户部尚书、理藩院尚书、内务府总管大臣、九门
提督、领侍卫内大臣、满洲都统等要职，封一等忠襄公，位极人臣，秉
权 20 余年。和珅发迹之迅速，在封建社会的官场中亦属罕见，其原因是
多方面的。

　　首先，封建专制主义在清代达到了登峰造极的程度，"乾纲独断"
已成为最高统治者的唯一信条。乾隆帝晚年陶醉于"盛世"之中，喜听
谀言而不容谏言，更不容对时弊有所指责。他对广大人民群众进行残酷
统治、镇压，在统治集团内部则罗织文字狱，以望文生义、捕风捉影的
手段，加上莫须有的罪名，通过制造浓重的恐怖气氛，显示皇帝生杀予

夺的专制淫威。其结果是，文人士子惴惴自危，从中央到地方的各级官吏惶恐不安，无不看乾隆帝的眼色行事，这就给和珅这个最善于察言观色的人物的晋升创造了有利条件。

其次，当时朝廷上虽有元勋阿桂等人存在，但对和珅的贪横却无可奈何。阿桂之父阿克敦官拜协办大学士，阿桂以满洲世族而屡建奇功，乾隆四十二年即升为武英殿大学士，相当于首席宰相。但此后十余年间，他经常被乾隆帝派任外差，或赴各省治河，或赴各地查办朝廷命案，或率军出外镇压各地人民的反清武装起义等等，加之明哲保身，缺乏与和珅进行斗争的精神。如史籍所述："乾隆末，和珅势渐张，阿桂遇之不稍假借。不与同直庐，朝夕入直，必离立数十武，和珅就与语，漫应之，终不移一步。阿桂内念位将相，受恩遇无与比，乃坐视其乱政，徒以高宗春秋高，不敢遽言，遂未竟其志。"这就助长了和珅的擅权。

再次，和珅聪明机敏，博闻强识，不但能诗善画，对满、汉、蒙、藏等语言文字也有所知晓，而且有较强的工作能力。这在当时朝廷官员中是很少见的，使他在随侍皇帝处理大事中处于有利的地位。另外，和珅也曾为乾隆帝整饬贪污之风效过力。乾隆四十五年，云南粮储道海宁揭露了云贵总督李侍尧贪纵营私后，乾隆帝立即命和珅处理此事。他一到云南，拷问李家仆人，查出许多证据，接着又上疏陈奏云南吏治废弛、府州县多亏帑等情形，回京后又向皇帝面奏了云南盐务、钱法、边防等情况，"多称上意，并允行"，显示了和珅处理政务的才能。和珅还很"善体圣心"，对皇帝的起居可谓体贴入微。每当乾隆帝"有咳唾之时"，作为堂堂大学士的和珅竟"以溺器进之"，这无疑是他获得宠信的重要因素。

弘历晚年记忆力大减，智力迟钝，往往"早膳已供，而不过霎时，又索早膳，宦侍不敢言已进，而皇帝亦不觉悟，其衰老健忘，推此可知"。每当朝鲜等国使臣谒见乾隆帝时，和珅均为出纳帝命之人。例如，嘉庆元年（1796年）正月，朝鲜使臣为祝贺嘉庆帝即位，来到北京圆明园后，"太上皇帝使阁老和珅宣旨曰：'朕虽然归政，大事还是我办。你们回国问国王平安，道路遥远，不必差人来谢恩。'"和珅在对外事务中尚且有如此大的权力，那么他在对内政务中的左右力就可想而知了。

同当盛世，各有千秋

一直以来，弘历都十分崇拜他的祖父康熙帝玄烨，为政处处效法。因此将弘历与玄烨相比，会发现他们二人有很多相似的地方：他们都曾举行过博学鸿词科考试，都曾多次南巡，都有着雄才伟略并且勤于政事、励精图治；都善于对汉族知识分子实行笼络政策，但又都实行思想文化专政、大兴文字狱，着力打击对清朝有不满情绪的知识分子。然而，他们二人也还是有一些不同的。

谈及武功，弘历貌似真的比不上玄烨。玄烨曾经平定三藩、统一台湾，曾经打败俄国侵略军于雅克萨、三征噶尔丹，这些功绩，都有着重大历史意义和价值。而弘历曾夸耀"十全武功"，有些的确值得称道，比如进攻准部、回部，抗击廓尔喀侵略；攻打金川，也有一些成果，但是损失却有点大了；其他就真不值得称道了，比如进攻缅甸、安南之役，就是一项不义之举。

谈及文治，弘历似乎比玄烨更胜一筹。他们二人都十分注重发展文化事业，在世时出了很多著名学者，编辑了很多有价值的书籍。比如，康熙朝编有《康熙字典》《历象考成》《佩文韵府》等；乾隆帝时期则完成了《大清一统志》《续文献通考》《皇朝文献通考》《大清会典》，尤其值得一提的是《四库全书》。乾隆时期，乾嘉学派开始形成。通过一番比较，可以看出，弘历在文治上的成就比玄烨突出。然而，弘历毁书多，则是他一生最大的罪过。

他们二人为政风格，可以用"难分优劣"四个字来形容。玄烨宽仁，弘历宽严相济：玄烨即位之初，民族矛盾严重，百业待兴，为消除满汉矛盾，需要宽仁；而弘历为缓解因雍正帝胤禛的严酷造成的统治上层矛盾激化，需要宽，但吏治腐败抬头，又需要严。在对外关系方面，康熙帝比乾隆帝开放得多。康熙初年还执行海禁政策，但统一台湾之后，康熙帝便开了海禁，鼓励人们出海贸易，开放了澳门、漳州、宁波、云台山作贸易港口。而乾隆帝即位后却严格限制对外贸易。乾隆二十二年，只许广州一处通商，设立十三行，约束外商活动，限制商民出海。

在生活方面，弘历比玄烨就差之远矣。康熙帝崇实尚简，自觉减少宫中费用；而弘历则好大喜功，耗费国家钱财毫不怜惜。他们二人都曾六次巡江南，玄烨六次南巡是为解决治河问题，轻车简从，仅建了少数行宫，大部分地方住在地方官员的衙署里。而弘历南巡时，不仅沿途地方官要进献山珍海味，还要从全国各地运来许多食品，连饮水都是从北京、济南、镇江等地远道运去的著名泉水。

在性格方面，他们二人差距也大。玄烨稳重，弘历则易感情用事。乾隆十三年（1748年），皇后富察氏死了，弘历对此十分悲痛。盛怒之下，弘历因为一些芝麻小事，居然处分了大员100多人，而在此以前的13年中，他只处分过1人，那就是提督鄂善。从此事看来，弘历的有些行为还是不够成熟。而玄烨晚年，皇子争位，也闹得他够伤心的，但他就没有这样感情用事。他们都搞思想箝制，弘历比玄烨厉害得多。康熙朝虽有文字狱，但处理比较宽大；弘历则把文字狱当成家常便饭，制造130多桩，占整个清朝文字狱的80%，好多都是捕风捉影。他还屡下禁书令，销毁了大量有价值的图书。

在知识和技能方面，总的来说玄烨也比弘历强。关于语言，弘历懂满、藏、汉文；玄烨除了略懂满、汉文之外，还精于蒙文、梵文，懂一些拉丁文。而其他方面，玄烨在数学、天文、物理、历法、地理、农学、医学上都有着非常高的造诣，并一直支持科技事业的发展；弘历在科技知识方面的才能则不见载。他们二人都能作诗，玄烨的诗作远没有弘历的多；弘历一生作诗近 4 万首，然而他们的诗作技巧差不多。

因此，谈及他们二位一生的败笔，可以这样讲：如果说玄烨晚年在立储问题上优柔寡断，是其一生中最失败的地方，那么骄奢淫逸、贪求享受就是弘历最大的致命弱点。乾隆时期，为了给母亲祝寿，他大修皇家园林。不仅如此，弘历还六次南巡，靡费不计其数。年老时，因为他的刚愎自用，再加上他喜欢阿谀奉承，长期宠信巨贪和坤，导致清朝逐渐走向衰落。

不忍细读的大清史

第七章

勤政仁厚，平庸的守成之君

嘉庆帝是一位勤政图治的守成君主。他亲政后采取的一系列政策和措施，虽然对于改变乾隆后期的种种弊政起了一定作用，但并没从根本上扭转清朝的中衰之势。从嘉庆帝个人来说，他始终开不出一剂根治日趋严重腐化的"良药"，面对朝中一大批"尸禄保位"的官僚，他只能警告、恫吓，最终徒呼奈何而已。他对西方殖民主义者的侵略虽然有自己的认识，但却没有应对良策，使这个日趋衰弱的封建古老国家，只能沿着衰败的道路继续下滑下去。

杀权臣，得皇位

　　嘉庆帝是清朝入关之后的第五位皇帝，他的父亲是乾隆帝。与清朝其他皇帝有所不同，颙琰的皇位是由乾隆帝禅让给他的，所以这一朝的更替没有发生类似康熙年间九龙夺嫡之类的兄弟手足相残的事情。

　　说起颙琰这个人，他的运气真的是好极了。在他被立为皇储之前，早有另外两位皇子也被立为太子，他们分别是二皇子永琏和七皇子永琮。但是他们两位的命就没有颙琰硬了，一位在9岁的时候就死了，另一位在2岁时不幸夭折了。因此，资质平平的颙琰在乾隆三十八年（1773年）的时候就被秘密立为皇储了。

　　天无二日，国无二主。颙琰即位后，弘历就立即宣布退位为"太上皇"。然而，弘历虽然退位了，但是他仍用"朕"自称，谕旨称为"敕旨"。按道理来讲，太上皇是不应该过多干预政事的，但弘历规定"寻常事件"由皇帝自行处理，一旦有军国要事和涉及官员任免的事宜，仍由他亲自指导。

　　传闻说，弘历曾对他的宠臣和珅说过这样一句话："朕虽然归政，大事还是我办。"而和珅在拟写政令奏请颙琰批复时，颙琰也这样说："惟皇爷处分，朕何敢与焉。"由此可见，弘历虽然号称归政于颙琰，实则仍然掌握大权，颙琰在当时顶多算个牵线的"木偶"，有名无实而已。

　　颙琰即位后，乾隆帝为了表示对儿子的信任和祝贺，打算让时任广东巡抚的朱珪回京担任大学士，当颙琰的老师。说起朱珪这个人，为官素有清誉，当年在朝中经常与恃宠而骄的和珅发生矛盾。当时的和珅听闻乾隆帝要召朱珪回京，认为朱珪将对自己构成极大的威胁。于是，他想方设法获得了颙琰为朱珪而作的尚未写完的贺诗，拿给乾隆帝看，声称颙琰正迫不及待地培植自己的势力。乾隆帝信以为真，便把对朱珪的升迁暂时搁置了。可见，乾隆帝对和珅的宠爱已经超过自己的儿子颙琰。直到嘉庆四年（1799年），乾隆帝因病去世，颙琰才从他手中真正接过国家的统治权。

和珅是弘历的宠臣，正因为乾隆帝的长寿，使和珅走红的时间很长，党羽遍及朝野，树大根深的程度次于鳌拜，胜过年羹尧。与鳌拜和年羹尧的飞扬跋扈不同，和珅在弘历和其他大臣面前，表面工作做得非常好，非常讨人喜欢。和珅万万没想到，乾隆帝一驾崩，颙琰就让和珅为乾隆帝守灵，并将其软禁在宫里，断绝和珅与其党羽的来往，丧期未满，就抄了和珅的家，并下谕旨将和珅罪状大白于天下，最终命令和珅自尽。颙琰的这一举动震惊朝野，让群臣对这位平日里的谦谦君子刮目相看，很多前朝重臣再也不敢卖弄老资格而对颙琰骄慢。

颙琰对付和珅，其行动之迅雷不及掩耳，其手段之斩草除根不留后患，表现得极其刚毅决断，似乎颇有一点儿英主之气。颙琰对付和珅用了几个策略，第一个叫欲擒故纵。继位后的颙琰面对一个诡计多端、深受弘历宠爱的和珅，决定采取欲擒故纵的战术。对于和珅骄横跋扈侵权越职的行为，颙琰内心非常愤怒，但是表面上却十分恭谨。有些大臣批评和珅，颙琰说："你们不明白，我还准备让和珅帮我治理国家呢！"颙琰的韬光养晦、隐忍不发的策略，麻痹了和珅，使和珅相信即使颙琰亲政，也不会威胁自己的地位，但他做梦也没想到，弘历去世之日，竟是自己末日来临之时。

第二个策略是调虎离山。弘历驾崩，和珅失去靠山。当天，颙琰在任命和珅等人处理国丧大事的同时，传谕自己的老师朱珪来京供职。正月初四，颙琰下诏力责征剿白莲教不力，把矛头直接指向首席军机大臣和珅。颙琰命令和珅等人昼夜守灵，不得擅离，切断他与其党羽的联系。这实际上削夺了和珅的首辅大学士、首席军机大臣、步军统领、九门提督的军政大权。

颙琰采取的第三个策略是突然袭击。正月初五，给事中王念孙等官员上疏，弹劾和珅弄权舞弊，犯下大罪。颙琰下令逮捕和珅，剪除和珅集团的重要势力，进行了一系列人事调整。从那天起，所有上奏的文件，都要直接向颙琰奏报，军机处不得再抄录副本，各部院大臣也不得将上奏的内容事先告诉军机大臣；并命宗室睿亲王淳颖、定亲王绵恩、仪亲王永璇、庆郡王永璘等分别掌握军政大权。

制造舆论是颙琰对付和珅的第四个策略。颙琰命各直省和在京大员，就和珅事向朝廷表态。直隶总督胡季堂首先表态，他在奏折中指责和珅丧心病狂、目无君上、蠹国病民、贪黩放荡，真是一个无耻小人，请求将其"凌迟处死"。"凌迟"就是千刀万剐。颙琰立即批示，在京三品以上官员讨论这个意见，若有不同意见，也可以自行向皇帝上奏。实际上，就是以胡季堂的意见定下基调，并通报各省督、抚，要他们都表明态度。

颙琰的第五个策略是讲求策略。颙琰说："和珅得罪的是先皇，所以要在皇父大丧期间，处治这个先皇的罪臣。"和珅被诛后，其党羽惶惶不安。有的朝臣上疏说，应该追其余党的责任，但颙琰并没有这样做，而是在除掉和珅后，马上收兵，没有将事态扩大，也没有株连九族。和珅的儿子丰绅殷德因为是驸马，也没有被杀，颙琰还给他们留了一点房产让他们维持生活；其他经和珅举荐而得以任用的官员，没有因和珅倒台而被株连。虽然势力极大的和珅被铲除了，但当时的清廷就像是下了一场短促的骤雨，保持了政局的稳定。

弘历刚刚驾崩，颙琰就对巨贪和珅实施了制裁，动作极其迅速，办事干净利索，惩戒宽严适当，是颙琰一生处理重大政治事件中最为精彩的一笔。

和珅跌倒，皇帝得利

　　大贪官和珅深得弘历的喜爱，在官场混得风生水起，敛财无数，弘历对其更是睁一只眼闭一只眼，让他始终屹立不倒。不料，弘历一驾崩，颙琰就以让和珅为弘历守灵为名，将其软禁在宫里，对他实行制裁。和珅为官一生搜刮无数，最终却为他人作嫁衣，解决了颙琰正在为国库空虚发愁的燃眉之急。和珅被抓后，从他家里搜出的金银珠宝不计其数，价值连城，正所谓"和珅跌倒，嘉庆吃饱"。清王朝财政支出有了着落，一时间真是皆大欢喜。

　　先来看看历史上两位有名的贪官。明朝弘治年间，当时被称为"世界首富"的太监刘瑾被抄家后，得金 20 多万锭，元宝 500 多万锭，宝石两斗，金钩 3000 多束，另有其他珠宝无数，并有伪玺、玉带等违禁物。另一个与刘瑾有一拼的大贪官，是被明世宗朱厚熜抄家的权臣严嵩。严家被抄出金子 3 万多两，银子 200 多万两，其他珍宝玉器价格数百万，超过了当时的皇室珍藏，时人称"富甲天下"。

　　但他们和"富可敌国"的和珅家产相比，可谓"小巫见大巫"。那么，和珅到底有多少家产呢？从和珅锒铛入狱被抄家后的财产，足以看得出和珅的富有程度：当官员走进和珅那座庞大的豪宅，惊叹这简直就是个宝库，别说那几百万两的黄金白银，光宝石就有 4000 颗，玉如意2000 多柄，珍珠更是数不胜数，很多珍宝在皇宫中都难得一见。用黄金制成的碟碗和白玉玛瑙做成的鼻烟壶 1000 多个，以及数不清的珍贵古董、工艺品。和珅的貂皮衣足有 800 多件，每一件都是一个穷京官半辈子的生活费。此外，还有 600 多两人参，比皇宫的存货还多。和珅还有大片的土地，如当铺、古玩铺、银号等。据史学家对和珅家产的估价，貌似在 2000 万两到 3000 万两之间。要知道，当时清政府一年财政总收入不到 4000 万两。

据说在宣统二年（1910 年），李岳瑞北游京师，在友人那里看到嘉庆初年审问和珅的供词四张，全部用奏折楷书，显然是进呈皇帝御览的。其中一张供词上写到，办案人员奉命质问和珅："我们在查抄你的家产时，发现所盖的楠木房屋，已经僭越逾制，豪华奢靡，很多还采用了多宝阁的样式，都是仿照宫廷宁寿宫样子建设的。你这样的僭越狂妄，到底安的什么心？"

和珅一脸无辜，哭诉地回答："奴才糊涂啊，奴才真不该建有楠木房子，关于多宝阁式样，是奴才让太监参照宁寿宫的式样建造的。那些楠木都是奴才自己买的，是奴才糊涂该死啊。"办案人员又问和珅："昨天发现你家里所藏有的珍珠手串竟然有 200 多串，皇宫一共才有 60 多串；还有几十个红宝石和蓝宝石，以及不计其数的整块大宝石，很多都是内务府所没有的，你一个朝廷官员怎么可能有这么多财宝？难道这些都不是贪污的证据吗？"

和珅委屈地答道："珍珠手串、红宝石、蓝宝石和整块大宝石都是别人送的，至于谁送的，一时记不清了，奴才实在是该死啊！"至于其他一些问题，和珅不是回答"奴才糊涂该死"，就是回答"奴才实在记不得"。由此可见，巨憨人贪无论在得势时多么趾高气扬，一旦失势，着实可恨又可怜。

负责清查和珅在京城财产的是肃亲王永锡等人。正月十六，颙琰将和珅的罪状具体定为 20 条，其中涉及财物的是第 15 条到第 20 条。除了之前说过的珍珠手串之外，还有银两和衣物等价值超一千万两；

171

黄金两万多两；以及不计其数的房产商铺。这只是冰山一角，不够具体。嘉庆皇帝下令抄和珅的家，抄出的家产相当于大清王朝 15 年的国库总收入。后人的统计估计也是小说的成分多，史实的成分少。如今的推测无非就是：当时颙琰的统计数字是官方数字，另有一份清单，既保存在宫廷里，也保存在民间的想象里，渐渐地变成了一个神话。

这位官场上的和大人，可谓意气风发。从 19 岁入宫到御前宠臣，仅用了 11 年，可以说是坐着火箭上升的。颙琰刚即位时，经常被和珅打小报告，因此颙琰常受到弘历的指责。弘历一死，和珅就被投入狱，"籍没"家财，这才有了"和珅跌倒，嘉庆吃饱"的说法。

镇压白莲教

嘉庆元年（1796 年）元旦，也就是正月初一，太上皇弘历与新任皇帝颙琰，在太和殿举行授受大礼。正当普天同庆太上皇弘历禅位、新皇登基之时，有人上报南方很多地方白莲教暴动的消息，颙琰大为扫兴，立即下旨派兵进行围剿。但起义的熊熊烈火愈扑愈炽，此起彼伏。颙琰十分着急，急忙禀告太上皇弘历，姜还是老的辣，经过一番提点，颙琰连忙部署派兵遣将。

白莲教是个宗教组织，有较长的历史。相传元朝的韩林儿、明朝的徐鸿儒都是在白莲教起义的。到了清朝，白莲教屡禁不止，在民间秘密存活一百多年。乾隆中期，有个叫刘松的安徽人，以白莲教的名号，在河北一带传教，发放咒符，为人治病，渐渐地，教徒越来越多。官府以"妖术惑众"的名义将其逮捕，发往甘肃充军。但刘松的弟子刘之协等人继承其衣钵，在四川、陕西和湖北等地，继续传播白莲教。

第七章
大器晚成，纵横扫天下
* * * * * *

到了乾隆末年，官府腐败、民不聊生，百姓苦不堪言，纷纷加入白莲教，靠宗教慰藉心灵，白莲教教徒增加到三百多万。刘之协等人又说"清风已去，日月重来"，清朝已经没落，明朝正在崛起，并找来一个小孩冒充明朝真龙天子，准备起义。官府知道这件事，马上派兵围剿，逮捕小孩和刘之协，押往京城。弘历见所谓真龙天子只是个孩子，开恩赦免；但刘之协在半路逃跑，朝廷下旨追拿。各地官府得到圣旨，派人挨家挨户搜捕教徒，想借此"大捞一笔"，有钱的人交了钱，就可以放走，没钱的则被指定为白莲教教徒，抓到监狱。武昌府的同知常丹葵更是严酷，一捉便捉了几千人。在这几千个老百姓中，没有几个是白莲教教徒，常丹葵将他们一律严刑拷打。肯出钱的，不久便宣告无罪释放；不肯出钱，或是无钱可出的，便继续在牢里受罪，或是砍头。武昌以外，各省、各县的地方官，像常丹葵这样的不在少数。结果是民怨沸腾，恨官府凶狠，索性加入白莲教，一呼百应，跟着造反。这也是白莲教发生和蔓延的原因，总之是官逼民反。

颙琰对白莲教的镇压更甚，大批官军奉旨进行清剿，不分青红皂白，屠杀了几万教徒，一些地方逐渐被官军扫平。在各地的起义军中，襄阳义军最为浩大。义军的头目是个名叫王聪儿的女英雄，她本是白莲教首领齐林的妻子，齐林被官军杀死后，她发誓要为丈夫报仇，代夫执掌首领之位，率兵与官府作战。她足智多谋、武艺高超，多次击败军官，威信越来越高。另一个英勇善战的首领姚之富，他本是齐林的徒弟，现在跟随王聪儿为义军副首领。与其他人不同的是，王聪儿和姚之富采取的是灵活的流动战术，敌进我退，故退找进，然后乘机来个突然袭击。其他起义军往往是就地与官军进行近战，一般都是以失败告终。王聪儿曾经带兵打到湖北的首府武昌城下，这令官府大吃一惊，但遇上几个月都是阴雨天气，王聪儿只好带兵退去。颙琰知道襄阳难以剿平，又派遣提督惠龄为帅，专剿王聪儿、姚之富义军；还让内大臣额勒登保到湖北助剿，荆州将军明亮赴四川清剿其他白莲教起义。

此时，清朝听从了将军明亮的建议，采取"坚壁清野，各村寨设团练防卫，圈地围剿"的策略对付义军。义军粮食和兵源供给不上，清军与王聪儿的人马打了几仗，都取得了胜利。王聪儿和姚之富的人马只好撤到河南，仍然采取流动战术。颙琰只好再命总督宜绵负责进剿大权，川、陕、鄂等地的义军都受到他的节制。然而王聪儿、姚之富厉害得很，摆脱了官军，向西安进发，快到西安的时候遇到官军阻击；王聪儿见势不妙，率军退去。义军兵逼西安，真把清廷给吓坏了。当各路官军云集西安时，王聪儿又率军渡过汉水，由陕南进入四川。四川义军遭到官军猛烈攻击，损失惨重，几万人被屠杀，只剩下两千多人苦苦挣扎；王聪儿、姚之富，与四川义军会和，声势浩大。清廷又派各路官军进入四川对四川义军进行猛烈攻击。谁知，王聪儿、姚之富又带着人马来到湖北，在襄阳一带与军官对抗。但官军人马多，王聪儿、姚之富不得不退到深山老林，官军拿他们没办法。将军明亮认为，王聪儿足智多谋，只有除掉她才能获胜。于是，让刺客潜入山中，刺杀王聪儿，结果王聪儿命大，虽逃过此劫，却被砍掉一足，变成残废。官军乘机大举攻山。义军粮食少、疲惫不堪，再加上官军的猛攻，只好退到山顶。官军四面围攻，用大炮轰炸，王聪儿、姚之富见大势已去，跳下悬崖自尽。官军找到王聪儿、姚之富等人的尸体，砍掉他们的头颅示众，惨不忍睹。

然而，四川的白莲教在官军攻打湖北时，东山再起。这支起义军中，王三槐、冷天禄、徐天德十分凶猛。颙琰接到四川奏报，非常震怒，另派勒保为督军大臣，兼任四川总督，严令限期剿灭义军。勒保只打了几个小胜仗，就向朝廷上报获得大捷。但其实，勒保在四川已经处于进退两难的境界。王三槐等义军十分顽强，这令勒保非常头疼，就想出改变围剿的战术，以安抚为主。于是，他让建昌府道台刘清招抚王三槐。刘清是四川有名的清官，深得百姓爱戴，人称"刘青天"。刘清无法推托，硬着头皮进入山寨去见王三槐。刘清百般劝导，才将王三槐劝导出山归降。不料，刘清带着王三槐刚进清营，勒保就翻脸不认人，嚷嚷着，让人缉拿王三槐。刘清急忙劝阻说："人家既已投诚，何必出尔反尔，背信弃义！"勒保冷冷地笑道："他是白莲教头目，是朝廷要犯，我哪敢容他归降，现押往京师，要杀要赦，全凭朝廷定夺。"刘清无可奈何，随即辞别勒保。王三槐被押到京城，颙琰亲自审问。倔强的王三槐只说了四个字："官逼民反。"颙琰问，难道四川就没有一个好官吗？王三槐答道："刘清是个好官，如果每个官员都能像他一样，我何必造反呢！"颙琰听了，十分羞愧，只命人押下王三槐，下旨嘉奖刘清等清官，严惩像常丹葵这样的贪官。

清廷剿除王三槐一股义军只是暂时的胜利，由于勒保诱捕王三槐，起义军的反抗情绪更加激烈了。此时，义军中又出现了一个冉天元，更是骁勇善战，多次击败官军。统帅勒保招数用尽，效果微小。颙琰大为震怒，将勒保治罪，又派遣额勒登保、德楞泰为主要负责人，这回总算用对了人，额勒登保、德楞泰都是智勇双全、身经百战的名将。额勒登保率领将士，又用了五年的时间，才将义军扑灭。颙琰颁布了一道特别的圣旨："只治从逆，不治从教。"就是说参与反对清朝叛乱的人，朝廷会坚决剿灭，但只加入白莲教，朝廷并不追究治罪。也正是这一宽大政策，瓦解了义军，让朝廷取得了最终的胜利。

嘉庆元年（1796 年）爆发的白莲教起义，与清廷作战九年，四川、陕西、湖北、甘肃、河南等地都卷入到这场起义中。清廷为了镇压白莲教起义，从全国 16 个省抽调了大量兵力，死伤人数十万多，屠杀了几十万的义军，耗用军费达两亿两之多，与当时清政府四年的全部财政收入不相上下，尽管起义最终失败了，但也使清王朝从此由盛转衰。

广开言路，纠正冤狱

颙琰亲政初年，在经历了乾隆末年白莲教起义、言路堵塞、权臣当道的情况下，决定以"诏求直言，广开言路"让大清朝走上正轨。在"咸与维新"的旗号下，大力实施广开言路、纠错平冤的措施，取得了一定成效。

为了表明广开言路的诚意，颙琰下诏重新处理了乾隆中后期两起因直言获咎的案件。一是曹锡宝案。曹锡宝于乾隆初期，以举人考授内阁中书，充军机处章京。曹锡宝对飞扬跋扈、贪赃枉法的和珅十分痛恨，就以弹劾和珅的亲信刘全的方法，准备碰一碰这个权势熏天的"二皇帝"，但和珅党羽遍布朝野，早就得到了这一消息，销毁了一切证据。这样，当曹锡宝弹劾刘全之疏到了弘历手中，弘历立即派人到刘全家察视，自然是什么问题也没有看出来。结果，曹锡宝因"未察虚实，以书生拘迂之见，讦为正言陈奏"的罪名，被革职留任。后来，曹锡宝一直没有翻过身来，最后郁郁而终。颙琰亲政后，对曹锡宝的直言相谏大加赞扬，指出："故御史曹锡宝，尝劾和珅奴刘全倚势营私，家赀丰厚。彼时和珅声势熏灼，举朝无一人敢于纠劾，而锡宝独能抗辞执发奏，不愧净臣。今和珅治罪后，并籍全家，资产至二十余万。是锡宝所劾不虚，宜加优奖。"颙琰下令加恩含冤而死的曹锡宝副都御史衔，还破例给"其子江视赠官予廕"，"以旌直言"。

颙琰下诏审核的另外一件案子是尹壮图案。尹壮图，乾隆三十一年（1766 年）进士，不久，迁至内阁学士，兼礼部侍郎。尹壮图正直敢言，不畏权贵，他在和珅处于鼎盛时期，对和珅一手办理、弘历非常重视的

第七章
大器晚成，纵横扫天下
‧‧‧‧‧‧

"议罪银"制度提出了反对意见。议罪银是清朝乾隆年间由和珅提议设立的一项以钱顶罪的制度，即根据官员犯罪情节的轻重以多少不一的银子来免除一定的刑罚，此法出台后，立即受到贪官污吏的欢迎，同时也招致一些直吏的质疑。这种议罪银的数额动辄以数万、数十万计算。和珅为弘历经营议罪银，大肆敛财，更得弘历之宠。然而，议罪银制度实行的后果是非常严重的。

于是，尹壮图上疏弘历，大胆地指出实行议罪银制度的后果，一是纵官贪污私营，二是对真正犯有过失的官员起不到任何惩戒作用，久而久之必然导致官场风气的进一步败坏，请求弘历"永停此例"。弘历对尹壮图的直言忠谏大为反感，要求尹壮图拿出因实行议罪银制度产生严重后果的证据来。耿直的尹壮图没有退缩，他再次上疏弘历，不仅坚持前疏中的观点，还对当时官吏贪污的问题做了更深刻的揭露。弘历看到了这个奏疏，立即派人勘察一些仓库，皆无亏空。尹壮图知道不会查出结果，因为和珅早已令被查之地做好了准备。尹壮图空忙一场，非常懊恼，弘历责令刑部对其治罪；刑部比照"挟诈欺公、妄生异议律"判其坐斩决。

后来弘历觉得做得有点过分了，就又大发善心免了尹壮图的死罪。尹壮图侥幸留得一条活命，但经此磨难，已经心灰意冷，无心从政，不久，即以母老乞归，退隐故居。颙琰十分清楚尹壮图一案的来龙去脉，他认为，尹壮图这样的"敢言之臣"应该重用。尹壮图从政之心已经消沉，仍以"母老乞归"，拒绝应诏，颙琰不仅没有怪罪于他，反而嘉奖他。颙琰的诚意感动了尹壮图，终于应召入京。

关于颙琰广开言路，纠正冤狱的措施，还有洪吉亮一案。洪亮吉获罪的原因是直言不逊，把矛头指向颙琰。洪亮吉生于乾隆十一年（1746年），江苏常州人。他小时候丧父，读书刻苦，以辞章考据闻名。在乾隆五十五年（1790年）考得榜眼，从此进入仕途，任职上书房，但地位并不高。洪亮吉是红脸大汉，人长得高大而且性格急躁，喜欢议论敏感问题。这样的人在官场中是不可能一帆风顺的。

颙琰亲政之初，下诏求言，号召各级官员给朝廷建言献策。不少官员上疏皇上，提出了有价值的意见，为此受到了夸赞和奖赏；洪亮吉也动心了，他写下一份长达千言的奏折。可洪亮吉的奏折递的不是时候，此时嘉庆帝已经亲政半年了，一方面整天忙得焦头烂额，手忙脚乱；另一方面他感觉臣子们似乎在背地里笑话他，轻视他，有点儿不把他当回事儿。这使得他很郁闷，也很生气，正要抓个典型开刀，就在这个当口，洪亮吉的奏折摆上了嘉庆帝的案头。

洪亮吉把矛头直指皇帝，他说："今天子求治之心急矣，天下望治之心孔迫矣，而机局未转者，推原其故，盖有数端。亮吉以为励精图治，当一法祖宗初政之勤，而尚未尽法也；用人行政，当一改权臣当国之时，而尚未尽改也；风俗则日趋卑下，赏罚则仍不严明，言路则似通而未通，吏治则欲肃而未肃。"

看到这里，颙琰心里拔凉拔凉的，说我不如我父亲、不如我祖父，就是没把我这个皇帝放在眼里，不过更气人的话还在后面。洪亮吉以这样一句话做结尾，他说："亮吉以为今日皇上当法宪皇帝之严明，使吏治肃而民乐生；然后，法仁皇帝之宽仁。"这句话是说："你应该学学你祖父雍正帝的严厉，再学学你曾祖父康熙帝的仁慈。"嘉庆看到这里，那叫一个气呀，拍案而起，叫人把洪亮吉抓了起来。

这时候，军机处、刑部、吏部官员正准备开审洪亮吉。主审官问他上疏皇帝的动机是什么，洪亮吉说："庶人传语，况翰林乎？"主审官又问他："你说当朝官员贪污腐败，到底是谁贪污腐败？"让他说出姓名。洪亮吉说："谁贪污受贿谁知道，反正我指不出具体谁贪污受贿。"主审官恼羞成怒，说道："大胆！你不知道还敢胡说？分明是在诽谤！"一个时辰后，宣布判决结果：大不敬罪、诽谤罪罪名成立，数罪并罚；最后颙琰念在他是读书人的分上，改为发配伊犁，免得一死。

洪亮吉被流放伊利后，北方大旱，嘉庆皇帝虔诚求雨，大赦犯人，洪亮吉因而被准予返还。嘉庆皇帝在大赦诏书中还公开自责处罚上述言事官员，说："洪亮吉所论实足启沃朕心，故铭诸座右，时常观览。"并且承认给洪亮吉所加罪名是"取巧营私之咎，况皆属子虚乌有"；立即传谕伊犁将军保宁，将洪亮吉释放回籍，还下令将洪亮吉的奏折公布天下。为了表示虔诚，颙琰把平反的诏书亲自抄写了一遍。写到最后两个字是"钦此"，当他写完最后一笔，一道闪电从天空划过，紧接着是一连串的惊雷，大雨从天而降，人们称之为"诏下而雨"。

颙琰亲政以后，顶住历史遗留的重重问题，以实际行动，表明了诏求直言、驱邪扶正的决心，力图大清朝欣欣向荣。在他执政的一段时间内，出现了"下至末吏平民，皆得封章上达，言路大开"的大好局面。

神武遇刺，事变频生

颙琰一生命运多舛，倒霉之事在他身上频频发生。刚刚即位就遇上白莲教起义。一波未平，一波又起。嘉庆八年（1803 年），他从圆明园返回皇宫，刚走到神武门就遇刺了，皇帝遇刺是百年难遇，何况是在自家门口呢。

这天，颙琰从圆明园返回皇宫。近日清军镇压白莲教的战争取得了胜利，平定教乱，颙琰一连数日带领群臣在圆明园欢歌宴饮，吟诗作赋，几天前还亲往东陵谒拜父皇弘历。因此嘉庆帝在返回皇宫的路上还满心欢喜，陶醉在连日的喜庆之中。

当颙琰下车准备换轿进入神武门内的顺贞门时，突然从神武门西厢房后面冲出一个大汉，手持短刀呐喊着向颙琰扑来。这突如其来的袭击，吓得颙琰匆忙逃入顺贞门，不敢回头看一眼，先前的喜庆之情，霎时间烟消云散。守在神武门内的近百名士兵被这一举动惊呆了，个个呆若木鸡，成了麻木不仁的看客，面无表情地看着持刀者冲来。现场反应最快的是颙琰的侄子定亲王绵恩，他见情况不妙，连忙上前阻止大汉，被大汉刺中了衣袖；与此同时，颙琰的姐夫——年近五旬的拉旺多尔济一个箭步冲上去，揪住了持刀大汉的左手，大汉随即挣脱，拉旺多尔济被甩倒在地。这时，乾清门侍卫丹巴多尔济飞起一脚把持刀者踢出去，经过一番激烈的搏斗，几个人团团围住大汉，将大汉捉住，几个人都有受伤。

皇帝遇刺，人心惶惶。这起发生在神武门的刺杀皇帝案，成为当时有名的一桩大案。案发当天，嘉庆帝立即命令军机大臣会同刑部严审，下令一定要查个水落石出。主审官刻薄地问："想死容易，办法有的是，但为什么要行刺皇上，做这样大逆不道的事情？"

原来，这个大汉名叫陈德，现年47岁，是京都人，他的父母原本是官宦人家的家奴，小时候与父母随主家迁往山东。案发前，陈德在一孟姓人家当厨子，其间他的媳妇不幸病故，留下一对未成年的儿子，日子过得十分艰难。陈德一生被压在社会的底层，饱尝人间辛酸，亲眼看到了皇宫贵族的腐朽生活，更加认识到社会的不公平，从而激发了反抗情绪。恰逢刚被主人解雇，断了生活的来源，又得知颙琰路过神武门，决心进宫谋刺皇帝，他打算"图个爽快，也死个明白"。

在审讯的过程中，办案人员追问陈德受何人指使，有哪些党羽，对陈德施尽酷刑。但经过几个昼夜的严刑审讯，陈德十分顽固，只说一人做事一人当，没有任何同党，也没有受任何人指使。

面对这个结果，颙琰以"谨身修德，勤政爱民"的原则来处理，他召集群臣，宣布处理结果：陈德按谋反及大逆惩处，判以凌迟；将他的两个儿子处以绞刑；被此案牵连的平民"即行省释，不可累及无辜"；

第七章
大器晚成，纵横扫天下
* * * * * * *

嘉奖定亲王绵恩、姐夫拉旺多尔济以及当时擒拿刺客的侍卫等 6 人；并以失察的罪名，把守候在神武门的 17 名文武官员给予革职、降级、罚俸、发往热河当差等处分；然后下令加紧皇宫、圆明园等处的警戒。官员纷纷表示吸取教训，严守宫门，从此可以高枕无忧。然而，真的可以高枕无忧吗？在陈德行刺的 10 年之后，又发生了一起更严重的宫廷事变——天理教围攻紫禁城之变。

天理教原是白莲教的分支，清廷取缔镇压白莲教，他们便以天理教名义活动。天理教有两大首领，一个是李文成，在河南掌教，一个是林清，在北京掌教。当时直隶、河南两省大旱数月，滴雨未下，庄稼未收，百姓苦不堪言，纷纷加入天理教。天理教经过推算，确定了起义的"良辰吉日"——嘉庆十六年（1811 年）九月十五，约定这一天在山东、河南、直隶、山西等地同时举事，向北京进发，一举推翻清王朝。

林清接到攻打紫禁城的任务，里应外合，接应各地大军进京，占领清朝统治中心。但是事出突然，有个天理教教徒竟然向滑县知县强克捷告密，将天理教造反的事情全部抖出；强克捷一听，惊得目瞪口呆，在向上级汇报无果后，决定先发制人，连夜召集士兵百人，包围李文成住宅。被逮捕的李文成坚决不招，反而质问官府没有证据胡乱抓人。强克捷命人用刑，几个衙役挥着打板一阵乱打，打得李文成皮开肉绽；没想到李文成是个硬骨头，就是不吐半个字。强克捷火冒三丈，连喊："给我打，给我打！"一个衙役扳倒李文成，套上夹棍，用脚猛踩夹棍，只听"啪"的一声，李文成两腿被夹断，翻着白眼昏厥过去。

天理教徒知道这个事情，气愤之极，又因事情紧急，没有等到与林清约定的期限，就在九月初七召集 3000 多人，一举攻下滑县城，救出李文成等人，提前造反。李文成腿骨折断，不能走路，命令教徒兵分两路，一路攻取山东，一路攻取直隶。此时的颙琰正在热河围猎，玩得正起劲，突然听到滑县天理教起义的事情，十分震惊，当即命令直隶总督温承惠等人派兵前去镇压。由于清军的堵截拦阻非常及时,天理教起义队伍没有迅速北上。

在京城的天理教大首领林清,对滑县的事情毫不知情,正紧锣密鼓地按照原计划进攻紫禁城。九月十五,参加起义的两百多名天理教教徒,乔装打扮,潜入京城。傍晚时分,由被收买的太监接应,打开宫门,攻进紫禁城。教徒们头戴白布,呼啸前进。教徒分成东西两队,一部分人攻打东华门,另一部分人攻打西华门。东华门侍卫关门迅速,将教徒堵在门外;西华门侍卫猝不及防,一些教徒冲入,一路嚷嚷着,一路乱砍乱杀。但是紫禁城像迷宫一样,他们在宫里转了几圈,迷失了方向。有一伙人,打到隆宗门,又有一伙人进入养心殿。此时,正在上书房读书的皇次子绵宁(即后来的道光帝)、贝子绵志,听见宫内的厮杀声,拿起火铳冲出宫外,开枪射击。过了不久,各位王爷大臣带着士兵,对天理教教徒一阵猛攻,终于把这一小支起义军残酷镇压下去。第二天,林清也被捉拿归案。颙琰闻讯后,悲喜交加,先是传下圣旨命人对其他地方的天理教采取了大规模的清剿行动;然后又封皇次子绵宁为智亲王,绵志为郡王。

在遇到神武门遇刺和紫禁城之变后,为了吸取教训,防患于未然,颙琰决定加强防卫措施,在京师城内及紫禁城、圆明园增加哨卡,整修防御工事,增加驻防军队;对太监严加管束,设立禁止随意进出紫禁城等制度,以保证清廷更加"固若金汤"。

整顿吏治,咸与维新

统治阶级过分聚敛财富而激化社会矛盾是历朝历代衰败的根源,颙琰对此深有体会,他一开始亲政便决心整顿贪污腐化之风。那么,整顿

第七章
大器晚成，纵横扫天下
* * * * * *

吏治官风从哪开始？除了惩治贪污腐败以外，颙琰认为，"勤"对天子百官和百姓来说，都有着重要的意义。他亲自撰写的《勤政殿记》就这样记载："自天子以至庶人，皆以勤为立身之本，君勤则国治，怠则国危；臣勤则政务有条不紊，怠则政务紊乱无序；为学者不勤则学业无成；种田者偶尔怠惰一下，则收成顿减。各行各业所司之事虽不同，理皆相同。"对国家而言，也是这个道理。

颙琰在竭力倡导勤政的同时，以行实政要求朝廷百官。他认为，有实心才会行实政，有实政才能惠及百姓。一些官吏怠惰疲玩，恰恰是因为他们"视民如草芥，为政全无实心，爱民全无实惠"，才导致"慢易居心，悠忽度日"，最终靠作伪粉饰以欺世盗名。

此外，颙琰对整顿吏治做得最出色的就是节俭了。经过康乾盛世的百余年间，北京城内有不少戏馆酒楼，这些地方所赚的都是八旗子弟的钱。八旗子弟全靠国家养活，国家向他们发放军饷，这些人便把钱花在吃酒听戏上面，几天就花个精光。颙琰觉得这样太浪费了，决心关闭北京城内的戏馆，遭到很多人反对，有人找到皇侄绵恩向皇上求情。绵恩是禁卫军主管，也是朝廷贵族，对这些事情并不清楚。有一次，前门外面着火，绵恩带着禁卫军灭火，看到很多妓院的年轻女子跑出来凑热闹，绵恩心想，这都是谁家的闺女呀，就向身旁的官员询问，大家哈哈大笑，最终也没有告诉他。这次，有人请求绵恩，向他的皇帝叔叔求情，讲讲戏馆的好处：一是戏馆可以显示太平盛世的氛围；二是戏馆可以解决很多百姓的就业问题，所以请求不封闭城内的戏馆。颙琰听了，冷冷地说："粉饰太平，不在歌舞，你受人怂恿，怎知地方官收了这些场所多少好处。封！"就这样，颙琰不仅关闭北京城内所有的戏馆，还作为一种制度确定下来。

颙琰整顿吏治的另一项举措是限制进贡，希望老百姓能够不被过多地掠夺。嘉庆四年（1799 年）正月十五，颙琰就总结乾隆时期禁止进贡珍宝古玩的禁令未贯彻的原因时，认为"只因和珅揽权纳贿"，最终导致"屡经禁止，仍未杜绝"的现象。于是，颙琰把军机大臣叫来，想要通告全国，禁止臣子向皇帝进贡。军机大臣立即反对，说是有个词叫"任土作贡"，意思是说，根据当地的出产情况来确定进贡的内容，进贡本身是进贡土特产，不是进贡高级的珍品。比如东北、云南等地的药材，浙江的绸缎，安徽的笔墨，以及其他地方的茶叶瓜果等，虽然不贵，但皇室离不开，这些贡品是不能停的。

对于这些，军机大臣建议皇上只改革进贡的内容，但不能把进贡全部停了。颙琰觉得很有道理，下发了一到上谕："朕所宝者，唯在时和年丰，民安物阜。一切耳目好玩之物、素性实所鄙弃。"总之，像古玩、玉器、书画、青铜器等这些工艺品都不能作为进贡的内容了，如有违反的人，肯定不会轻饶。对于皇帝的禁令，有些官员不以为然，福州将军庆霖依然照旧例进贡。颙琰非常生气，斥责官场上这种阳奉阴违的陋习，认为这种投机取巧的阿谀奉承实在是祸国殃民。庆霖被革职留任，以警示后人。嘉庆五年（1799年）正月十九，颙琰又禁止役使新疆叶尔羌民众采玉，命令就地抛弃已采玉石，赏给采玉民众首领缎匹，赏给百姓银两。采玉民众听到这个消息十分高兴，然而，各地的玉价却备受打击。

下诏求言是颙琰整饬吏治的又一措施。颙琰亲政后重用敢于说话的官员，吴熊光就是这样一个人。吴熊光早年就职于军机处，后来担任河南巡抚、湖广总督、直隶总督、两广总督等职位。吴熊光刚担任直隶总督的时候，正赶上颙琰从东北祭祖回京，吴熊光到滦县（今唐山市）接驾。颙琰看到吴熊光，说了句："道路风景甚佳！"吴熊光说道："皇上此行，欲稽祖宗创业艰难之迹，为万世子孙法，风景何足言耶？"颙琰兴致很高，一点也不生气，反而说道："汝苏州人，朕少尝跸过之，其风景诚无匹。"吴熊光接着回答："皇上所见，乃剪彩为花。苏州惟虎丘称名胜，实一坟堆之大者。城中河道逼仄，粪船拥挤，何足言风景？"

第七章
大器晚成，纵横扫天下
* * * * * *

颙琰又说："如汝言，皇考何为六度至彼？"吴熊光说："皇上至孝，臣从前侍皇上谒太上皇，蒙谕：'朕临御六十年，并无失德。惟六次南巡，劳民伤财，做无益害有益，将来皇帝如果南巡，而汝不阻止，必无以对朕。'"说到这里，颙琰无话可说了，但他不生气，反而更加信任吴熊光。

颙琰惩贪奖廉的故事也是值得说道的。在当时的大臣中，像王杰、朱珪等人都是清廉的官员，虽身居高位，却过着简朴的生活。有一个叫长麟的地方官员，得到颙琰的信任。长麟当过山东巡抚、江苏巡抚、浙江巡抚、山西巡抚、两广总督，他仪表堂堂，口才好，官场口碑不错，经常上街微服私访，看见横行霸道的官员就加以处分。

一天晚上，长麟走在杭州的街头，看见远处来了一队人马簇拥着知县的轿子。衙役提着灯笼，敲锣打鼓，招摇过市。老百姓见了，像见到了瘟神，纷纷逃离。长麟走近一看，原来是仁和县令的队伍，他并没有回避，结果被一个衙役嚷嚷着揪到知县轿前，让长麟向知县下跪请罪。知县瞥了一眼，一看不好，竟是巡抚大人跪在脚下，赶紧下轿跪着求饶。长麟问他为什么会深夜出巡，知县回答是出来巡街，看看有什么治安事件需要处理。长麟说这才晚上九十点钟，巡街不是有点太早了吗？于是让知县把官服脱了，俩人随便走走，来到一家小酒馆。长麟跟酒馆的掌柜聊起来，询问最近的生意好不好，掌柜连声叹气，说知县爱财如命，每个月都来敲诈，根本赚不到钱，说得知县面红耳赤。长麟对知县说，不会轻易相信掌柜的话，让他先回去巡街，独自一人又进了酒馆，要在这里住一宿。半夜，一群衙役耀武扬威地闯进来捉拿掌柜，长麟也被一起绑走，押往仁和县大堂。结局可想而知，知县被摘掉顶戴花翎，撤职查办。颙琰对长麟更加信任。

虽然颙琰厉行节俭、勤政图治、广开言路、惩贪奖廉，想让国家走上正轨，但效果甚微，大清朝的危机日甚一日。自颙琰决心整饬吏治，严格规章制度起，历时 20 余年，仍在感叹"怠情玩公，积习甚为可恶"，足以证明整肃吏治的效果不大。

事与愿违的安民措施

颙琰继位后，面临着几个巨大的历史包袱，即兵事、河漕和吏治，为此他投入了很大的精力加以整治。河防日坏，河患益烈，是其中最重要的难题之一。

自从颙琰亲政开始，黄河几乎年年决口。每年朝廷下发用于治理河堤的经费，到了河督那里，便被花个精光，治理河堤的效果微乎其微。那些治河的官员，天天在河督衙门里吃喝玩乐，一桌酒席花费千两是常有的事。治河经费就像一块肥肉，被这些官员吃个精光；到了治河的工程，就处处偷工减料。应该建造秸垛填石，秸垛建好了，却根本不往里放石头，结果洪水一来，处处决口。

嘉庆元年（1796 年）六月，很多河堤被大水冲开，江苏山阳、清河等地多处被淹。颙琰特别重视这件事，这是他即位后所接触的第一桩重大河工案，他指示说："朕阅图内漫口处所系属东南，而漫水系敷余回溜，转向西北冲开大堤，看来大溜并未掣动，而奏折及图内俱未声说，朕意何不于高家庄坐弯处所，向东开挖引河，引水东注，归入正河。其西北圈堰，仍一面堵闭，使漫水不致淹及金乡、鱼台一带，岂不较易为力。著交苏凌阿、兰第锡将是否如此办理之处，详悉覆奏。"

此外，颙琰了解到山东有一个叫康基田的布政使，常年担任治理河水的工作，而且做得很出色，便派康基田"前赴工所会勘筹办"。从颙

第七章
大器晚成，纵横扫天下
* * * * * *

琰这些指示中可以看得出，他对于治河的事情，从一开始就非常重视；对治河这件事，不仅能够看出点门道，还能提出一些自己的意见，并不是高高在上，不闻不问，而是持虚心的征询的态度。

颙琰之所以重视治理河务，也是为了安抚民众，尽量减少朝廷内外不安定的因素，如果有谁违背了这一宗旨，后果是非常严重的。新上任的东河总督吴璥就因此撞上了枪口。他上任没多久，就奏明皇上，要求"增河工料价，归地粮摊征"。颙琰一看到奏折，气就不打一处来，虽然知道吴璥"熟谙河务"，但也并没有因此对他偏袒，而是以严厉的口吻指责道："河工需用物料价值，例有正项开销，岂容轻议加增？"就这样，任职没多久的吴璥被交部议处，给了他"革职留任"的处分。

嘉庆八年（1803 年）九月十三，河决豫省封丘衡家楼，是嘉庆期间河工的一件大事。这次的情况来得十分突然，因当时"已过霜降，水落归槽，方期各工巩固"，可是水势来得十分凶猛，开始时过水 30 多丈，数日之间塌宽竟然超过 500 多丈。当颙琰知道这个消息后，非常惶恐，立即采取了紧急措施，委派吏部尚书刘权之等人赶到当地勘办这件事，期间所有有关河务的事情，都要快马加鞭禀报颙琰，取得了成功。这次河工的抢修成功，是嘉庆帝亲自部署抢修的结果，在抢修河务的这段时间里，颙琰几乎是全力以赴，时刻关注抢险救灾的事情。

与此同时，颙琰还对漕务之弊进行了认真的整理，主要是围绕漕粮浮收问题展开的。为保证漕粮的征集和运输入库顺利进行，清政府不仅设立了一套管理机构和官员，还建立了一套完备的制度。但也是从这时候开始，漕务管理中出现了很多弊端，从漕粮的征收之日起，每个流程几乎都有弊端。乾隆中期以后，漕政日趋腐败，勒索陋规的问题越来越严重。漕务之弊是什么呢？一是对农民的敲诈，如收粮时除了用大斛克扣，还有"淋尖""捉猪""踢斛""样盘米""水脚费""验米费""筛费""花户费""灰印费"等名目众多的勒索；二是漕务官员肆意贪污，以至"每办一漕，额多之州县官立可富有数十万之巨资"。因此，当时的百姓受到这些额外的剥削，不堪重负，民怨沸腾。

到了嘉庆初年，漕粮浮收问题更加严重。在白莲教大起义的打击下，颙琰认识到整理漕粮浮收问题势在必行，他亲政之初就多次降旨清理漕政，剔除积弊，如果再有人敢复蹈前辙，一旦发现，决不轻饶。

嘉庆二十年（1815 年），陶澍奉旨巡视江南漕务。陶澍离京城后，一路上明察暗访，终于在一个月后到达江苏清江浦。那些当地担任漕政的官吏，一听说巡漕大臣来了，连忙赶过去拜访送礼；但陶澍以旅途劳累为由，一个都不接见，却将所送的礼品全部收下了。几天以后，陶澍经过调查，掌握了当地漕官谁清廉、谁贪污的情况，于是宣布接见所有漕官。当师爷宣布送礼官员的名单和礼品后，贪官们吓得屁滚尿流，不敢抬头。宣读完毕后，陶澍一拍惊堂木，对送礼的官员斥责道："尔等凭俸禄哪有上千银两送礼，分明是敲诈勒索、贪赃肥己。今日暂不治尔等之罪，但所送彩礼全部没收发回地方作为修建书院经费。"最后，他又对全体漕官说："各处所欠漕粮，限一月之内交割清楚，违者从严惩办。"

到了一个月以后，陶澍召集漕官，将官员分为三等："凡漕粮任务如期完成，又未送礼的，定为上等，申报朝廷，官升一级；漕粮任务完成好，但送了礼的，记过一次，定为中等，不奖不罚；对两名自认为有后台、称病不理漕务，又有贪贿行为的官员，定为下等，革除官职，强令变卖家产，赔偿历年贪污亏欠的漕银。"这样，漕务大有起色，漕官不敢再贪污勒索，大大减轻了老百姓的负担。

尽管颙琰的出发点很好，采取治河的安民措施，但对于当时社会现实的动荡不安，漕粮浮收之弊最终并没有得到根本解决。

第七章
大器晚成，纵横扫天下

与西人的初次对抗

　　一心想励精图治，造就太平世界的颙琰，虽然杀了和珅，整饬吏治，但由于鸦片泛滥、海盗横行，以及西方资本主义势力的东侵，还是显示出心有余而力不足。在处理这些棘手的问题上，颙琰采取了迅速的举措，首先是处理同资本主义国家的关系问题。

　　嘉庆十年（1805年），英国的四艘护货兵船行驶到广州境内，给大清皇帝带来一封英王书信。信上说，英国愿意出兵剿除各地起义军，助大清一臂之力。颙琰看到这封信，十分警惕，对书信中英国的出兵意向，明智地加以拒绝。他说："海洋地面，番舶往来，原应内地官兵实力查缉，焉有借助外藩消除奸匪之理？"与此同时，他命人对英国来的护货兵船进行严密的防范："护货兵船向来必有湾泊处所，总当循照旧规，勿令任意越进为要。"然后又对即将到任的粤督那彦成说道："修明武备，整顿营伍，以慑外夷而靖海疆。"

　　嘉庆十三年（1808年）九月，英国又以澳门葡人抵御法国为借口，将四艘装着炮械火药的兵船，停泊在广东省香山县海面。接着，这些兵船上的三百名英国士兵，公然在澳门登陆，占领了澳门东西炮台。英舰见广州没做任何准备，竟更加猖狂地把兵船开进澳门。侵占澳门的英军随后跑到广州买一些补给。清军一看有外国士兵乘船靠近，连忙开炮射向那几艘船，给予警示，其中一名英国士兵被击毙，三名士兵被射伤，英军见此情景陆续撤退。

　　颙琰得知这个消息后非常重视。为此，他严正声明，"葡人与法人互相争杀，是他们之间的事，只要不妨碍大清朝，我们并不掺和此事。但是，无论是中国还是外藩，都各自有一定的疆界，大清朝的兵船可从来没有远涉外洋，到你们那里驻扎屯兵。而你们英国船队竟然公开驶入澳门，登陆居住，是不是有点太过分了！"他还一针见血地说，"不管为帮护葡人，还是为'天朝'效力，不过都是他们的借口，最终的目的还是找个机会霸占澳门。"他又严肃警告英国侵略者："即速撤兵开帆，若再有延挨，不遵法度，则不但目前停止开舱，一面即当封禁进澳水路，并当调集大兵前来围捕。"此外，颙琰又命人快马加鞭，告知当时任粤督的吴熊光："边疆重地，外夷竟敢心存觊觎，饰词尝试，不可稍示以弱。当密速调派得力将弁，统领水陆官兵，整顿预备，一有不遵，竟当统兵剿办，不可畏葸姑息，此事于边务夷情，大有关系。"而清朝大臣吴熊光、孙玉庭只顾着税收的事情，还没来得及把边防这件事情重视起来；颙琰十分恼怒，传谕斥责吴熊光、孙玉庭"懦弱不知大体"。

颙琰认为一个国家的边防重地，任由其他国家带兵侵入，占领炮台，如果这样的事情还能视为无关紧要，不知道还有什么更大的事情能抵得过这件事情。颙琰将严重失职的吴熊光革职，孙玉庭革职罢归。另一方面，面对戒备森严的广东海防，英国侵略者只好"开帆远去"。

当贸易季节来临时，颙琰告诫新任粤督百龄："英吉利一向蛮横狡猾，于本年该国货船到时，先期留心侦探，如再敢多带夷兵欲图进口，即行调集官兵相机堵剿。"这件事以后，英国护货兵船不仅不把颙琰的警告当回事，还不遵守规定，将兵船开到虎门。

嘉庆十九年（1814 年）二月，颙琰立即命令当时任职的粤督蒋攸铦："如果英国兵船闯入清朝境内，应该加以驱逐，他们要是再敢违反规定，就向他们开炮。"这一年，蒋攸铦提出了一系列防备措施，并对中外贸易交往做了以下规定："严禁民人私为夷人服役；洋行不得搭盖夷式房屋；铺户不得用夷字店号；清查商欠，不得滥保身家浅薄之人承充洋商；不准内地民人私往夷馆。"此外，颙琰在加强广东方面防备的同时，对居住京师的外国人也加强了管理。

另一个让颙琰头疼的问题是海盗。海盗问题由来已久，明朝中期日本海盗横行，经常登陆抢劫，明朝费了九牛二虎之力，才将倭寇荡平，花费了近百年时间。明末清初，海盗有增无减，一些常年遭受官府欺压的渔民也纷纷加入海盗的行列。到了康熙年间，海禁稍微开放一点，一批批西洋传教士就开始涌入中国，先是西洋传教士，后是西洋贸易货船，其中以荷兰、葡萄牙的传教士居多，都以澳门为基地。英国占领印度后更加肆无忌惮，大量商船在外洋行驶，还经常闯到中国内海。因为海盗为害，清朝损伤的兵力、耗费的钱财不计其数，这让颙琰伤透脑筋。他认为，之所以有海盗为患，是因为西洋商船在沿海频繁活动导致的。他素来痛恨洋人内地传教，又恨洋人通过澳门向内地输送鸦片，伤害国人，于是下了一道谕旨：一是严禁洋人在中国传教，现存传教士一律驱逐出境；二是严禁鸦片输入，国人贩卖及吸食鸦片者严惩不贷。此旨一下，各地纷纷禁教禁烟，把所谓传播福音的圣使全都驱逐出境。

一个西洋人不知道其中的厉害，在广东私自发行《圣经》，被官府捉拿，充军热河为奴；另一个在湖北传教的西洋人，也被官员查获，处以绞刑。不久，英国政府派遣使臣墨尔根来到北京觐见清朝皇帝。礼部让他觐见时行三拜九叩大礼，墨尔根倔强得很，坚决不行大礼；礼部又让他仿照当年英国使臣觐见乾隆帝时单腿下跪之礼，墨尔根还是一口拒绝。这事儿传到了颙琰的耳朵里，他非常生气，下旨将墨尔根驱逐出境。

鸦片流毒，是西方新老殖民主义者为填充贪得无厌的欲壑而向中国偷运越来越多的鸦片造成的，这也是颙琰急需解决的又一大难题。一些英、葡等鸦片商无视中国的禁令，向中国大量走私倾销鸦片，造成中国大量白银外流。对于已逐渐成为社会公害的鸦片流毒，颙琰主张严厉加以禁止。朝廷制定了一系列严厉的禁烟条例，并例行实施。嘉庆十五年（1810年），广宁门巡役查获一名杨姓烟贩身上藏有六盒鸦片烟，颙琰命令刑部对烟贩进行严格办理。颙琰对西方传入的鸦片严厉禁止，在当时对抑制鸦片的泛滥起到了一定的作用；可惜的是，大批朝廷官员在吸食鸦片问题上欺上瞒下，一边禁毒一边吸毒，禁烟运动成为贼喊捉贼的官场游戏，吸食鸦片现象屡禁不止。

颙琰在位期间，广开言路、整顿吏治，为国家走上正轨做了一些努力。不管是对英国护货兵船的高度警告，还是对海盗的防范策略，以及严厉打击的禁烟行动，都说明了颙琰在对西方侵略者的态度上，时刻保持着高度警惕，实行了坚定而明确的抵御政策。

嘉庆二十五年（1820 年），年过花甲的颙琰率领大队人马，来到承德避暑山庄避暑，到寺中拜祭了玄烨、胤禛和弘历三位先帝。第二天上午，颙琰感到身体不适，随行太医百计诊治，未见效果，龙驭宾天。从身体不适到崩逝，仅仅两天时间，算是猝死暴亡。

不忍细读的大清史

第八章

矜守俭德，守其常而不知其变

　　道光帝以俭德著称。他在位期间，处于历史转折的关键时刻。面对来自东南海上的鸦片流毒，以及英军的再三入侵，道光帝想要严厉禁烟，但他心中毫无方略，只能在自恨自愧中顿足叹息。无奈之下，他只能忍辱接受英国的城下之盟，签订了近代史上第一个不平等条约——《中英南京条约》。他柄政三十年，虽然朝纲独断、事必躬亲，但在内政事务，比如吏治、河工、漕运、禁烟等方面均无起色。勤政图治却鲜有作为，这正是他一生的悲剧所在。

新帝登基，烧起"三把火"

颙琰突然驾崩，没有机会留下立储遗言，这让群臣毫无准备。国不可一日无君，本来颙琰死得就有些蹊跷，如今皇位虚悬，又不知会闹出什么乱子来，必须马上议定新君。颙琰一共有四个儿子，到底谁来继承王位，关系到不同政治集团的利益。按照惯例，应该是长子继位，但颙琰的长子两岁时暴病身亡。皇室宗族建议由二皇子绵宁继位，这都要归功到绵宁在紫禁城之变中的功劳，此次事件不但使颙琰对绵宁大为赞赏，也令群臣和皇室宗族对绵宁这个文武双全的皇子刮目相看。这也为他继承皇位奠定了坚实的基础。颙琰驾崩当日，也就是嘉庆二十五年（1820年），绵宁继承皇位，更名旻宁，成为清朝入关后的第六位皇帝。第二年改年号为"道光"，史称道光皇帝，也是清朝唯一一位以嫡长子身份继承皇位的皇帝。

俗话说，新官上任三把火，旻宁也是如此，登基没几天就烧了"三把火"。一是调整军机处；二是镇压张格尔叛乱；三是平定瑶民之乱。旻宁继承大统后，接收了清仁宗颙琰军机处的原班人马。此时的首席军机大臣托津已经66岁，二把手戴均元已有75岁高龄。旻宁当时只有39岁，君臣之间年龄悬殊，隔着好几条"代沟"，而且这样一班人能力不大，脾气却不小，经常倚老卖老。旻宁意识到军机处这些人非调换不可。可是，军机大臣哪一个人不是位高权重，想撤掉他们总得有个借口，这个借口去哪里找呢？

在登基大典举行完的第10天，旻宁就以"遗诏事件"大做文章，顺理成章地换掉了领班军机大臣。清朝有个规定，皇帝驾崩后，军机大臣都要发一道"遗诏"，用来总结过去，展望未来，这"遗诏"必须以先皇的口吻拟定。在颙琰的遗诏中有这样一句话："况避暑山庄为皇考降生之地。"这句话的意思就是乾隆帝弘历出生在避暑山庄，这样写的用意是以此烘托该地的神圣气氛，但触及了一个敏感的话题，即弘历是否出生在避暑山庄。

翰林院编修刘凤诰第一个发现了这个问题，他找到原来翰林院的老领导，现在的体仁阁大学士曹振镛。曹振镛是安徽歙县人，在乾隆朝和嘉庆朝都曾担任过重要职位，到了道光年间，成为旻宁的心腹。曹振镛向旻宁报告此事，旻宁暗自叫好，立即向军机大臣发难。旻宁下诏说："先皇去世后，军机大臣发布的遗诏，正在悲痛中的我，没有看出错误，现在有这么重大的错误，朕也有责任。军机处送来的'遗诏'副本，末尾处有这样一句话——乾隆帝'降生避暑山庄'，于是朕找来爷爷弘历的《实录》，才发现爷爷出生在雍和宫，再看爷爷的诗集，共有三处说他出生在雍和宫。但军机处拟定的'遗诏'却说降生在避暑山庄。"于是，旻宁当机立断，不给军机大臣辩解的机会，做出决定：将托津、戴均元两名领班军机大臣予以降四级处分，撤出军机处，其他几位军机大臣也分别受到降级处分。这次的遗诏风波，虽然没有引起太大的波澜，但其实这不仅是君臣之间个人恩怨的反映，更是旻宁对军机处进行的一次有目的的整改。

旻宁即位后的第二件大事是镇压张格尔叛乱。乾隆年间，为了缓解日益严重的民族矛盾，朝廷实施轻徭薄赋的政策，以便休养生息。但到了嘉庆年间，朝廷派往新疆的一些官员日益腐败，与当地维吾尔族官吏狼狈为奸，"敛派回户，日增月甚"，缎布、土特产、金玉等赋外之赋，都被当地官员分个精光，激起了回部人民的强烈憎恨，反抗贪官污吏的事件时有发生。此时，在英国殖民者的支持下，乾隆时期因叛乱被诛的大和卓木波罗尼都之孙——张格尔，与清政府在浩罕（在今乌兹别克斯坦）一带进行周旋对抗。

张格尔狼子野心，企图恢复和卓家族在南疆的统治。他告诉浩罕汗国的玛达里汗，说他爷爷波罗尼都埋藏了大批的财宝，想引诱浩罕出兵实现他的复辟梦。玛达里汗认为，对清朝发兵的时机还不成熟，就假装扣押张格尔，对他明擒实纵，不久将张格尔故意放走。道光四年（1824 年），张格尔带领 200 多人，进入乌鲁克仍伦（今英吉沙县西依格孜叶）进行抢劫。面对危局，清军迎头而上，张格尔抵挡不住，不得不退往边境山区。

道光六年（1826 年），张格尔乘夜出击，召集两百多人再次作乱，以最快的速度占领了喀什噶尔以北 40 多公里的阿图什，以祭祖为名，团结回众。消息传开后，一些人纷纷加入张格尔叛军。清政府得知这个消息，立即命人前往阿图什实施围剿；张格尔带着大队人马迎战，被打得落花流水。张格尔掉头就跑，清军乘胜追击，狡猾的张格尔让人混进喀什噶尔城，串通内应展开叛乱，叛匪冲出东门，清军受内外夹击，处于下风。在一个雷雨交加的夜里，张格尔冲出突围。他招兵买马，大肆煽动宗教情绪与民族仇视，只用了几天就占领了喀什噶尔等地。浩罕汗国得知张格尔的近况，派出 3000 名侵略军赶过来，想与张格尔共同瓜分成果。两股势力联合在一起，使塔里木盆地西南缘一带陷入战火狼烟之中。张格尔叛军继续攻陷各城，使回部城镇沦于战火，危及清王朝在新疆的统治。

于是，旻宁命伊犁将军长龄为扬威将军，对张格尔叛乱进行围剿。总指挥官扬威将军长龄调兵遣将，集结 3 万多兵力，进发喀什噶尔，用 5 个月收复了张格尔占据的城池，基本上粉碎了张格尔的叛乱。虽然敌军瓦解，漏网之鱼张格尔却逃之夭夭，旻宁命长龄等人将张格尔捉拿归案。道光八年（1828 年），长龄率兵在马登山将张格尔生擒，张格尔被判处死刑。至此，张格尔叛乱才算彻底平息。张格尔死后，旻宁实行了一系列善后政策，为西部边陲的安宁巩固提供了条件。

旻宁登基后，干的第三件大事是平定瑶民之乱。瑶族是我国古老的少数民族之一，散布在湖南、广东、广西一带。在封建社会里，他们遭

受着经济盘剥、政治压迫和民族歧视的多层剥削。边疆之乱甫定,民族
之乱又起。虽然在嘉庆时期蓬勃发展的各民族起义浪潮被镇压下去,但
封建社会内部的矛盾不断激化,使反封建的起义屡见不鲜,其中,湖南、
广东、广西瑶族人民爆发的起义规模最大。于是,清政府采取"瑶牌"
统治政策,对于瑶、汉之间的争执,都是抑瑶而护汉。瑶族人民不堪封
建统治者的欺压盘剥,纷纷揭竿而起。

道光十一年(1831年),爆发了由湖南江华县赵金龙领导的瑶民起
义。他率领五六百人攻占锦田镇,杀死20余名官吏,其他地方的瑶民纷
纷响应。不久,起义队伍壮大发展到二三千人。清王朝多次出动官军进
行镇压,但瑶民义军早有准备,一些人扮成清军的样子,混入军中,剩
下的义军则埋伏起来进行突围,清军立即陷入混乱,结果全军覆灭。
1832年,清政府不甘失败,又集结广东、广西、湖北、湖南、贵州省的
官兵对其围剿,以几十倍的兵力在常宁洋泉镇包围起义军。官兵残酷镇
压,经过20多天的浴血奋战,才镇压了赵金龙领导的瑶民起义。

提倡节俭,因小节害大局

旻宁即位之后,大清王朝已经摇摇欲坠,为了挽救清王朝,力图遏
制奢靡之风,使整个社会能黜华崇实,他刚一即位,便指出"常人惑之
害及一身,人君惑之害及天下"的严重危害,表示要谨遵父亲嘉庆帝不
迩声色之谕,力崇节俭,返朴还淳,告诫爱新觉罗子孙身体力行,概从
朴实,竭力倡导在皇族、满族贵族中恢复满洲淳朴旧俗。

旻宁的节约是出了名的。他认为,国家要繁荣富强,必须要省吃俭
用、艰苦朴素。他整天盘算各项花费,计算出最便宜的消费,让内务府
按这个标准去办。旻宁想以身作则,改变官场浪费奢侈的现象。

第八章
矜守俭德，守其常而不知其变
* * * * * *

当他看到衣着光鲜的官员，就很不高兴，甚至规定旗人官员六品以下，不得衣着绸缎，一律布衣布靴。他在观看八旗前锋护军各营章京骑射时，看见各章京统一身着华丽的蓝色袍服，认为这种做法太过浪费，是"竞尚虚文"，十分生气地说道："嗣后遇有射布靶及引见人员，惟期骑射娴熟，弓箭齐整，所穿袍服，细布俱可，不必再拘颜色……操练衣服毋尚奢华。"他还不准八旗兵丁练习骑射时穿绸缎，应改穿布衣布靴，如有违反者，严加惩处。

有一天，旻宁看到大学士曹振镛的衣服上有两个补丁，问道："汝打掌须银几何？"曹振镛答道："须银三钱。"旻宁很是纳闷，因为他自己打一个补丁需要五两银子，是曹振镛的好几倍。旻宁思来想去，忽然恍然大悟，原来是内务府官员私吞银两，从中获利。他恼羞成怒，叫来内务府官员，呵斥了一顿。打这以后，旻宁所有的衣服都交由皇后缝补。但是，他这样节俭治国，也出了一些奇怪的现象。他节省开支，要求宫里所有人上行下效，就连自己的嫔妃都没新衣服穿。如果哪个大臣衣着靓丽，就怪罪他们铺张浪费。久而久之，百官们觉得，衣服越破，皇上就越高兴，即使有了新衣服，也都会想尽办法把衣服弄破，甚至拿新衣服换旧衣服。搞得在一段时间里，裁缝店的旧衣服十分热销，新衣服无人问津。有人乘机抬高旧衣服的价格进行售卖，这就是旻宁时期特有的怪现象。

旻宁身居宫中，常常向大臣询问宫外的物价，如一坛酒需要多少钱，肉价、菜价涨没涨。有时候，群臣也不知道，但旻宁一直询问，这些群臣无奈之下只好信口胡诌。就连自己的皇后过生日，他也要厉行节俭。皇后过生日这一天，旻宁对内务府大臣们说："这阵子，宫里很久没有赏赐食物了，趁皇后寿宴，你们得多准备点面条，多放点卤，让大伙吃个够。"内务府大臣见皇上这么高兴，应和道："皇上如此开恩，那就多宰几头猪。"大臣又奏："按照惯例，需要十头猪。"旻宁听完这话，没好气地说："现在正是关键时刻，国家开支这么大，哪能宰十头猪呢？"

旻宁厉行节俭，实行起来并不顺利。他在宫里的吃穿用度，比宫外贵出好几倍，即使他为了节省开支，只吃素菜不吃荤菜，一顿饭还得花上几十两银子。一天，他和一个官员闲来聊天，问他早饭吃了什么，官员回答："我早饭吃了四个鸡蛋。"旻宁脸色骤变，大惊失色。在皇宫里面，吃一个鸡蛋要花五两银子，旻宁身为皇帝，自己从来舍不得吃，为什么一个小小的官员竟敢一顿吃四个鸡蛋？他定了定神，脱口说道："吃四个鸡蛋，那不是二十两银子都没了？简直太浪费了！"那官员听了，觉得事有蹊跷，自己吃的鸡蛋只要几钱一个，这一定是内务府搞的鬼。于是他连忙解释道："我吃的鸡蛋不是买来的，是自家养的母鸡下的蛋，没有那么贵。"旻宁这才消气，马上令人在宫里养母鸡节省开支。可最后，每只母鸡也是花了好几十两银子呢。要知道，内务府一直是个肥衙门，他们就是靠这个差价吃饭的。旻宁只知道自己省吃俭用，却不知根除浪费的源头问题，他省下来的钱都被内务府中饱私囊了。

内务府管理皇宫事务，皇帝一家的衣食住行都由他负责。他们的生财之道是从采购和工程中吃回扣。混在皇宫里的这群人经常在皇帝的节俭中做文章。有一次，道光帝的裤子破了个洞，内务府安排人打补丁。皇帝一瞧内务府的报价，顿时吓了一跳，上面写着，补丁报账是一千两银子。在当时，三钱银子能买一条新裤子，一个补丁竟然花了一千两银子。内务府总管解释道，皇帝的裤子是上好的布料做成的。这种布料只有苏州才有，而在苏州凑齐各种花色的面料需要大量的人力物力。内务府算了这笔账之后，旻宁发现，原来一千两银子还是内务府报少了。

旻宁厉行节俭，成天与内务府斗智斗勇。有这样一件事儿，道光帝就没让内务府得逞。一次，旻宁突然想吃片儿汤，命太监通知御膳房，没想到厨师却说不会做。御膳房的厨师谱儿真大呀！原来，皇上是怕厨师记仇给他下毒，所以才对厨师非常客气，以至御膳房的厨师越发放肆。然而，第二天早上，内务府大臣禀告皇上，请求增设专制"片儿汤膳房"，所需费用一万两白银。旻宁听了大为不悦，说道："前门外饭馆一碗片儿汤最多四十文钱，我想吃就让太监去买，没必要增设片汤儿御膳房。"内务府大臣碰了一鼻子灰，灰溜溜地走了。

清朝皇帝不嗜酒的简朴作风，也深深影响着皇室以外的王公大臣和地方官员。清代但凡品级比较高些的大官，都不能随意在酒馆菜馆里任意吃喝。如果哪位官员经常去一家酒馆吃吃喝喝，无论那家酒馆如何兴旺，也是要受指责的。

虽说在生活上勤俭节约是应该的，但是在必要的治国方面应该花的费用却不应该节省。旻宁继位不久，张格尔举兵起义，大批清军万里远行，征战数年，终于平定了叛乱。之后，清政府在午门举行献俘礼，旻宁决定宴请平叛有功的将士。几天之后，宴会开始。将军们筷子一挥，几碟小菜立即见底，吃也没得吃，又不敢退席。后来，将军们提出了新疆设防方案，但方案迟迟通不过。本来，将军们已经考虑到旻宁厉行节俭，把上奏镇守新疆的士兵减少到18000多名，但旻宁又给减去2/3，只能留守6000多名清军。将军们甚是无奈，也十分愤怒，提出专守新疆东部，西部自治，不予设防的方案。旻宁又大骂他们放弃新疆防守，指责其居心叵测。经过几年的争执，旻宁最后以"各省绿营兵额内裁百分之二，岁省三十余万，以为回疆兵饷"，方案才得以通过。总之，在讨论诸如黄河治理、海防、边务等政治问题时，只要一提到拨款，旻宁立即面露不悦之色。

面对危机重重、国库空虚的大清王朝，旻宁厉行节俭之风上行下效，有一些显著效果，为国家节省了一些开支，成为挽救财政危机的一种对策。但当时贪纵营私之风弥漫上下，即使道光帝一生崇尚节俭，也无助于经济危机的解决。

海运皇粮，漕运改革

清中叶以后，社会经济积弊丛集，在整顿吏治的时候，也查出了地方政策的一些问题，其中尤以漕运和盐政最为严重。漕运是利用水道

（河道和海道）调运粮食的一种专业运输。清朝统治者把漕粮看成是天朝生存的支柱，既不得任意减少征收的数额，也不得任意改变运输的办法。然而，天下无百年不弊之法，漕运中的消耗大得惊人，百弊丛生。

道光四年（1824年），年关将近，人们都沉浸在欢天喜地的氛围中，却突然传来一个惊天动地的消息，洪泽湖高家堰大堤决口，大量湖水外泄，致使大运河从江苏高邮、宝应到清江浦（今扬州到淮安）一段水位急剧下降，漕船搁浅，京城粮道断绝，面临着断炊的危险。道光帝暴跳如雷，立即派人前往决口，与两江总督孙玉庭等人商讨对策。

旻宁继位以来，一直因为漕运人力、物力耗资巨大而烦恼，可现在漕船都搁浅在运河滩上，纹丝不动。漕粮刚刚起运就搁浅，粮食命脉被切断，大臣们只有干着急的份儿。如何让这批搁浅的漕船脱离淤塞河段，立即北上，是旻宁立即着手要办的事。两江总督魏元煜想出了一个对策，即"借黄济运"，拟定出方案的经费预算大约需要300万两白银。

"借黄济运"就是打开闸门，把黄河水灌入运河。黄河河面高于运河，黄河水灌入运河后，运河水面升高，就能浮送漕船。但是，"借黄济运"弊端很多，这虽然可以使搁浅的漕船暂时通过，但之后淤积的大量泥沙会使运河淤塞，破坏洪泽湖的水系。但眼下的形势严峻，火快烧到眉毛了，根本顾不上其他的，先过了这关再说。旻宁一向节俭，再加上国库空虚，将原来300万两的预算费打了个折，只批准了80万两。

这年的二月初九，原两江总督孙玉庭已被革职留任，正奉命主持"借黄济运"一事。可他发现处于枯水期的黄河不仅没有抬高运河水位，反而造成运河河道淤塞，很多漕船难以前行。他急忙奏请旻宁停止这项措施，采用另外的办法，改"借黄济运"为"盘坝接运"，并报上了盘坝接运的支出预算，共需白银120万两。盘坝接运就是在淤浅的运河河道上临时筑坝，将附近的湖河之水灌入坝中，抬高水位，以利漕船行驶。这个方法虽然不会破坏运河水系，但是成本极高。

每年的这个时候，大部分漕船已经到了京城，但现在所到京城的漕船寥寥无几，京城已经出现粮食恐慌。为缓解粮食压力，旻宁凑够102

第八章
矜守俭德，守其常而不知其变
· · · · · ·

万两，以使漕粮尽快运抵京城。这样，平时连一个鸡蛋都不舍得吃的旻宁，只有期盼这是最后一笔额外投入，希望孙玉庭尽快把200万石的漕粮运到京城。令旻宁没有想到的是，"盘坝接运"的效果并不理想，102万两白银只能让少数漕船驶过淤浅的河道，开进京城，其他漕船仍然原地不动。孙玉庭深知旻宁崇尚节俭的秉性，他在无奈之下，请求截留漕米100万石。本来此次的"盘坝接运"已是赔本买卖，现在又亏损这么多，旻宁大发雷霆，立即将孙玉庭、魏元煜等人追究责任。70多岁的孙玉庭不仅要赔偿滞留漕粮的一些费用，还要前往运河工地，每天拿着铁锹挖泥，做开挖河道的工作。

借黄济运、盘坝接运连遭失败，漕运危机终于到了避无可避的地步。旻宁想到了一个办法，"海运南漕"。海运南漕是将漕船驶出长江口，前往天津，将漕粮运到北京。道光五年（1825年），旻宁下旨，对目前漕船滞留的问题采取海运南漕，将海运相关事宜一一熟筹，据实具奏。不过，旻宁的这种跳跃性思维让人有点儿丈二和尚摸不着头脑，旻宁前阵子才实行了借黄济运，现在又要弄什么海运南漕，有哪个大臣敢冒风险去搞这个海运呢？旻宁调安徽巡抚陶澍为江苏巡抚，十余天后，将山东巡抚琦善提升为两江总督。由他们二人负责此事。陶澍正直清廉，胆大心细，是道光帝继位后重用的一个人才；琦善是满洲正黄旗人，做事干练。

此间，清朝大臣英和上奏旻宁，说了一些海运的必要性，还提出了漕粮不必国家承办，由商人运输的办法：商人运输，所有事宜按市场规则来办，国家只管掏钱，其他事情都不用管理。旻宁听了这个建议，批准认可，认为这项措施是海运南漕的最大亮点。

道光五年秋（1825年），陶澍来到上海，设立上海海运总局，招商承运，开出了优厚的运费和免税等待遇，并宣布漕粮事宜全部交给商船负责。消息一传开，商船船主们踊跃加入。不久，陶澍雇得1000多只商船。道光六年（1826年）二月，第一批漕粮130万石装载完毕，这次海运所用时间只有半个月。紧接着，第二批漕粮也顺利抵达，提前完成漕运任务。此次海运南漕共雇用商船 1500 多只，所运漕米颗粒无损。就此看来，海运的优势是显而易见的，海运南漕取得了巨大的成功，旻宁对这次海运结果非常满意，分别嘉奖了琦善、陶澍以及力倡海运的英和，亲笔写下了"安澜利运""湉波济运""宣仁利涉"三幅字，让人制成匾额，送到寺庙，以示对神明的感谢。

然而，此次海运南漕没能坚持下来，在海运了苏州、松江、常州、镇江、太仓四府一州的一年漕粮后，就放弃了。陶澍本想趁热打铁，奏请继续实行海运，却被户部阻挠，没有成功。道光七年（1837 年），运河通畅，朝廷又下令恢复了漕运。

惩治盐枭，两淮盐法改革

道光年间，在改革漕运的同时，关系到国家财政税收的盐政也受到了重视。清朝盐政向来采用明朝纲盐法，实行官督商销的制度。这种办法由固定的盐商凭"盐引"行销纲盐。"盐引"跟现在的"专卖许可证"或者是"完税证"差不多，商人到政府购买盐引，就等于交了盐税，有了合法售盐的资格，再凭盐引到盐场提盐，最后到规定的地方卖盐。在当时来看，盐不仅是国家控制的重要专卖品，更是生活的必需品。然而，清朝盐税逐年下降，导致官盐滞销，私盐泛滥。官府称私盐贩子为"私枭"，严厉打击私枭，却适得其反，私盐不仅没有禁止，反而越来越畅销。

此前，陶澍将大清开国以来史无前例的海运南漕搞得稳妥顺当，荣升两江总督，管理江苏、安徽、江西三省，成为掌管清朝东南半壁江山之重臣。在清朝，两江富裕，不仅粮食产业位居前茅，盐税收入也十分可观。就拿扬州一个地方来说，每年上缴盐税占全国盐税的 60%，达

600 万两白银。

道光十年（1830 年），两江总督陶澍上奏说，两淮盐务疲敝至极，弊端太多，请求删减浮费。不久，道光帝批准实施了革新盐政的措施，将两淮盐政裁撤，其盐务改归两江总督管理。扬州是两淮盐运司衙门所在地，多数盐商聚集于此。这里的盐商在全国的食盐销售中占垄断地位，他们肆意抬价、压价，以此获取暴利。

但是，陶澍掌管两江以后，这里的繁荣景象已经不复存在，江苏食盐卖不出去，国家征不上盐税。这是因为当时滞销的是官盐，畅销的是私盐。与官盐相比，私盐价格便宜，品质又好，手续简单，物美价廉。官盐滞销，盐商倒霉，清政府的财政收入也受到影响，所以，政府也严厉打击私盐。

旻宁初年，盐法之弊可谓登峰造极。陶澍意识到盐务弊端太大了，他先针对淮北盐务，进行盐法改革。两淮有淮南、淮北两大盐场，规模最大的淮南盐场，还可以勉强支撑；淮北盐场情况更加糟糕，必须力求改革。

当时，两淮盐枭头目最嚣张的是福建人黄玉林。黄玉林出手大方，看起来温文尔雅，说起话来慢条斯理，但此人诡计多端，他手下的私盐贩子个个杀气腾腾；不仅盐枭听他指挥，就连官府也拿他无可奈何。为了顺利进行盐法改革，陶澍决定擒贼先擒王，将矛头指向黄玉林。

道光十年（1830 年），陶澍奉旻宁旨意，将黄玉林公开处决。官员们知道了，个个心惊胆战，他们害怕这件事牵连自己。当时，两淮盐政衙门十分腐败，一些官员与盐商为结盟兄弟，另一些官员与盐商结成儿女亲家，还有的与盐商打得一团火热，直接入股经商了，官商勾结已经到了令人发指的地步。

陶澍上奏道光帝说："黄玉林并不可怕，倒是怕百姓买不起官盐，不解决这个问题，后面还会有更多的黄玉林，请求裁撤两淮盐政。"旻宁问："那盐务事宜让谁管理合适呢？"陶澍脱口说道："我管！"旻宁一股脑地全答应他了。

陶澍担任两江总督兼管盐务以来，革除了各种盐务陋规。他改革盐务的基本思路是降低官盐价格来抵制私盐；而要降低官盐的价格，必须先降低官盐的成本。等到官盐与私盐的价格、质量差不多的时候，老百姓就会购买官盐，盐枭自然就销声匿迹了。但这样一来，就碍着了权倾朝野的曹振镛的利益。曹振镛祖上以盐业起家，亲属都是扬州盐商。陶澍决定给曹振镛写一封信，说清废除盐商垄断的可取之处和必要性。

此时，已经年近80岁的曹振镛，精力不济，谨小慎微，立即回了一封信，信上说："人人都知淮北盐务弊端太深，改革是在所难免的，你想改就改，我已经快八十了，也帮不上什么忙，但不会干扰你为朝廷办事。"得到这样的回信，陶澍说干就干。道光十二年（1832年），陶澍敲定了盐法的改革方案。改革的办法是，革除自明朝以来在盐务管理和盐税征收上实行的国家特许专商经营体制，实行票盐制度。也就是取消盐商对食盐的垄断，不需要繁杂的手续，只要给国家交了盐税，就能领票，凭票运盐，就可以在规定的地区和时间内贩盐，手续简单，成本很小。

道光十二年（1832年），票盐法首先在淮北地区31个州县实行，这种制度，任何人只要纳税，都可以领票运销食盐，打破了食盐运销的垄断，降低了盐价，促进了盐的销售，增加了盐税，剥夺了官员利用盐政营私的途径。票盐法实行以后，效果十分显著，凡富有之民，皆可带资领取盐票，不论哪个省的人，也不限数额多少，皆可以纳引授盐。

与之形成鲜明对比的是，票盐法使原来淮北垄断盐业的盐商顿时陷入困境，受到致命的打击，盐商们的破产不是逐渐的，而是瞬间的；淮北私盐渐渐消失，国家税收大增，超额完成了任务。本想趁热打铁的陶澍，身体日益羸弱，于道光十九年（1839年）去世。旻宁痛苦万分，称他"实心任事，不避嫌怨"，赠"太子太保"称号，谥号"文毅"。

后来，票盐法受到和过去行盐之法利害相关的各种势力的反对，道光帝因推行票盐法阻力重重，也不得不使盐政的改革半途而废。但陶澍这种打破垄断、平等竞争、自由贸易、重视商品经济和价值规律的思想，为此后历代政府纷纷效仿，达百年之久。

林则徐与虎门销烟

19世纪30年代，英国把鸦片大量输入中国，鸦片输入额逐年增多。鸦片泛滥，祸国殃民。朝廷上下关于禁烟的争论已陷入僵局，面对中华五千年史无前例的一道大难题，旻宁处在极度的郁闷和烦躁之中。

鸦片，又称"大烟""烟土"，经常吸食，会使人的身体遭到毒害。英国的鸦片贩子尤为猖獗，他们与中国烟贩相勾结，采用武装走私、向清政府官吏行贿等手段，源源不断地把鸦片倾销中国。鸦片输入的扩大，严重地毒害和摧残了中国人的精神和肉体，也破坏了中国的社会经济，数千万两的白银流入英国人的腰包。

面对日益猖獗的鸦片贸易，旻宁忧心忡忡，对于鸦片泛滥，禁还是不禁，如何禁，令他十分苦恼，但一个突发事件让他下定决心。原来，有两位皇室贵族不敢在家里吸食鸦片，怕被发现，偷偷跑到庙里吸食，那庙是个尼姑庵，以为那里安全，可一进庙里，就让朝廷的人给盯上了。旻宁知道后勃然大怒，革除两位皇室贵族的爵位，贬为庶人，又命人立即在北京严查鸦片。旻宁还指出，朝廷大臣也好，皇室贵族也罢，只要粘上一点鸦片，全部拿下。

即便这样，鸦片泛滥禁而不止，满载鸦片的英国桅船仍络绎不绝地驶向中国。正当道光帝无计可施之时，太监呈上湖广总督林则徐的奏折，他坐在御案前仔细阅览起来，看到快结尾时，渐渐地脸上露出喜色。原来，林则徐的奏章正是为禁烟一事。奏章中列举了鸦片之毒害，提出了禁断鸦片的措施，林则徐认为："想杜绝烟患，必执法从严，雷厉风行。"他还告诫道光帝："如果再不严禁鸦片，那么几十年后，中国几乎是要兵没兵，都是鸦片烟鬼；要钱没钱，都买鸦片了，国家就要被鸦片蛀空了！无论何人，犯禁者立斩不饶，以严法禁烟定能有效。"道光帝越看越激动，林则徐的警告使他触目惊心，于是他下旨召见湖广总督林则徐。经过近一个月的跋涉，林则徐抵达北京，进宫候见，从那天起旻宁一连八天召见林则徐。君臣二人主要对加强海防、中英关系以及严禁鸦片的问题上进行了讨论。过了一阵子，林则徐又给道光皇帝上了一道《条呈禁烟办法疏》的奏章，具体开列了禁烟的六条措施。旻宁阅览后喜出望外，决定让林则徐主持禁烟。

林则徐，福建省侯官（今福州市区）人，是清朝时期的政治家、思想家和诗人，因其主张严禁鸦片，有"民族英雄"之誉。他博学多才，至少略通英、葡两种外语，且着力翻译西方报刊和书籍。那么，这位在中国近代史上赫赫有名，被后世称为"中国开眼看世界第一人"的林则徐到底是怎样禁烟的呢？

道光十八年（1838年），旻宁任命林则徐为钦差大臣，前往广东禁烟。次年初，林则徐进入广东的境内。沿途他特别注意调查广东鸦片流毒情况，掌握了一批贩毒、贿赂等罪犯的行踪和犯罪事实。到达广州后，林则徐又通过多种途径了解调查烟贩罪行。这时候，鸦片贩子都跑到澳门避风头了。

几天以后，林则徐以钦差大人的身份，召集几家书院的学生做了一场考试，学生顿时紧张起来。待试卷发下后，学生愕然了。原来试卷中夹着一张纸条，上面明确要求，这次考试考生将所知鸦片贩子的人名、住址、罪行，以及官府走私受贿的情况详细写在试卷上。学生对当地情况了解比较多，深知鸦片的危害，大家认真地把所知情况一五一十地写在试卷上。很多学生在卷子里提到了韩肇庆。韩肇庆是当地的水师大员，统领上万军人，用水师的船只走私护私，与鸦片贩子约定提成比例，再将收到的贿赂拿出一部分上交，作为缉私有功的证据。经过林则徐调查，此事千真万确，于是他把韩肇庆给革职了。

经过一番调查研究，林则徐对一些烟贩和走私官兵实行严惩，还对在广东的各国商人宣布，令他们交出鸦片，并做出书面保证今后不贩运鸦片到中国。通告发出后，外国商人如惊弓之鸟，不知所措，有的交出

第八章
矜守俭德，守其常而不知其变

部分鸦片，有的则藏了起来。此时英国最为担心，怕林则徐禁烟断了他们的财路，于是采取种种阴谋手段破坏禁烟。

英国大烟贩颠地，是外国鸦片商人的头目，手中还拥有走私武装。他先是呈报了一千箱鸦片，妄图蒙混过关。林则徐早就调查过海上商船的情况，知道他弄虚作假，下令传讯颠地，对他提出警告。颠地回船后，继续拖延时间，对缉私人员进行武力挑衅，于是林则徐决定逮捕他。

在这种情况下，英国驻华商务监督查理·义律匆忙来到广州，把颠地藏匿在商馆里，拒不交出；林则徐针锋相对，派兵包围了商馆。广州百姓自愿参加巡逻，一防颠地潜逃，二防内奸混入。商馆断水断粮，查理·义律再也无法顽抗，不得不同意交出所有船上的两万多箱鸦片。

查理·义律没办法，又召集英国商人，对抗林则徐，然后又传达对林则徐的质问。他说："谨以本国国王的名义质询贵总督，是否想同在中国的英国人作战？"林则徐面对这样的挑衅，回击查理·义律的就是停止贸易，切断了英国商馆跟外界的联系，把商馆给封锁起来了。

查理·义律很不服气，又给烟贩子们打气说："知道你们的背后是谁吗？是大英帝国的炮舰，你们怕什么？"他以此鼓动商人拒绝交出鸦片，拒绝写书面保证。广州市民被查理·义律的行为激怒了，他们自发地包围了英国商馆。林则徐也针对查理·义律抗拒交烟的恶行，采取了更强硬的措施，他向英商发出通告，如不交鸦片，就派兵包围商馆，撤出中国的雇员，断绝他们生活必需品的供应，并对停泊在黄埔港的外国船只实行封舱。查理·义律承受的压力越来越大，如热锅上的蚂蚁，焦躁不安，马上就要断粮了，再不交出鸦片，就要身死他乡。他再也无计可施了，老老实实地交出了鸦片，并做出了书面保证。对这些没收的鸦片，林则徐按道光皇帝的谕旨，决定全部销毁。

按一般理解将鸦片销毁是烧毁，但被焚烧后的鸦片会渗透到土壤里，还能从土壤里提炼出品质稍次的鸦片。经过一番研究，林则徐命人在虎门海滩稍高的地方挖了两个长宽各 15 丈的池子，池壁有涵洞与大海相通。只要将鸦片投入浸满海水的大池中，再倒上海盐和生石灰，鸦片就能化作灰烬。

道光十九年（1839 年）四月二十二，是世界禁毒史上光彩的一页。这一天，虎门海滩人山人海，人们从四面八方拥向这里，观看销烟盛况。林则徐率领两广官员来到了虎门，等候在这里的人们沸腾了，争相一睹林则徐大人的风采。销烟之前，林则徐举行了祭海仪式，他面向大海祭拜，请海神率水族回避，然后传令销烟，顿时鼓声隆隆，欢声雷动，一队队有组织的士兵劈开鸦片箱子，切碎鸦片块，倾倒在两个大销烟池中。渗入海盐，把石灰撒入池内，用力搅拌，灌入海水。生石灰被海水一泡，立刻产生高温，不烧自燃，销烟池里升腾起阵阵烟雾。

遵照旻宁的指示，林则徐把禁烟过程全程公开，很多中国人都来观看这一盛景。林则徐特意邀请一些外国商人前来参观。他们眼看着运到中国的鸦片被烈焰吞食，脸上阴云密布，心中升腾着愤恨的怒火。一个美国商人来到林则徐跟前，脱帽致敬，林则徐和蔼可亲地说："清朝只禁害人的鸦片，并非拒绝通商，只要遵守法纪，我们欢迎各国商人来华贸易。"就这样，销烟足足焚烧了 20 多天，每天都有数以万计的民众前来观看。

林则徐因为大力主张严禁鸦片，有"民族英雄"之誉。尽管林则徐一生力抗西方入侵，但对于西方的文化、科技和贸易则持开放态度，主张学其优而用之。他在查禁鸦片的同时，还加强了海岸的军事防备。这个在旻宁的批准下，由林则徐主持的禁烟斗争，向世界显示了中国人民抗击外来侵略的信心和能力。

鸦片战争，祸国殃民

鸦片战争将古老的中国拖入了近代，使中国由封建社会开始沦为半殖民地半封建社会。虎门销烟后，英国人的挑衅接踵而至。林维喜事件

第八章
矜守俭德，守其常而不知其变
• • • • • •

使一个本来十分棘手的局面变得更混沌起来。

道光十九年（1839 年）五月二十七，一些英国水手在九龙尖沙咀村（今香港）上岸闲逛，来到一座庙里，对庙里指手画脚，做了一些对神灵不恭敬的举动。一名叫林维喜的中国村民与他们发生了争执，结果被这几名英国水手殴打致死。林则徐接到消息后，立即命令英国商务领事查理·义律交出凶手。查理·义律一口回绝，说现场混乱，真凶不明。查理·义律不但不交凶手，还自行开庭审理林维喜一案的犯罪嫌疑人，将五名英国水手分别处以监禁和罚金，判决完后，立即把五名罪犯送回英国。林则徐听到这个消息之后，立即封锁澳门的各个通道，让查理·义律把那几名英国人交出来。林维喜案成为鸦片战争的导火线，战争一触即发。

几天之后，中英双方在九龙发生冲突，爆发了九龙之战。紧接着，中英又爆发了穿鼻之战。这些战斗虽然伤亡不大，但是它预示着中英双方已经进入战争状态。旻宁闻讯决定停止林维喜一案的交涉，与英国人彻底决裂。

从道光二十年（1840 年）开始，英国远征军陆续抵达广州海面。英国政府任命由海军少将乔治·懿律和驻华商务监督查理·义律全权代表，他们率领英国舰船 40 余艘及士兵 4000 人到达中国海面，鸦片战争正式爆发了。

然而，出乎意料的是，英军并没有攻击广东，而是向北行驶，林则徐急忙传令福建、浙江进行防卫。过了几日，英国军舰驶入厦门海面。福建方面早有准备，深夜派水兵扮成商民，乘坐小船攻击英舰，用喷火罐烧毁两艘英舰，杀伤英国水兵几十名。天亮以后，英军进入厦门。厦门炮台用沙袋堆积，英方大炮击中后"扑哧"一响，炮弹便被滞住。厦门炮台进行还击，击中了几艘英舰。乔治·懿律见厦门防备森严，又继续北上，进入浙江海面。舟山是浙海第一门户，是个群岛，四面环海，无险可守。英舰在海面上走了几日，发现没有中国兵船拦截，就驶入群岛之中，向舟山的重镇定海进攻。英舰向定海知县发去通牒，限一天之内交出定海，否则攻城。定海知县姚怀祥和总兵张朝拒绝了英国人的劝降，并对英舰发起猛攻。英舰不退，用排炮攻打定海炮台，炮弹如雨，定海方面竭力抵挡。忽然，一个炮弹飞来，总兵张朝饮弹而亡。英军攻破海口，直驱定海城下，进行大肆抢掠，定海县变成一片废墟，知县姚怀祥见县城攻破，自刎殉国。英军统帅乔治·懿律患病，返回国内，查理·义律前来接替。几天以后，英军继续北上。一个月后，抵达北京的门户天津，并驻扎在天津白河口外的大沽口。

前线的战况传到了旻宁的耳朵里，旻宁任命直隶总督琦善负责此事。查理·义律率领舰队，并没有直接进攻，而是采取"先礼后兵"的策略，带着二十几个士兵上岸，要求面见琦善。琦善大吃一惊，不知查理·义律打的什么主意，只好硬着头皮相迎。随后，查理·义律递上一封英国方面的信件。信上说："中英两国通商一百多年了，两国关系一直都非常好。英国只想与你们恢复以前的贸易交往，不是有意交战。但是广东林则徐烧了我们的鸦片，英国人受到了凌辱和损失，所以你们应该赔偿我们烟价，赔偿我们兵费，允许我们通商，做到这些我们撤退。"琦善一听，事关重大，不敢表态。为了稳住查理·义律，不让他派兵攻打，琦善立即满脸堆笑，设宴款待。查理·义律也不推辞，大吃一顿。席间，查理·义律见琦善好欺负，就吓唬他说："英国还有几十万的后续部队，几百艘军舰几天就能到达天津。你们要是不答应英方的要求，后果可想而知。"琦善听了十分害怕，等查理·义律吃完毕恭毕敬地送了出去。这次的天津会谈，琦善表现得窝囊至极，与查理·义律的强硬态度形成鲜明对比。

定海陷落后，英国的船队在大沽口停留迟迟不退，旻宁惊恐万分，立即派兵到浙江防卫，让琦善到京师听从指挥。琦善到了京城，就跟穆彰阿讨论对策。穆彰阿本是进士出身，算是有点才华，喜欢结交名士，特别擅长拍马屁，经常哄得旻宁晕头转向。穆彰阿原本就反对禁烟，对林则徐更是不满，他跟琦善狼狈为奸，弹劾林则徐办事不力，轻易挑起战争，应该先惩罚林则徐，再谈战和的事。旻宁召见琦善，琦善告诉他，

第八章
矜守俭德，守其常而不知其变
· · · · · ·

天津会谈中查理·义律愿意议和，并极力主张议和。旻宁一听，认定不管林则徐在广东干得怎么好，却是他的行为导致英国人攻陷定海，让国家损兵折将，而且英军在大沽口停留，威胁到京城的安全，搞得清廷劳师动众，举国不宁。于是，旻宁下旨责罚林则徐等人办事不力，将林则徐革职，由琦善担任两广总督一职，即刻前往广东着手议和的事情。

琦善接旨后，马上通知查理·义律，请求撤掉大沽口的英舰，返回广东，在广东商谈议和的事情。接着，琦善赶到广州，对林则徐等人宣读圣旨。林则徐在广东的虎门销烟大挫英国人的锐气，功勋卓著，如今却成为牺牲品和替罪羊，忍不住老泪纵横。过了几天，查理·义律要求琦善撤掉沿海兵防，解散林则徐先前招募的水兵。于是，琦善下令撤掉所有海防，解散水兵。然而，查理·义律又命人送来一封信，信上要求琦善遵守天津议和谈到的赔偿烟价、赔偿军费、允许通商等条件，还要割让香港给英国人居住，并且在三天之内给予答复。

琦善一听割让香港，吓坏了，他可不敢擅自做主，一边稳住查理·义律，一边含糊其辞地禀报旻宁。可这次查理·义律没有那么多耐心了，派兵发动突袭，攻占沙角炮台，又攻占大角炮台。琦善吓得胆战心惊，只好答应查理·义律割让香港一事。琦善溜出广州，来到莲花城与查理·义律会谈。谈判的结果是：赔偿烟价600万元，开放广州，割让香港；英国人从定海撤退，归还沙角、大角炮台，双方签字画押。这个所谓的条约，就是道光二十一年（1841年）签订的臭名昭著的《穿鼻草约》。这个条约刚刚签订，英军就在香港到处贴告示，宣布琦善把香港割给英国，从此香港居民为大英帝国公民。英国从此就开始了对香港长达156年的军事占领和殖民统治。消息一出，全国官民悲愤难忍，纷纷谴责琦善的卖国行径。道光帝气得火冒三丈，骂琦善辜恩误国、丧尽天良，将他革职抄家。几天后，琦善被押解到京城，本应处死，但狡猾的穆彰阿极力劝解，最后免于一死。

面对英国军队的屡屡进犯，旻宁终于痛下决心对英宣战，调兵遣将，派御前大臣奕山到广州主持军务，封给奕山一个响亮的称号"靖逆将军"。又命湖南提督杨芳、尚书隆文做参赞大臣，帮办军务。

查理·义律已经得知这一消息，乘奕山、杨芳的援军没到，率先向虎门进攻，几十艘军舰在虎门海面聚集，全舰开始发炮。镇守虎门要塞的是水师提督关天培。关天培满腔热血，对英国军队恨之入骨，奋勇反抗，指挥炮兵向英舰反击，炸毁几艘英舰，但英舰大炮如雨点般地向炮台倾泻。关天培奋力反抗，大喊开炮，忽然，一个炮弹飞来，打中关天培左臂，他继续大喊开炮；紧接着，几颗炮弹同时炸响，只见官兵纷纷倒地，英军开始登陆。见大势已去，关天培仰天大呼后，挥剑自刎。不久，虎门要塞被英军占领。

到达广州以后，奕山终于下达了向英军进攻的命令。袭击时间选择在午夜，目标是停泊在珠江上的敌舰。当夜，清军把几百个装满桐油的火船用铁链相连，从上游放下，火船之后是满载着清军的小船，清军都拿着长钩，拿着弓箭，拿着刀，再通过火船引燃敌船，然后士兵拿长钩钩住军舰，跳上英国的军舰上，拿刀砍杀；得手之后，两岸炮台发炮响应。然而，这个办法只取得了一点战果，第二天天一亮，英军就开始反击。几日之后，英军基本扫除了广州城西清军的抵抗，开始大规模登陆，继而向广州城北发动进攻，攻占四方炮台。奕山急得要命，整天在衙门里踱步转圈，杨芳则整日在城楼上防守。奕山此时愁苦万分，只能求和。

英军停止对广州的攻击，但条件为：一是限5天内缴纳600万元大洋兵费，赔偿英国；二是外省部队撤出广州城60英里；三是交清600万元之后，英军撤退，但是在中英两国交涉未妥之前，广州各要隘不得设军备；四是赔偿商馆被劫焚和被误伤的西班牙商船的损失。这就是历史上所谓的《广州和约》。

奕山很快按时交清了这600万元，然后把军队撤到了广州城北的金山寺。只要英国人把部队撤回到香港，奕山的使命也就算完成了，但贪婪的英国政府不满足广州的战果，派璞鼎查替代乔治·懿律，再次扩大侵华战争。英军北上攻陷厦门，再一次进犯定海。定海总兵葛云飞等人在寡不敌众、武器落后的情况下，坚持了五天，最终全部牺牲。不久，镇海、宁波也相继失陷。

旻宁得知后，立即任命吏部尚书奕经为扬威将军，率兵前往浙江进行反击。奕经是旻宁的侄辈，皇帝的亲信，一生做官，没做过事，对带兵打仗一窍不通，他让人把老虎头丢进海水里，认为这样可以激怒龙王，掀翻英舰。这样的将军怎么会打胜仗？旻宁又派盛京将军耆英为钦差大臣，前往杭州，向英军示意求和。

道光二十二年（1842 年），英国军舰攻陷吴淞后，长驱直入。两个月后，英舰开到了南京城外的江面上。此时此刻，道光帝再也没有讨价还价的余地了，不得不求和。道光二十二年（1842 年）七月二十四，中国代表耆英、伊里布与英国代表璞鼎查，在英国军舰"康华丽"号上正式签署条约，条约上盖着大清皇帝的御宝，而英国以"康华丽"号战舰舰长的印章代替英国女王之印，这就是丧权辱国的中英《南京条约》。它是中国近代史上签订的第一个不平等条约，它的主要内容有：割让香港，赔偿巨款，开放广州、福州、厦门、宁波、上海为通商口岸，海关税率要同英国一起议定，英国享有领事裁判权等。其危害严重至极。

从此，大清国的光荣历史被一笔勾销，丧权辱国的口子一开便不可收拾，美国、法国接踵而至，强迫清朝政府同他们签订不平等条约，中国一步步地陷入了半殖民地半封建的境地。

红颜薄命，皇后之死

在大清朝的诸多帝王中，旻宁是册立皇后较多的一位帝王，先后拥有四位皇后：其中三位是他活着的时候册封的，一位是他驾崩后由儿子咸丰帝替他追封的。与旻宁一朝国事的跌宕起伏相比，旻宁的后宫内闱还算平静，但太后与他的第三位皇后之间的婆媳矛盾令他伤透脑筋。生长于苏州的孝全成皇后才貌双全，可惜红颜薄命，年仅 32 岁便猝然去世。孝全成皇后之死是清宫的一桩疑案，也是一大丑闻。提起此事还得从头说起。

旻宁的第一任是孝穆成皇后钮祜禄氏，第二任是孝慎成皇后佟佳氏，第三任是孝全成皇后钮祜禄氏，第四任是孝静成皇后博尔济吉特氏。孝全成皇后钮祜禄氏出身名门，曾祖父和祖父都是清朝名声显赫的将领，父亲颐龄是乾清门的侍卫，世袭男爵。幼年时，颐龄被派往苏州府任职，举家搬迁，钮祜禄氏就随父母在苏州长大成人。明清时期的苏州富甲天下，景色优美，号称"海内繁华、江南佳丽"之地，故苏州女子多聪慧贤淑。

"一方水土养一方人"，钮祜禄氏从小就长得很漂亮，且聪明伶俐，再加上江南名城苏州水土文风的滋养和熏陶，使她平添了几分灵气，养成了江南女子的纤巧秀慧。除了刺绣和诗书，钮祜禄氏还学会了七巧板拼字游戏，并在这方面格外出色。

道光元年（1821 年），其父亲将年方 13 岁的钮祜禄氏送入宫中，参加旻宁即位后的第一次大规模选秀。在几百个秀女中，这个灵气十足的女子立刻被旻宁看中，留在了宫中，初为贵人，不出一月升为嫔，因才、智、貌样样都全，特赐徽号"全"字。美貌与智慧并重的钮祜禄氏，很快得到了道光帝的偏爱，入宫一年多，晋封为全嫔，三个月后，全嫔又晋为全妃，年方 15 岁。钮祜禄氏入宫不到两年，就从贵人晋升为嫔再晋升为妃，名位得到如此迅速的提升，也足以证明她几乎已经得到了旻宁的专宠。

在经过一番镇压张格尔叛乱、平定瑶民之乱后，旻宁总算松了一口气，认为四海晏宁，天下太平，应该庆祝一番。聪慧绝顶的钮祜禄氏极会凑兴，她用七巧板拼出吉祥语"六合同春"四个大字，寓意"天下升平"。七巧板是中国特有的智力游戏，用木板七块，各种颜色，形状各异，拼在一起，千变万化。但用七巧板拼出四个大字来，的确是难度很大，可谓独具匠心。"六合同春"四个字特别符合当时旻宁期望国家繁

第八章
矜守俭德，守其常而不知其变

荣昌盛、欣欣向荣的心理。全妃小心翼翼地递上七巧板，献给旻宁。旻宁认为非常吉祥，龙心大悦，封全妃为皇贵妃。

因自小生长在苏州的缘故，钮祜禄氏天生丽质、心灵巧慧，颇有南方女儿的温柔和贤惠，这与其他八旗格格的开朗爽健大相径庭。除此之外，她还擅长刺绣和诗文，经常以七巧板游戏作为消遣。据说，清宫节庆中的苏造糕、苏造酱物等，都是钮祜禄氏亲自仿制苏州的苏式糕点、酱菜而得名的。她在随父游历中开阔了眼界，凡事都很有主见和谋划，更是与寻常女子不同。所以，她能够受到旻宁的宠爱，独占鳌头。

钮祜禄氏的肚子也很是争气，几经雨露，便孕育子嗣。道光四年（1824年），全妃怀有身孕。十月怀胎生下的第一个孩子是皇三女（11岁夭折），虽然是女儿，但旻宁仍然大喜，与之前洋嫔所生的皇二女比起来，所受的待遇可谓是大相径庭。道光五年夏天，钮祜禄氏再次怀孕，晋升为全贵妃。

道光六年（1826年），全贵妃生下第二个女儿即皇四女，后来封为寿安固伦公主，宫中称为"四公主"。虽然仍是女儿，依然没有影响道光帝对钮祜禄氏的感情。相反，四公主成为道光帝最宠爱、最重视的女儿；长大以后，为四公主选择的驸马也是旻宁女婿中出身最为显赫之人。

道光十一年（1831年），全贵妃生下皇四子奕詝，即后来的咸丰帝。母以子贵，她的地位越来越高，好运接连不断，地位频升。这时因为道光帝的第二位嫡妻，继位后所立的皇后佟佳氏去世，六宫无主，钮祜禄氏成为理所当然的继后人选；道光帝以孝和皇太后的名义晋升钮祜禄氏为全皇贵妃，摄六宫事，实为后宫之主，这成为她再升一级的跳板。一年以后，由皇贵妃转正，册立为皇后，年仅27岁，晋升之快，令六宫妃嫔望尘莫及。皇后的娘家人大沐皇恩，其父封承恩公，其母封诰命夫人，荣耀无比。

然而，好景不长。道光二十年（1840年），皇后突然驾崩于皇后寝宫——紫禁城东六宫之钟粹宫，年仅32岁。道光帝抚尸大哭，悲伤不已，特赐谥号为孝全成皇后。钮祜禄氏可谓是一位春风得意的皇后，聪慧过人，升迁神速。按理说，她已母仪天下，坐上了这"万凰之王"的位置，应该养尊处优，延年益寿。然而，孝全成皇后盛年暴崩，她这皇后的椅子还没坐热，就在睡梦中撒手人寰了。这不禁让人对她的死亡疑问重重，联想起孝全成皇后生前与孝和皇太后的冷淡关系以及一些反常的迹象，大家纷纷把矛头指向了孝和皇太后。说法大致有两种。

第一种说法是被迫自杀说。因为孝全成皇后死时年纪并不大，而她死时也的确有些蹊跷，因此关于孝全成皇后之死在宫廷中曾经有很多传言。孝全成皇后所生的奕詝胆小懦弱，一副老好人模样，难堪大任；而当时静贵妃所生的奕䜣（即后来的恭亲王）则是文武兼备，机智过人。一开始，道光帝最喜欢的是奕䜣，而且想立他为继承人。孝全成皇后为了让自己的儿子顺利登上皇位，策划了一个计谋。她命人摆下毒鱼宴，企图毒死奕䜣。

这天，奕䜣来孝全成皇后和奕詝所住的钟粹宫，找奕詝玩，皇后便派人通知奕䜣的母亲静贵妃，告诉她奕䜣在自己寝宫里吃饭。吃饭之前，皇后偷偷把儿子奕詝叫出来，让他别吃鱼。奕詝不知所措，皇后只好交代用意。忠厚仁慈的奕詝，与奕䜣关系最好，当奕䜣要夹鱼吃时，他使劲踩了奕䜣一脚。这样反复踩了几次，聪明的奕䜣明白了，再也没有吃鱼。不料，皇后宫中跑来一只猫，躲在桌子底下吃了奕䜣掉下来的鱼肉，不久就突然狂窜起来，没跑多远便倒地而死。奕䜣十分害怕，告诉了母亲静贵妃；静贵妃大吃一惊，忙去告诉孝和皇太后。太后大怒，命令旻宁赐死皇后。旻宁虽然不舍得皇后，但母命难违。孝全成皇后为了自己的儿子能够保全，只好自尽。

第二种说法是太后下毒说。道光十四年（1834年），皇太后六旬万寿，旻宁是个大孝子，为讨太后欢心，亲自制作寿颂十章，献与皇太后。皇后本是才女，当下一挥而就，写成"恭和御诗十章"。旻宁见她诗章立意新巧，寓意吉祥，格律工稳，更加宠爱不已。一天，旻宁去向太后请安时，随便聊天，提起皇后赋诗祝贺一事。太后皱着眉头怅然道："皇后敏慧过人，未免可惜。"道光帝正在纳闷，太后又说："妇女以德

第八章
矜守俭德，守其常而不知其变
* * * * * *

为重，德厚能载福，若仅凭一点才艺，恐非福相。"言下之意即是"女
子无才便是德"。旻宁听了很是惊讶，以为太后只是随便说说，对皇后
仍然恩宠不减。但这件事经太监、宫女传播，竟传到了皇后那里。皇后
有些不高兴，觉得太后有意损她，心想："我贵为皇后，生下皇子奕詝，
虽是老四，但老大老二老三夭折，皇位也轮着我的儿子了。到那时，我
也是皇太后，难道我没福气吗？这个老婆子真是多嘴。"于是，心中暗
恨太后。

皇后受到旻宁的宠爱，更生骄娇之气，太后小看她，便不免心存芥
蒂，怒形于色，语言也有些不敬。有时去太后寝宫请安，言语中颇含讥
讽。太后见她如此，心中懊恼，免不得当面训斥一番，有时候责备旻宁把
皇后宠坏了。旻宁当面附和，回去后与皇后恩爱如故，无意间将太后说的
话告诉皇后；皇后心中更气，凭着皇上的恩宠，娇气更盛，竟然多次顶撞
太后，把太后气个半死。婆媳间的不合之事，传播出去，闹得满城风雨；
旻宁大伤脑筋，他在太后面前表示愿意训斥皇后，而在皇后面前则尽力
安慰。

这样将就了好几年，到了道光十九年（1839 年）冬季皇后偶然受了
些风寒，只觉得头痛脑热，不是什么大病；太后亲自到皇后寝宫探视，
问寒问暖，很是亲热。皇后见了太后此举，将往日的怨气消散一大半。
转眼过了元旦，皇后病情好了很多，打起精神给太后请安；太后依然亲
热，婆媳两人聊得很开心，关系似乎好转。过了几天，太后派人送了一
瓶美酒，说是这瓶美酒能够祛风散寒，强身健体，皇后非常感激，托太
监向太后谢恩。然后拿起酒杯，慢慢品尝，谁知此酒香味浓郁，越喝越
想喝，整整一瓶酒都喝光了。不一会儿，皇后开始肚子疼，难以忍受。
太医匆匆赶来，但为时已晚，当夜皇后薨于钟粹宫。

旻宁痛心疾首，失声痛哭。太后送美酒，皇后暴亡，旻宁也非常怀
疑，但转念一想，太后一向仁慈，不可能下此毒手，再加上他素来仁孝，
只怨皇后福薄命薄罢了。皇后死后，六宫无主，旻宁封静贵妃博尔济吉
特氏，代摄六宫事，并把四皇子奕詝交由他抚养，旻宁驾崩后由儿子咸

丰帝替他追封静贵妃为孝静皇后。红颜薄命的孝全成皇后死于风华正茂的 32 岁，是一件凄婉的事情。

两道谕旨，道光选储

　　历朝历代，皇帝选储一直是一个重大而慎重的难题。道光帝到了 65 岁才开始考虑接班人的问题。他共有九个儿子，前三个儿子都已经去世了，剩下的孩子中，老五过继给了别人，老七、老八、老九都太小，所以，就只能在老四和老六之间选接班人了。

　　旻宁驾崩前，让内务府大臣当着文武百官的面宣读了两道谕旨。读完以后，在场的大臣一个个都觉得十分奇怪，皇帝到底在玩什么把戏？内务府大臣宣读了两道谕旨，一道是宣布：皇四子奕詝立为皇太子；另一道则是：封皇六子奕䜣为亲王。大臣们愁眉苦脸，他们纳闷了，这一会儿立太子，一会儿封亲王，皇上打的什么主意，怎么不按常理出牌啊！

　　原来，清朝皇帝临死前宣布皇位继承人，叫作秘密立储。这种做法是雍正皇帝的首创。可皇帝把立太子和封亲王的旨意放在一起当众宣布，这还是头一次。那么，道光帝为什么要这么做呢？已年过六旬的旻宁在立储之前发现，在他诸多的皇子中，论年龄、资质只有两人符合条件，一个是 16 岁的老四奕詝，另一个是 15 岁的老六奕䜣。

　　老四奕詝性格稳重，受"公忠正直"之士杜受田"夙夜迟早纳诲"，历十余年之久。但他在一次狩猎时从马上摔了下来，经过太医的精心治疗，骨病虽然好了，却落下残疾，成了跛子。老六奕䜣聪明机灵，在日常的功课学习、骑射练习中，都比较出色。老四和老六兄弟俩的关系很要好。这是因为两兄弟年纪相差无几，既同室读书，又一起习武，两小无猜，兄弟情谊深挚。特别是奕詝生母孝全成皇后死后，奕詝即由奕䜣

第八章
矜守俭德，守其常而不知其变
· · · · · ·

生母静贵妃抚养，两兄弟的关系加倍密切。

　　一开始，旻宁比较喜欢老六，想立老六为太子，但经过再三考虑，最终改变这一主意，这一切都因为老四的老师杜受田技高一筹。杜受田为人善于揣摩人心，官宦诗书人家出身，在上书房教授皇子读书。

　　正当旻宁迟疑不决时，一年一度的南苑狩猎举行了，旻宁决定考一考他们。于是，皇帝下旨，让皇子们一起到北京郊外的南苑围猎，进行比试。在狩猎比试之前，老四奕詝知道自己骑射不如奕䜣，事前请教他的老师杜受田。杜受田给他出了个高招，叫"藏拙示仁"。杜受田对奕詝说："论骑射，你是比不上奕䜣的，我教你一个办法。你到了围场，别发一枪一箭，并告诫手下不得捕捉一只动物。如果皇上问原因，你就说现在正值春天鸟兽万物孕育的时候，不忍心伤害它们，也不愿用这样的方式与弟弟们竞争。"奕詝很信赖杜受田，牢牢记住了杜受田的话。

　　狩猎正式开始了，奕䜣意气风发，一心要在旻宁面前显示自己的英勇和娴熟的箭法，获禽最多；而奕詝却是一箭不发，两手空空，一无所获。旻宁看到两个儿子形成了鲜明的对比，非常奇怪，便问奕詝原因。奕詝回答说："儿臣看到现在正值春天，万物复苏，生机盎然，正是动物繁育的季节。如来佛慈悲为怀，曾割下自己的肉给鹰吃。如果儿臣这时用冰冷的弓箭射向它们，岂不是太残忍了吗？这也是佛祖不愿看到的场面。"旻宁对老四奕詝的回答很满意，认为他有帝王的仁慈以及宽大的胸襟，慢慢开始对老四奕詝产生好感。

　　等旻宁冷静下来，还是觉得聪明的老六，更适合做皇帝，于是再次出题考察兄弟俩。旻宁将兄弟俩叫来，在桌子上摆了两个盒子，一个是金盒，上面雕刻着龙，另一个则是个木盒子，上面雕刻着麒麟，让他们各选一个。老四说先让六弟挑选。老六一点都不客气，连忙拿起金盒。旻宁一看，还是老四朴实厚道啊，老六人虽然聪慧，人品却不如老四，内心下定决心立老四为继承人。

　　慢慢地，兄弟俩日渐长大，老六越来越能干，旻宁对他非常满意。旻宁又想立老六为继承人。犹豫再三之下，旻宁决定再考一考兄弟俩，当场提问让他们回答，谁回答得好，就立谁为太子。

兄弟俩得知旻宁同时叫他们去问话，都明白这又是旻宁对兄弟俩的一次考察，旻宁的态度对二人将来谁能当上太子，十分重要，兄弟俩的老师也跟着开始忙碌起来。老六的老师是满腹经纶、才高气傲的大学士卓秉恬。卓老师对老六的才学很有信心，就对他说："皇上问你什么，你就如实回答，让皇上了解你的真才实学。"而老四的老师杜受田交代老四："论口才、学识你是比不过六阿哥的，如果皇上一旦提起自己年纪大了、身体多病等话题，你就号啕大哭，说皇上永远不会死去，永远轮不到自己当皇帝，表达你的一片孝心。"奕詝记住了这些话。

这一天，道光帝问两个皇子如何治理国家之时，奕䜣讲得头头是道，口若悬河。而轮到奕詝讲时，奕詝却泣不成声，抽噎着说："皇阿玛这是什么话？皇阿玛行善积德，得苍天庇佑，永远也不会死去。"旻宁感慨："还是老四孝顺啊！"就此铁了心立老四为太子。

道光三十年（1850年），被内忧外患困扰多年的旻宁终于走到了生命的尽头，奕詝和奕䜣的皇位之争也有了结果。道光帝的两道谕旨，决定了奕詝和奕䜣的地位，从此奕詝黄袍加身，成为咸丰皇帝，而奕䜣作为亲王俯首称臣。

不忍细读的 大清史

第九章

苦命天子，独上高楼不胜寒

奕詝即位之际，以洪秀全为首的太平天国起义正在广西金田村爆发；接踵而来的，又是英法联军之役，这迫使咸丰帝逃往热河承德避难。奕詝在位十一年，惹得民怨沸腾，再加上他并不善战，才发展到"大局糜烂，不可收拾"的地步。后来，他便沉湎于声色，纵欲自戕。志高才疏的咸丰帝奕詝局限于祖宗的条条框框之中，在位期间不仅无所建树，还成为诸多不平等条约的罪魁祸首，被刻在了中华民族的耻辱柱上。

洪秀全金田起义

　　奕詝即位以后，展现在他面前的清王朝是政治混乱、财政匮乏、民不聊生的萧条景象。年少气盛、血气方刚的奕詝，颇有点进取的精神。他采取了一系列措施，调整对内对外的政策。他继位刚刚 10 个月，洪秀全等人就在金田爆发起义，国号"太平天国"，洪秀全自称"天王"。奕詝立刻调兵遣将，抓紧围剿，企图把太平天国扼杀在摇篮里。

　　金田起义是太平天国领袖洪秀全领导的武装起义。洪秀全，广东花县（今广东花都）人，当过多年的村塾教师。他曾四次参加科考，结果都名落孙山，个人的失意和对时世的不平，使他产生了强烈的叛逆心理。后来，他读到了一本基督教布道的小册子《劝世良言》，思想上受到巨大震动；又发现其中一些基督教义很对农民的胃口，于是他开始向亲友宣讲教义，并逐渐产生了反清的思想。最后他抛弃了科举功名，从此将"重整乾坤"作为自己的庄严使命。

　　道光年间，广西浔州地区洪水、蝗灾接连而至，加上官僚地主的盘剥，赤地千里、民不聊生，使这块土地上积聚着一股股抗争的力量。洪秀全在广东广西等地星罗棋布地建立了拜上帝会组织，借以宣扬他的反清言论。在广西，贫苦农民对统治者的不满和各地零星的起义，使洪秀全感到在这里有发动一场农民运动的基础。于是他联合桂平的冯云山，在以桂平为中心，东至平南、藤县，西到贵县，南至陆川，北到武宣的广大地区设立了拜上帝会组织，把一股股涌动的力量聚在一起，只等待着诱发的火种。位于广西桂平的金田村是一块土地肥沃的小平原。这里既有便于退守的崇山峻岭，也有便捷的水运交通，再加上原先这里已有了几只小股的起义军，注定要成为一场风暴的策源地。

道光二十四年（1844年），洪秀全同表弟冯云山、族弟洪仁玕等人开始积极传教，扩大组织，招收信徒。在他们的积极活动下，吸收了一些信徒，引起了朝廷官员的注意。他们到达广西贵县赐谷村后，洪秀全一边教书，一边宣传教义，入教者很快达到百余人，在此基础上形成了广西的第一个"拜上帝会"。

赐谷村背面几十里的六乌山口有一座六乌庙，地主、族长经常在这里处理族务，欺侮乡人。洪秀全决定带人捣毁六乌庙。这一天，乡民纷纷来到六乌庙，听洪秀全宣传拜上帝会的教义。洪秀全高声喊道："乡亲们，我们都是天父的子女，人人平等，我们渴望公平，可当今妖魔横行，大家没有好日子。今后我们除了天父，谁也不能信！"乡民们你看我，我看看你，一个个诚惶诚恐。有人喊道："你说这话是要触犯六乌神爷的，会大祸临头的！""乡亲们，不要怕，我就是天父派来斩妖除邪的。你们快看！"洪秀全一边说，一边操起手中的笔杆，向神像用力一戳。只听"轰"的一响，神像应声坍塌，腐朽的泥胎里飞出一大蓬白蚁。

乡民们目瞪口呆，崇拜地望着这位教主。当然，洪秀全事先已对这座年久失修的神庙仔细察看过了。洪秀全捣毁了六乌庙，自行受洗，运用一切方式宣传起义，渐渐地，在当地树立了威望。广西山区的百姓，听说这位洪先生神通广大，又对宣传教义中的平等自由、共享太平十分向往，纷纷入会。几年的工夫，就在广西各地集结了上万人的革命力量，形成了以洪秀全为首的，包括冯云山、烧炭工杨秀清、矿工萧朝贵、破落地主韦昌辉、石达开等的核心成员。

经过一段时间有计划的准备，举义的条件已经基本具备。而此时鸦片战争的高额军费和赔款，以及白银的持续外流，使清政府加重了对人民的剥削；再加上广西当时遭受了大灾荒，百姓处在水深火热之中，民

第九章
苦命天子，独上高楼不胜寒

不聊生。洪秀全发布了动员会，鼓动各地拜上帝会会员到桂平县金田村集中，整编队伍，准备武装起义。各地会员获得消息后，陆续到金田会合。成千上万的贫苦农民群起响应，他们变卖所有的家产，手持器械，从四面八方向金田村进军，途中不断阻击前来拦截的清军，一场大的风暴就要到来了。

桂平的官员得知此事，带着士兵进行围剿。他们让挑夫挑着 24 担绳索，满以为可以手到擒来；不料还未进村，就在桥边中了埋伏，全都乖乖地当了俘虏，带来的绳子正好捆他们自己。起义准备就绪后，各个会员散开辫子，蓄起长发，以红布包头，各执武器，宣布起义，定名为"太平军"。道光三十年（1850 年），洪秀全调兵遣将，分攻桂平、宣武、贵县、南平等县，各路义军士气高昂，狂风暴雨般地扫荡各县，攻破城池，杀死县官。

面对这种局势，朝廷再也不能坐视不理，再也不能将他们视作"乌合之众"了。奕詝接到奏章，得知金田暴乱，惊出一身冷汗。他召集朝廷大臣商议对策，大学士杜受田推荐林则徐为钦差大臣。奕詝最钦佩林则徐的气质才干，立刻准奏。当时林则徐已辞去官职，回家养老，接到圣旨，不顾年老病衰，风尘仆仆踏上征程，日夜兼程赶往广西前线，却没走多远，一病不起，几天后与世长辞，终年 66 岁。禁烟先驱走完了坎坷而光辉的人生历程。林则徐去世以后，奕詝悲痛万分，追封为太子太傅，谥号"文忠"。他去世的消息传到金田村，洪秀全狂喜不已，因为洪秀全十分敬畏林则徐。这时，奕詝多次派朝廷重臣到前线镇压起义，连遭失败。不久太平军占领永安，把奕詝气得火冒三丈，再次下旨命人进军永安围剿。

太平军攻克永安后，自称"天王"的洪秀全，从容地进了永安城，威风凛凛。他一方面指挥太平军与清军作战，一方面进行修整补充，制定颁布了各种制度，首先改州衙门为天朝，让各位将领随时奏事，并颁布太平天国年号，开创新朝。咸丰元年（1851 年）洪秀全发布封王诏令，将杨秀清封为东王，萧朝贵封为西王，冯云山封为南王，韦昌辉封为北王，石达开封为翼王。这样，洪秀全实际掌握了太平天国的各项大权。建朝后，太平天国在太平军中开始建立赏罚等级制度，颁布了著名的天历。太平军的这些调整被称为"永安建制"。

太平军在永安停留了半年多的时间，奕詝调兵遣将，派出的清军逐渐增加，兵力达三万多人，包围了永安城。清军苦苦作战，攻打了三个月，太平军奋力抵抗，永安城岿然不动。然而，永安城内粮草已尽，弹药极其缺乏，坚持不了多久。洪秀全听从杨秀清的建议，决定放弃永安，别图良策。咸丰二年（1852年），一天晚上，洪秀全率军从清军防范不严的北门突出，全军一声呼啸狂风暴雨般地冲向清营。已经围战三个月的清军斗志已懈，防备不周。一场激战过后，洪秀全率大军突出重围，向北挺进，清军遭到重创。

此后，太平军越战越勇，开始围攻桂林。当时桂林是广西的省会，清军主力军全部驻扎在这里，太平军围攻一个月，没能攻克。洪秀全见攻了几天，毫无进展，传令撤退。探马忽然来报南王冯云山在蓑衣渡被清军将领江忠源击中，身负重伤，不久去世；洪秀全一听，大叫一声昏厥倒地。冯云山跟随洪秀全最久，是太平军的创建者之一，栋梁去世，洪秀全伤心到极点。洪秀全渐渐苏醒，狂吼："到底是谁杀了南王冯云山？"探马答道："是清军将领江忠源。"洪秀全听了暴跳如雷，下令全军向蓑衣渡进攻，为冯云山报仇。

江忠源是湖南人，号称天下奇士，关羽再生。他在京城时，曾三次将客死京城的三个湖南老乡的灵枢，不远万里、不辞劳苦地送回家乡，侠义之名，传播天下。他听说太平军发难，怒发冲冠，在湖南家乡，招募壮士，特向奕詝请命，效忠朝廷，自愿到广西前线参战。他智勇双全，此次在蓑衣渡设伏，将太平天国南王冯云山击毙，为大清立了一功。

太平军来到蓑衣渡，见对岸清军人数不多，洪秀全下令渡河，几百只船向前行驶，来到河中间，船只忽然不动，拨水一看，河底全是大树，七股八叉，把兵船阻住动弹不得。只听对岸一声炮响，无数只小船划来，用火铳火箭猛地射向太平军。刹那间，南风袭来，太平军几百只船全部着火；太平军烧死的烧死，淹死的淹死，洪秀全带领残兵跳上小船，趁机逃走。江忠源又用火攻妙计，大败太平军，为大清再立一功。

洪秀全收拾残局，逃出蓑衣渡，带军北上，几天后一举攻破全州城；夺得粮食军械无数，又有许多难民加入太平军。之后，太平军一路长驱北进，势如破竹，进入湖南境内，占领道州；在道州扩充队伍，铸造大炮，清军望风而逃。但在七月底太平军攻打长沙的战争中，西王萧朝贵中炮受伤，后来去世。咸丰三年（1853年），太平军攻克南京，这座六朝古都被改名为"天京"，成了太平天国的首都。

自洪秀全发起金田起义后，奕詝调兵遣将，投入大量人力物力进行镇压，却未能实现就地围歼的计划，反而让太平军长驱直入，势如破竹。太平天国从组织酝酿到金田起义，动摇了清朝的统治，是几千年来中国农民战争的最高峰。

悲壮的太平军北伐

太平军北伐与清军阻击北伐，是一场历时两年、震天撼地、惊心动魄的战争。在得知太平军占领南京的消息后，奕詝大为震怒，惶惶不可终日，他的统治面临着一个新政权的直接威胁和挑战。他立刻从四面八方抽调大量的兵力向天京（南京）方向集结，图谋将新生的农民政权扼杀在摇篮里，双方随即展开围剿和反围剿的殊死搏斗。此时，清军正源源不断地向太平军占领区集结兵力，不断加强对太平军的攻击，给新生的政权以巨大的压迫感。太平军北伐之战，从咸丰三年（1853年）誓师北伐开始，到咸丰五年（1855年）北伐军残部全军覆灭为止，前后两年，大致分为长驱北上、驻止待援、最后失败三个阶段。

北伐的目标是缓解清军围剿天京的力度，同时直捣清朝的老巢北京。

咸丰三年（1853年），洪秀全、杨秀清一方面坚守天京，同时下令在扬州的林凤祥、李开芳率军北伐，会合自天京出发的春官副丞相吉文元、检点朱锡琨所部，由浦口北上，向北京进军。北伐军共有2万余人。林凤祥混迹于江湖，结识洪秀全、杨秀清等人，参加洪秀全发起的金田起义。李开芳和林凤祥都是太平天国的五虎上将，二人皆是智勇双全、勇猛善战的英雄人物。将帅确实出类拔萃，但所带兵马2万人，长途远袭，未免太少。尽管如此，林凤祥、李开芳两人，一出师便锐不可当。临行前，洪秀全指令，北伐军"到天津扎住，再告诉他，再发兵来"，并命令各军"师行间道，疾趋燕都，毋贪攻城夺地糜时日"。这个指令就是说，要北伐军以极快的速度直捣清军心脏，而不要攻城夺地。即使为了军队的补给而攻城，也不能消耗太多的时间，更不能与清军打阵地战。

林凤祥等率北伐军自浦口出发，在乌衣镇一带击败清军一部后，一路长驱北进，连克安徽滁州（今滁州市）、临淮关、凤阳、怀远、蒙城，到达亳州（今亳州市），攻克河南归德府城（今商丘），缴获火药2万余公斤以及大量铁炮，本想在此附近的刘家口渡过黄河，取道山东北上，因渡船被清政府烧毁，北伐军只好沿河西上，由汜水渡河成功。当太平军包围豫北重镇怀庆府（今沁阳）时，久攻两月不下。当时城内仅有清军300人，连同团勇壮丁，总计不过万人。林凤祥等人本以为能迅速攻克，没想到屡攻不下，于是将怀庆城团团围住，在城外建营立寨，一面阻援，一面继续攻城。清政府调集兵力赶到怀庆。北伐军围攻怀庆城已经两个月，迟迟没能攻下。在这期间，北伐军有人提出一个建议，趁清军主力没有赶到，赶紧撤离怀庆，向天津方向进军；又因大批清军逐渐赶到，从东、西、北三面进行堵截，北伐军只能弃围，向山西进军至洪洞，又南下连续攻破涉县、武安等地。

北伐军继续前进，经河南进入直隶，清政府曾派出讷尔经额、胜保、托明阿等统兵大员前来堵截，均败在北伐军的手下。自北伐以来，清军兵力不断地用于拦截和追击北伐军，被围困的天京已几无战事。随着太平天国北伐的开展，林凤祥率军马不停蹄，到达直隶中部的深州后，发

第九章
苦命天子，独上高楼不胜寒
* * * * * * *

现城内兵勇逃得一干二净，已成空城。太平军入城稍作休整。深州离北京只有六百里，警报如雪片飞来，清廷满朝震动，人心惶惶。奕訢急忙调兵遣将，下旨京城戒严，命僧格林沁、胜保等人向深州围剿，进攻太平军。胜保是满族翘楚、文武双全，这次他率领数万人马，紧随北伐军，想干一番灭寇擒王的大事业；僧格林沁魁梧高大、武艺高强，善于骑射，是蒙古八旗最杰出的英雄，手下亲兵个个生龙活虎。仗着锐气，清军向太平军发动猛烈的攻击。林凤祥见势不妙，放弃深州，率军过献县、沧州，直逼天津，途中受到胜保的夹击，损失惨重。到了天津外围静海县驻扎下来等待援军。原来天王洪秀全早有命令，北伐军到达天津，他将派兵支持会合，再攻北京。因而林凤祥驻军静海，已算完成使命，但他历尽艰辛，势力大衰。

咸丰四年（1854年）正月，僧格林沁率军会合胜保之军，浩浩荡荡地进攻静海，总兵力是北伐军的好几倍。经过几十天的浴血奋战，静海外围的据点独流镇、杨柳青镇相继被清军攻克。林凤祥率军逃入阜城，僧格林沁紧追不舍，赶到阜城，与林凤祥相持一个月。太平军顽强抵抗，使僧格林沁大伤脑筋，最后用火攻，烧毁太平军的几个据点。林凤祥坚持不住，率领残余部将逃到连镇。清军紧紧追击，将连镇包围；林凤祥坚忍不拔，在连镇苦苦守了两个月，清军寸步难进。僧格林沁久攻不下，刚一松懈，北伐军李开芳就乘机突围而出，异常凶悍，杀开一条血路，冲下山东。原来林凤祥得知天京援军已经进入山东，他派李开芳突围会合山东援军，自己留下来，苦苦等待援军联合北伐。

在直隶连镇这边，林凤祥与清军又对峙了一个月，太平军死伤惨重，只剩下一千多人，粮食早就所剩无几，个个饿得精瘦，但斗志昂扬。僧格林沁率军多次猛攻，都被击退。几个月后，林凤祥依然困守连镇，但城内粮草奇缺，又无援兵，北伐军已饿死大半，待至雨季到来，僧格林沁引运河之水，将连镇淹泡，使北伐军陷入弹尽粮绝的境地。林凤祥处之泰然地指挥北伐军英勇作战，连僧格林沁也认为，北伐军"虽被围万分穷蹙，粮米断绝，以人为粮，或战或守，从容不迫，毫无溃乱情形"，充分显示出林凤祥的军事才干和大将风度。

在激战几个月后，僧格林沁率军攻陷连镇，坚守的北伐军战士奄奄一息。在清查尸体的时候，却没有发现林凤祥的踪迹，僧格林沁命人全力查找，"活要见人，死要见尸"，就是把连镇翻三个盖，也要把林凤祥给找到。最后，清兵在一个废弃的帐篷下，发现一个极为隐蔽的地道。翻开盖板进入地道后，看见洞里十分宽阔，生活设施一应俱全，而林凤祥和剩余的将领正躲在洞中，里面的粮食居然足以维持一个月有余。当时的林凤祥身受重伤，自杀未成，被清军生擒，押往北京，最后在菜市口被凌迟处死。林凤祥在受刑时毫无惧色，未吭一声，一直盯着刽子手行刑，惨不忍睹。

李开芳率领残军冒死突出连镇，寻找援军，到达山东，山东太平军早已被清军剿灭。李开芳进退两难，率兵攻破高唐州，暂时休息。而此时，胜保大军又跟踪追来，接连发动猛攻。李开芳坚守一个月，弃城而去，退入冯官屯。

奕詝命令僧格林沁率军进入山东，与胜保会合，将冯官屯围困，四面筑炮台，向村内轰击，房屋被接连击塌。太平军在村内掘挖土壕，反复查看，发现可从地下通行，于是在沟内掘窖潜藏，躲避清军来势汹汹的炮火，又在围壕之外，挖一些小孔，战士伏在地下，向外张望，等到清军越来越近，立即用鸟枪攻打，清军伤亡累累。僧格林沁感到十分羞愧，无奈之下，引用运河之水，灌入小小的冯官屯。李开芳浸泡水中，动弹不得，被清军活捉。冯官屯剩下的北伐军战士被俘后，被清军一一处决，李开芳和林凤祥一样，被押送到北京后凌迟处死，同样是惨不可言。僧格林沁功勋卓著，被奕詝封为世袭罔替的亲王。

在轰轰烈烈的太平天国战争中，北伐军忍着饥饿和寒冷，在极端艰苦的条件下，同人多马壮的清军英勇作战两年多，横扫六省，转战两千五百多公里，连克数十城，大部分将士英勇牺牲，这令奕詝及朝廷重臣惊出一身冷汗。这场险些要了清王朝老命的大战，就是太平天国的北伐战争，也是太平天国自金田起义以来遭到的最严重的失利和挫折。

曾国藩出山，镇压太平天国

历时两年，太平军北伐被镇压下去以后，太平天国又开启了西征旅途，这让早已疲惫不堪、人才奇缺的大清朝陷入忧思之中，到底派谁领兵打仗，如何对付长驱直入的太平军，让奕䜣十分头疼。就在奕䜣为这件事焦虑不安之时，有人提出让正在处于守丧期间的曾国藩为"团练大臣"，负责肃清地方太平军，曾国藩出山，镇压太平天国，是清朝史上的一件大事。

咸丰三年（1853）五月，在洪秀全、杨秀清派奇兵北伐后的半个月，太平天国又派军西征。西征的主要目的是控制长江中下游，确保天京屏障和供给基地，为夺取皖赣湖广的丰盈钱粮，作为后勤保障。石达开、韦昌辉、胡以晃、赖汉英、石祥贞等太平天国名将，先后率军进入安徽、江西。兵峰所到之处锐不可当，横扫安徽，攻陷省府安庆，又南下江西，攻占彭泽、湖口，继而包围南昌。湖南巡抚骆秉章接到求援之书，立即与在家乡办团练的在籍侍郎曾国藩商议。曾国藩说："南昌失陷，两湖震动，理应驰军援救。江忠源是不可多得的人才，陷于南昌，也应去救人。"

曾国藩，字伯涵，湖南人，出生于晚清一个地主家庭，资质不凡，自幼勤奋好学，四书五经烂熟于心。相传曾国藩出生时，他的母亲梦见一条巨蟒进入家门，家人都觉得这个孩子不是寻常人。他其貌不扬，身材矮小，一双三角眼似开似合，似睡非睡，而且性格诚朴，埋头苦干，绝不多言。道光十八年（1838 年）曾国藩中进士，入翰林院，为军机大臣穆彰阿门生。

后来他因丧母，按例回乡守制，决心守丧三年。然而，湖南省巡抚衙门派差官送来了咸丰皇帝的圣旨。谕旨为："前任丁忧侍郎曾国藩籍隶湘乡，于湖南地方人情自必熟悉，著该抚传旨命其帮同办理本省团练乡民，搜查土匪诸事务，伊必尽力，不负委任，钦此！"曾国藩叩头谢恩，送走了差官，一下子陷入了沉思之中：自从太平天国起义后，清军频频大败，不是丢城逃跑，就是全军覆没。每当噩耗传来，曾国藩都忧心忡忡。皇帝慌了手脚，他除了调兵遣将外，还连连颁下圣旨，谕令许多在原籍大臣帮办地方团练事宜，供应前方粮秣，肃清地方匪患等。至今已有三十多人被谕令为"团练大臣"，如今又轮到了自己。想到这里，曾国藩长叹了口气，认为困难重重。

几天后的一个夜晚，曾国藩的好友郭嵩焘登门来访。郭嵩焘是湖南湘阴城西人，喜谈洋务，为人直爽而少有城府，他与曾国藩多年情投意合，但不为士林所容。曾国藩在京为官时，两人情同手足。郭嵩焘这次来访的目的是劝曾国藩奉旨赴任。两人畅谈了一夜，曾国藩终于决定奉旨而行。曾国藩开始奉命办理团练事宜，他招募士兵，不用城市兵，认为他们见的世面广，油滑，曾国藩招募的都是朴实淳厚的农民兵，他选的人都是自己的同乡、同窗、亲戚，这种乡谊、亲情，成为联系湘军维持战斗力的强大保障。

在将领的选拔上，曾国藩也看重无官气、有操守的读书人；让这些人独当一面，做统领，当营官，采用戚继光的练兵法，创练队伍，这就是湘军的起源。一段时间后，他决定出山讨伐太平军。为了增强湘军的士气，他写了一篇感情激昂、文辞并茂的《讨粤匪檄》。在这篇檄文里，他说"洪匪举中国数千年礼义人伦诗书典则，一旦扫地荡尽。此岂独我大清之变，乃开辟以来名教之奇变，我孔子、孟子之所痛哭于九原"，接着号召"凡读书识字者，又乌可袖手安坐，不思一为之所也"。这篇檄文，抓住了太平天国信仰异教、排斥儒教、排斥传统文化等弱点，直中要害，为清朝剿灭太平天国制造了广泛而有利的思想舆论。

湘军出发后，第一站是解除南昌之围，曾国藩没有亲自出战，而是派其他人率军出征。到了南昌，没有显示初出茅庐的锐气，而是损失了

第九章
苦命天子，独上高楼不胜寒
* * * * * *

一些兵马。曾国藩意识到，太平军跟一般的农民起义军不一样，要想战胜太平军，必须有足够的兵力和精良的武器装备。因此，曾国藩对湘军进行了练勇万人的计划，训练非常严格。同时，曾国藩感到太平军之所以横行，制胜的法宝是强大的水师。要想剿灭太平军，光有陆师不够，还必须建立一支强大的水师。于是，曾国藩上疏朝廷，要求购买洋船、洋炮建立水师。编练水师的计划得到奕訢的批准，湘军规模改为水师、陆师各10营5000人，一支最为凶悍的地主武装便诞生了。湘军练成之后，立即参与了镇压太平天国的战争。

曾国藩善于察言观色、任用人才，任用了很多能征善战的将领。他管理的湘军，以"扎硬寨，打死仗"闻名。在与太平天国的战争中，湘军确实不同于骄惰的绿营和庸懦的团练，显得异常凶顽强悍。当时的湘军虽然练成，但局势却更加恶化。太平军攻陷九江后，进入湖北，清军大败，太平军兵逼武昌。曾国藩连失多名大将，十分悲痛，这激起了他对太平军的仇恨。此时，奕訢下旨催他说，已经火烧眉毛了，赶紧出兵打太平天国。

咸丰四年（1854年），西征军的一支部队转战于湖北、湖南一带。骁勇善战的太平军多次大败清军，先后占领汉口、汉阳、岳州，继而占领靖港，威逼长沙。曾国藩统帅水军，向靖港前进。然而到了靖港还没开战，就刮起了大风，巨浪滚滚，战船有的互相乱撞，有的被大风吹散，士兵纷纷落水。曾国藩在船头站立不稳，头晕呕吐。埋伏在靖港的太平军顺着风向杀过来，用炮火猛烈轰击，清军战船火起，东撞西碰，无力还击，水兵死的死，跳水的跳水，百余战船几乎全遭覆灭。

曾国藩眼见清军大败，心焦如焚，急忙召集大军后撤，兵船已经伤亡大半。曾国藩是个好面子的人，特别希望出师奏捷，哪料到竟然遭到这样的惨败。悲愤中突然跳入水中寻求解脱，士兵见了十分吃惊，七手八脚地将他捞起，劝阻他说："胜败乃兵家常事，应该重整旗鼓，以图后胜，大人一时失利何至轻生？"他长叹一声："天公磨炼我也！"立即向朝廷请罪说："臣屡败屡战。"奕訢看后极为感动。这就是湘军的靖港惨败。

战事频繁紧凑，曾国藩没有修整的时间，又传来武昌失守的警报。奕䜣得知武昌陷落，盛怒之下，再次下旨命令曾国藩派军围剿武昌。曾国藩心中杀敌的烈火又熊熊燃起，渴望立大功。他立即让湘军水陆二师出征。这一次所向披靡，水陆两军齐驱湖南北部重镇岳州，一场激战过后，太平军大败，岳州危机被湘军解除。太平军在岳州失利后，占据城陵矶坚守，控制住由湘进鄂的咽喉要道。曾国藩深知，不拔掉这个据点，拯救武昌只是一句空话。于是，曾国藩命令水陆两军出发，大战城陵矶，获得大胜。湘军马不停蹄，昼夜兼程，很快抵达武昌城下。武昌城池坚固，太平军五万人在此据守，曾国藩先是攻取武昌城外的花园、洪山两个险要据点。太平军立刻惊恐万分，不等湘军攻城，竟然弃城而逃。湘军顺利占领武昌，军心大振，远在京城的奕䜣狂喜不已，立刻颁旨表彰，但曾国藩以丧母未终，坚辞不受。

然而，太平军逃离武昌后，在蕲州附近的田家镇驻扎。田家镇的东边是半壁山，在江边耸起，居高临下俯视长江，地势十分险要。曾国藩接到朝廷让他进攻田家镇的圣旨，不顾疲劳，率军沿江而东，很快兵临田家镇。他发现这里不仅地势险要，太平军的防备也非常严密。太平军在长江横置四道铁索，集列战舰千艘，岸上又建营垒二十几座，曾国藩暗暗心惊。这天晚上，曾国藩夜不能寐，他突然想到，铁锁横江，战舰云集，这不正和三国时期，曹操在赤壁摆的阵势雷同吗？当年周瑜、诸葛亮用火攻破曹操，扬名千载。想到这个典故，他一跃而起，立即进行布置。全军分为四队，第一队用熔炉大斧熔凿江中铁锁；第二队携炮进攻，掩护第一队；第三队纵火烧船；第四队为后继大军。于是，各队一齐行动，断锁的断锁，打炮的打炮，烧船的放火。一时间，炮声震天，火光熊熊，江中的太平军战船纷纷燃烧，正像当年火烧赤壁一样。

战后，这股太平军全军覆灭，田家镇被攻下，湘军威名震撼天下。捷报传到京城，奕䜣十分欣慰。曾国藩出山标志着湘军的崛起，太平天国遇到真正的"克星"。

天京事变，太平天国由盛转衰

咸丰六年（1856年），太平天国都城天京（今南京）发生了一场惨烈祸乱，使太平天国由盛转衰。事情起因于东王逼天王，于是，天王就要北王杀东王，翼王又要杀北王，王杀王，杀了个血流成河，史称"天京事变"。

太平天国建都南京后，建立了森严的封建等级制度。随后，享乐腐化、争权夺利之风遂起，旧式农民战争的一些弊病又重新暴露出来。本来在起义初级阶段，太平天国从天王到士兵称兄道弟，官兵平等，部队积极性很高，战斗力很强。所以诸王为了共同的目标，进取心很强。太平军从广西到南京只用了一年多的时间，兵锋所及，如摧枯拉朽，斩关夺隘，所向无敌；当时太平军将领之间，也几乎没有对权力的争夺和角逐。但是，农民领袖们一旦取得政权，就很难按原来的"平等"思想来建设曾经设想过的"地下天国"了。在天京建都之后，诸王的思想有了很大变化，忘记了起兵阶段崇尚平等、积极奋发的思想，逐步朝着不利于农民阶级的共同事业的方向发展，特别是领袖人物洪秀全、杨秀清的思想中所滋生的封建特权和享乐思想，对农民革命事业危害尤为严重。

洪秀全在建都天京后，也的确曾想用平均主义思想来开创"地下天国"，他制定并颁布了《天朝田亩制度》，主张"分田照人口，不论男妇"，提倡"天下人人不受私，物物归上主"。但在当时的历史条件下，这个方案是不可能实现的。在太平军连连取胜后，洪秀全把军政大权全部交给杨秀清，自己逍遥快乐，天天藏在宫中，深居简出，不是诵圣经拜天父，就是和众多的嫔妃厮混取乐。洪秀全异常荒淫好色，当年在金田村时，便强纳十八名女教徒为妾，尽是豆蔻年华的黄花闺女；建都天京后，他又更广纳嫔妃，还有众多女官在宫中任职，他随时任意招来淫乐。

杨秀清是一个精明能干的统理朝纲的军师。当时的太平天国是一个天王（洪秀全）加上东（杨秀清）、南（冯云山）、西（萧朝贵）、北（韦昌辉）、翼（石达开）五王，天王高高在上，南、西、北、翼四王都受东王杨秀清的节制。南王冯云山、西王萧朝贵先后战死，起义的最高领导层只剩下了天王洪秀全、东王杨秀清、北王韦昌辉和翼王石达开。东王杨秀清主持了太平天国早期的全面工作，总揽朝纲，权威日盛。按太平天国的宗教理论，天王洪秀全是上帝次子，是上帝派来解救人间的最高代表，但杨秀清早已不把天王洪秀全放在眼里，他频繁表演天父附体的把戏，假托"天父上帝"下凡附体，发号施令，树立权威。有时，甚至将天王洪秀全传到教台下，传达天父命训，让他执掌天国，取天王而代之。洪秀全跪拜于地，敢怒不敢言。本来洪秀全已封他九千岁，离万岁只差一千岁，但杨秀清却逼洪秀全封他为万岁。洪秀全含糊答应，心中已愤怒至极，却只能暂时隐忍不发，因为要是揭穿杨秀清把戏的话，大家就都露馅了。

杨秀清专擅军政大权，作威作福，而生活更是荒淫无耻，较天王有过之而无不及。他为自己营建的东王府，极其富丽堂皇，奢侈华丽，出门的仪仗队十分庞大，过于张扬。府内有妃妾数百，都是些面容姣好的江南美女，让她们轮流侍寝。他四处搜寻美女，掳来一个赵碧娘，美艳绝伦。赵碧娘性情刚烈，不愿受辱，用金丝银线，制作一顶王冠，外表精美，里面暗藏月经布，她是想用秽布镇压杨秀清的"王气"。杨秀清得知这件事，将赵碧娘点了天灯。"点天灯"就是把人用白布裹住，泼油浸透，然后点燃，把人活活烧死。对于不顺意的姬妾，他都以"点天灯"的方式惩罚，残暴至极。

杨秀清大权在握，不但视洪秀全如无物，对北王韦昌辉、翼王石达开、秦日纲（后来封的燕王）等老兄弟也是颐指气使，盛气凌人；韦昌辉等人为求自保，只好对杨秀清曲意奉承。表面上的平静往往蕴含着更大的危险。韦昌辉是金田起义的发起人之一，他虽出身于地主家庭，但加入拜上帝会后却很坚定地变卖家产，所得全部用来制造武器。而他的家族在他的带动下，几乎全都参加了拜上帝会和太平军。他的地位仅次于杨秀清，经常在外统兵打仗，拥有重要兵权，但这对于杨秀清构成了威胁。韦昌辉曾读过书，小有才气，杨秀清专横跋扈，不把别人放在眼里，对韦昌辉也极不尊重。韦昌辉受辱，早就对杨秀清怀有不满，但他表面上却对杨秀清阿谀奉承，唯命是从。

有一次，韦昌辉的哥哥与杨秀清的妾兄争夺住宅，杨秀清徇私枉法，袒护妾兄，要杀韦昌辉的哥哥，又要韦昌辉自己给哥哥定罪。韦昌辉心中对杨秀清的做法极为愤恨，但表面上仍是迎合杨秀清，甚至扬言要给自己的哥哥处以五马分尸的酷刑，并说只有这样做，才能起到警示的作用，实际上他暗地里却寻找机会报仇。

韦昌辉派人到天京禀报天王洪秀全，洪秀全乘机向韦昌辉发出密诏，说自己受东王逼迫，危在旦夕，让韦昌辉来京救驾。韦昌辉接到密诏，立即与秦日纲回京诛杨。秦日纲平日对杨秀清也极为不满，便随韦昌辉深夜回到天京，封锁天京的交通要道，包围了东王府。杨秀清当时本已睡觉，突然听到外面的打斗声，吓得赶紧躲起来，最后被找到并捆了带走。韦昌辉冲进东王府，将杨秀清和他的全家老小全都杀死，杨秀清的许多部下也都被杀害。一想到自己的亲哥哥被杨秀清五马分尸，韦昌辉就愤怒无比，连夜押杨秀清去天王府见洪秀全。

但洪秀全听说韦昌辉的所作所为，心想这又是一个心狠手辣的家伙，要是把他扶正到杨秀清的地位，恐怕以后也是专横难制，于是便想赦免杨秀清，以便自己从中操控。韦昌辉见洪秀全出尔反尔，十分愤怒，立刻让人杀了杨秀清。洪秀全知道此事后，下诏说韦昌辉不应该滥杀无辜；韦昌辉这才发现自己是被洪秀全当枪使了，郁闷至极。由于得不到天王的支持，韦昌辉担心杨秀清的余党会报复，设了一个计谋，声称投诚可以赦免一死。受此大变，杨秀清的余党群龙无首，其部下诚惶诚恐，前去投诚，结果被韦昌辉的精兵一网打尽，杀得遍地流血。随后，韦昌辉下令关闭城门，捉拿杨秀清剩余的党羽。在这半个多月里，天京城内，血雨腥风，近两万起义精英，一时被屠杀殆尽，惨不忍睹。

翼王石达开听到变乱的消息后，急忙赶回天京；他见杀人太多，很不满意，责备韦昌辉不该滥杀无辜。韦昌辉见石达开不满，又企图杀死石达开。石达开知道了消息，吓得连家门都没进，连夜逃走；杀红了眼的韦昌辉却把留在天京的石达开一家老小全部杀害。石达开逃到安庆召集部属，随即发兵杀回天京。韦昌辉听说石达开大军将至，惊恐之下就干脆破罐子破摔，每天都杀人泄愤。

韦昌辉的滥杀无辜和专横跋扈，激起了天京广大将士和人民的不满。石达开讨伐韦昌辉的大军逼近天京，天王洪秀全接受了将士们的要求，将韦昌辉处死，被逮捕的还有秦日纲及同伙两百多人，结束了天京历时两个月的恐怖统治。事后，洪秀全将两人首级派人送到石达开军中，石达开这才重新回到了天京辅政。

这件事以后，太平天国的四王皆去。石达开是个聪明人，平时善于拉拢人心、招揽人才。而洪天王经此大变，疑心重重，身边都是些阿谀奉承、挑拨离间的小人；他只相信自己的家族中人，就连对颇受军民爱戴的石达开也疑心重重，不肯重用，把大权分给了自己的两个昏庸无能的哥哥洪仁发和洪仁达，以牵制石达开。石达开对天王的做法非常伤心和不满，石达开小心翼翼地在天京待了半年多，生怕遭到暗算，于是决定出走天京。

石达开出走的时候，带走了当时太平天国一半的兵力，天京仅剩下一些老弱残兵。太平军领导集团分裂之后，天国的军政因一时无人主持而出现危机，天王洪秀全也差点成了孤家寡人。

石达开离开天京后在安庆驻扎半年之久，后来他下定决心率军远征，并打算攻下四川，自立一国，与太平天国分道扬镳。但石达开毕竟是孤军作战，没有建立根据地，粮食、武器等补给困难，军心涣散，分散、叛降的情况不断出现，从而削弱了实力。此后几年的征战中，石达开的部队多次被清军打败，石达开不得不撤退，率军南进广西。广西本就贫瘠，石达开的军队来广西后连饭都吃不上，大家都觉得前途渺茫，士气沮丧。无奈之下，石达开只好在1861年率残部约一万余人，进入湖南，取湖南湖北的边地进军，继而进入四川东南境。四川是天府之国，地险民富，新任四川总督骆秉章听说石达开进入四川，便急领湘军先至布防，严阵以待。

石达开见四川早有防备，便率军进入西南贵州一带。这地方穷山恶水，地势险要，石达开屡遭当地苗人勒索，终于在大渡河前，遭当地土司和清军的夹击，进退无路，陷于绝境。军中因粮食耗尽，大家都忍饥挨饿，战斗力几乎丧失殆尽。无奈之下，石达开自请入骆秉章军帐中求死，被处以凌迟，时年33岁，他的部下数千人被清军一夜之间屠杀殆尽。

天京事变，是太平天国由胜转衰的重大转折点，带来了极其严重的后果。它大大削弱了太平天国的力量，给清军聚集一切力量进行反扑创造了有利条件。清军重整旗鼓，全力反攻太平军，将太平军在江西的大部分地盘攻克，最终于同治三年（1864年）攻陷南京，将轰轰烈烈的太平天国镇压了下去。

力御海外，心力交瘁

咸丰六年（1856年），就在农民起义如火如荼、奕詝为镇压太平天国使出浑身解数而心力交瘁的时候，天津传来英法联军入侵的消息，中华大地又陷入另一场更大的动荡。英法侵华的原因，还得从广东"亚罗号"洋船被清军水师扣押事件说起。

第二次鸦片战争是英法对清朝发动的一次侵华战争，是第一次鸦片战争的继续和扩大。第一次鸦片战争结束后，英国和清政府签订《南京条约》，英国侵略者既获得赔款，还获得了割地，清政府又开放了通商口岸。然而，帝国主义侵略者的欲望永无止境。咸丰四年（1854 年），英国方面以《望厦条约》中有 12 年可以修约的规定，强烈要求修改《南京条约》，法国、美国大力支持。清政府十分震怒，拒绝"修约"要求。未能达到目的英、法、美等国，嚷嚷着要以武力解决此事。当时正值英、法与俄国进行克里米亚战争，没有过多的精力在中国开辟新的战场，美国也因国内局势不稳，自顾不暇，"修约"事宜只能搁置起来。

咸丰六年（1856 年），美国借口《望厦条约》届满 12 年，要求全面修改条约，英法给予大力支持。清政府再次拒绝了这一要求。英国认为，只有采取强大的军事压力，才能从中国取得更多的权益。于是，英、法两国为了进一步扩大中国的市场，他们决定挑起第二次鸦片战争。为了发动战争，帝国主义侵略者总要找一些没有理由的借口。

咸丰六年（1856 年），英国终于制造了一个"亚罗号事件"。当时，有一艘名叫"亚罗号"的运输船，运输了大量鸦片，企图牟取暴利。船主雇用了英国人，想通过英国人的面子得到当局的庇护。这天，海外驶来一只洋船，悬挂着英国旗帜，在海上徘徊很久，突然驶入广州珠海炮台的码头上。广州水师梁国定用望远镜一看，虽然是洋船，可坐船的多半是拖着辫子的中国人。梁国定早就听说"亚罗号"大船经常走私鸦片，立即命令快艇追过稽查。七八只快艇很快将洋船包围，水兵们一跃登船，发现船内除掌舵的是两个英国人外，剩下 13 人都是中国人，经过盘查，有些人是土匪。梁国定根据有关条例，将 13 个土匪套上锁链，押解上岸。

但是想挑衅的英国人抓住这个机会，声称中国人干涉了英国政事，触犯了英国的尊严。英国驻广州领事巴夏礼借端生事，说"亚罗号"曾在香港注册，有执照，是艘英国船，还捏造中国水师曾扯下船上英国旗，侮辱了英国，要求两广总督叶名琛立即释放被捕人犯，向英国道歉。而实际情况是，该船执照期满早已失效，在捕获前，已经有六天没有挂英国旗了。两广总督叶名琛胆小怕事，怕事情扩大，除了扣留几名主犯外，其余的人都放了；巴夏礼并不满意，要中国人赔礼道歉、赔偿损失。

英国对中国人挑衅，法国人也乘机起哄。第一次鸦片战争后，法国和中国签订了《黄埔条约》，从中国捞到了不少好处，但其得寸进尺，想得到更多的利益，于是无事生非，向中国挑衅。法国人根据《黄埔条约》的规定，可以在中国传教。为了达到侵华的目的，法国的许多天主教传教士纷纷来到中国，深入内地，以传教为名，实际上是宣扬帝国主义侵略思想。这些传教士，有的依靠法国政府的支持，在中国胡作非为，勾结当地的地痞流氓，干尽了坏事，引起了百姓的强烈不满；但是清政府睁一只眼，闭一只眼，生怕惹出事端，任这些人胡作非为。

在广西西林县，法国天主教神甫马赖，欺压百姓，调戏民女，无恶不作。但是朝廷有规定，不能跟这些人"计较"，县官面对百姓的诉状，只有安慰了之。可是后来换了县官，新官上任三把火，他看到马赖害苦了当地百姓，便下令将其抓捕。法国人以此为借口，也和英国一起向清政府发难；清政府一再忍让，侵略者仍得寸进尺。咸丰六年（1856年），英国以"亚罗号"事件为借口，进犯广州。咸丰七年（1857年），法国以"马神甫"事件为借口，支援英军侵略广州。

于是，英国军舰悍然开进内河，挑起战争。两广总督叶名琛不仅不做任何准备，反而下令不准放炮还击，致使英军长驱直入，迅速将内河沿岸炮台攻占，并一度冲入广州城内。广东人民和部分爱国官兵对进犯的英军进行了坚决的抵抗和打击，迫使英军退出珠江内河，撤往虎门口外，等待援军。英国政府任命额尔金为全权专使，率一支海陆军前来中国；法国派葛罗为全权专使，率军参加对中国的战争。与此同时，美国和俄国也派人赶到香港与英法公使会晤，支持英法的行动。

咸丰七年（1857年），英国额尔金和法国葛罗率舰先后到达香港，向叶名琛发出通牒。叶名琛以为英、法是虚张声势，不做防御准备，致使广州失陷，叶名琛被俘，押往印度加尔各答，病死于囚所。

英法联军为了达到进一步侵占中国的目的，带领军队北上。咸丰八年（1858年），英法联军进攻大沽炮台，炮台守兵奋起还击，但是由于清朝官吏临阵逃跑，后路清军没有及时增援，致使炮台守军孤军奋战，大沽炮台陷落，天津告急。奕訢战守两难，立即派吏部尚书花沙纳、大学士桂良赴天津议和，与英法签订了《天津条约》。俄美两国趁火打劫，逼迫清政府与他们也分别签订了《天津条约》。《天津条约》签成，朝中一片哗然，哭的、闹的都有，都说是丧权辱国。奕訢听了忍气吞声，无可奈何。俄美英法四国捞到好处后，依然狼子野心，想继续侵略中国。他们借口到北京"修约"为由，联合发兵北上，准备将战舰开到北京，威胁清政府。

咸丰九年（1859年），英法公使乘舰到达大沽口，想从此处登岸，遭到拒绝，便想通过武力打开大沽赴京的通道。此时钦差大臣僧格林沁已在大沽口修筑起严密的工事，拒绝英法舰队从大沽口驶入，但僧格林沁害怕战争扩大，派人去告知英法公使，让其从北塘驶入。英法公使对此置若罔闻，加足马力将军舰开入大沽口。僧格林沁愤怒至极，下令开炮。一阵炮轰，几艘军舰击沉，士兵损伤无数，英法联军遭到重创。僧格林沁扬眉吐气，奕訢也十分欣慰，下旨严防天津海口，防备英法再次侵犯。

然而，英法联军在中国遭受如此重创还是头一次，他们不会善罢甘休，准备找机会再侵入天津。咸丰十年（1860年），英国额尔金、法国葛罗率领舰队再次来到天津挑衅，声势浩大。他们集合队伍，向北塘进犯，没有费力便占领了北塘，清军损失惨重。北塘失守，英法联军乘胜攻占天津。奕訢发来手谕："天下根本在京师，不在海口，何寄身家性命于炮台之上？"这既是奕訢对僧格林沁的个人关怀，也是让他退守京师之意。于是，僧格林沁不得不退往通州。此时，因天津兵败，京师受到威胁，奕訢感到十分恐慌。

大沽炮台的官兵腹背受敌，兵力不断减少，英法联军很快攻陷了大沽炮台，向天津入侵，不久，天津失陷。于是，英法联军又悍然攻击北京八里桥。广大爱国官兵为了保护清政府，与英法联军展开了激战。由于英法联军的武器先进，八里桥终被占领；奕訢吓得逃到避暑山庄，由自己的弟弟奕䜣来处理朝中之事。

母凭子贵，懿妃摄政

奕詝即位之初，也是意气风发，也有一番政治抱负。他求贤若渴，黜污吏，罢免了穆彰阿等人职务，重用林则徐、曾国藩等贤才；但太平军及各地起义军的纷纷崛起，令奕詝忧心忡忡，心有余而力不足。本是风流天子的奕詝，就常常以醇酒佳人自戕。他先后有 3 位皇后，12 名妃子，但却仍然不满足于此，命人四处寻找美貌的女子。而在他众多的妃子中，懿妃得宠对于咸丰帝来说，稀松平常，可对于大清朝来说，并不是一般的小事，因为这个女子就是中国历史上的慈禧太后；把持朝政 50 多年，将万里江山踩得摇摇欲坠，大清王朝的兴衰跟她的关系很大。

她本是安徽候补道员惠征的长女，姓叶赫那拉，乳名叫"杏儿姑"。"姑"是满人对未成年女人的通常称呼，她的大名实际叫"杏贞"。她出落得俊美可爱，美艳非凡，邻人见了都赞不绝口。杏贞不仅貌美，而且心灵手巧、女红针线、读书识字，都非一般女流可比，那张伶牙俐嘴，整日说个不停，都是些惊世骇俗的话。咸丰二年（1852 年），皇太后为奕詝挑选秀女，17 岁的叶赫那拉氏也在其中。

这一天，几百个秀女云集宫中，这些女孩子年龄幼小，进了高大森严的皇宫，一个个吓得发抖，愁眉苦脸，然而杏贞却抖擞精神，昂首挺胸，千娇百媚，咸丰帝见了心旌摇荡。经过层层选拔，杏贞脱颖而出，被幸运地选中，留在后宫。清代后宫妃嫔等级森严，皇后以下的妃嫔共分七级。第一级是皇贵妃，第二级是贵妃，第三级是妃，第四级是嫔，第五级是贵人，第六级是常在，第七级是答应，还有宫女等下人。奕詝最喜欢兰花，封杏贞为"兰贵人"，也是对她莫大的认可和爱慕之意。

年轻的杏贞要想在这六宫粉黛中独占鳌头，实在是难上加难。虽然她美丽动人、雪明花艳，但是，受封为兰贵人之后，并没有成为独宠专房的后宫嫔妃。当时，受到奕詝宠幸的除了各宫妃嫔，还有传说中的"四春娘娘"。这四春分别是牡丹春、海棠春、杏花春、陀罗春，她们都是良家女子，是被迫入宫的。除四春之外，咸丰帝还钟情于一位曹寡妇，她生得明艳动人，那一双三寸小脚，尤其惹得咸丰帝的喜爱。

初入宫时，同时被选中的还有后来成为皇后的钮祜禄氏。当时，钮祜禄氏被选为嫔，比杏贞高一级。杏贞只是一个贵人，是第五级，对这个地位，她很不满意。杏贞是个颇具心计的女人，她看在眼里，急在心上。但她深知，不能过于着急，要一步一步来，一个等级一个等级地去争取。

然而，后宫争宠历来云谲波诡，风云变幻。后宫佳丽，个个优秀，哪个都是精挑细选的美女，皇帝身处其中，移情别恋、见异思迁是常有的事。就说这个皇后钮祜禄氏，是广西右江道穆扬阿的女儿，也就是后来的慈安皇太后，俗称东太后；她"性贤淑长厚，工文翰、娴礼法、容色冠后宫"，秉性宽厚仁和，颇得皇帝的敬重，更得妃嫔、太监和宫女的爱戴，善于处理复杂的人际关系。

对于杏贞来说，维护与巩固皇帝的专宠，还需要具备别人无法替代的潜质。其中，杏贞有一项后宫嫔妃们无人能抵的能力——能读写汉文，这在当时的满族妇女中是极其可贵的。因此，杏贞是宫中嫔妃中的既能掌握满语又能读写汉语的"双语"模范。

本来体质就差的奕詝，在内忧外患的压力下，开始更加贪恋女色，嗜醇酒，整天过着醉生梦死的生活。此时的杏贞每天都将自己装扮得花枝招展，但是，总是等不到奕詝的垂怜。她日思夜想，发现自己既不是最美丽的，也不是最娇媚的，要集三千宠爱于一身，必须改变吸引皇帝的策略。于是，她听从了御医的建议，注重保养肌肤，让皮肤富有弹性，使面容珠圆玉润。渐渐地，杏贞少了刚入宫时的那份青涩，多了一份成熟女人的风韵和妩媚。

在不断提升女性魅力的同时，杏贞还学习书法绘画。奕詝寄情声色，

第九章
苦命天子，独上高楼不胜寒
* * * * * * *

懒于国事，有些奏章，就让杏贞代阅，甚至代批。但是，清朝皇帝一般不准后宫参与政事，一旦发现奕詝不满，杏贞便急流勇退，马上蛰伏起来。善于察言观色的杏贞，能够见准时机，知道进退。

杏贞的努力终究没有白费，经过几年的努力，她晋为懿嫔，又晋为懿妃、懿贵妃。在咸丰帝的眼里，她是越发地美丽了。古代女人的地位，很大程度不在于此女富贵与否，而在于有无儿子。奕詝一直为没有皇子继承大统而苦恼。咸丰四年（1854年），喜讯忽然传来，杏贞有了身孕。奕詝非常高兴，便下令把岳母请进宫来照顾自己的女儿。奕詝对杏贞寄予厚望，不断给她各种赏赐和特殊关照。杏贞怀胎十月，生下一个皇子，这是咸丰帝唯一的儿子，是为载淳，也是后来的同治皇帝。母以子贵，奕詝对杏贞更加宠爱，杏贞的地位也是蒸蒸日上，无人能及。

奕詝的身体每况愈下，他想到百年之后要由唯一的儿子载淳继位，而载淳年纪太小，这个重担自然要落在载淳生母杏贞的肩上。杏贞颇有心计，她有责任帮助儿子处理国家大事。她在批阅奏折中了解朝廷内外局势，观察大臣言行，熟悉各种规章制度，学习处理政务；在成为咸丰帝得力助手的同时，杏贞也慢慢滋长了主掌朝政的野心。

火烧圆明园

咸丰十年（1860年），清王朝内忧外患，危机重重。一方面是各地反清起义接连不断，另一方面，英法联军陆续抵达中国沿海，步步紧逼，使战争的地点从天津转移到通州。

天津兵败，京师受到威胁，奕詝感到十分恐慌，朝中议和之声又起，于是只好派人到天津与英法议和。英法两方提出要再赔军费，到北京修约。奕詝知道后，坚决拒绝，下令京城戒严，僧格林沁加强通州防线，同时命令胜保、曾国藩等率军北上保卫京师。胜保最先率一万精兵，日夜兼程赶到通州张家湾，还未修整，英法联军已经从天津逼来。胜保是满族名将，欲大显身手，击退敌军。他驾着骏马，手持长刀，亲自督战，一万精兵潮水般地涌上去，过了一会儿，又像潮水般退下来。英法联军的火枪非常厉害，瞄准性强、射程远，胜保带领的精兵一个个中弹倒地，胜保也大腿中了一弹，翻马落下，爬起就逃，退到通州才稳住阵脚，英法联军乘胜追击，很快兵临通州城下。

奕訢此时矛盾重重，恐慌至极，战斗意志已经消散殆尽。他不能容忍英法两国的条件，想要背水一战，但前方军情不利，只好再派出钦差大臣怡亲王载垣、大学士桂良到通州议和。在谈判过程中，法国代表葛罗还算心平气和，但英国代表巴夏礼盛气凌人，声称要入城面见皇帝，才能议和。这一下子刺痛了奕訢。自马戛尔尼使华以来，西方使节觐见中国皇帝的礼节，一直令清朝皇帝极为不满，咸丰帝绝不能容忍不跪不拜的觐见。他从此次谈判大臣的奏报中，竟然认定英方先遣使节巴夏礼"系该夷谋主"，早就下令载垣等人设法将其随从"稽留""勿令折回"，简言之，要借扣押谈判代表来要挟联军方面就范。

先不说巴夏礼的权限和影响力远没有清方臆想的那么大，南宋末年贾似道私扣元使16年，后来元军倾巢南下，一年即灭南宋，分明是血淋淋的前例。然而，载垣居然命令驻守通州张家湾一带的僧格林沁，采取行动，逮捕巴夏礼一行39人，解送北京收押，准备向英法联军开战。

巴夏礼等人被捕后，联军主力马上开始朝张家湾进军。僧格林沁派出两万大军与英法联军的先头部队在张家湾展开激战，结果清军大败，退往通州以南的八里桥。而后，僧格林沁又率三万清军与英法联军五千多人再次对战于八里桥，结果再次遭到重创。清军的马队在英法联军猛烈炮火轰击下冒死冲锋，但终因炮火密集、伤亡惨重而败退。两战的结果，英法联军先头部队只是耗尽了弹药，兵员伤亡较小；而僧格林沁等部清军却死伤无数、溃不成军，完全丧失了战斗力。尽管僧格林沁、胜保英勇督战，也阻挡不住兵败如山倒的潮流，通州大营顿时崩溃。偌大

第九章
苦命天子，独上高楼不胜寒
· · · · · · ·

的北京城，失去了最起码的抵抗力，完全暴露在英法联军的兵刃之下。

通州失陷，英法联军长驱北上，直抵北京城下，京城外仅有的一些兵马，没有做任何抵抗，纷纷逃散。僧格林沁和胜保的军队是清王朝在北方最精锐的部队，一败北塘，二败张家湾，三败八里桥，几万大军败得一塌糊涂，这是奕詝做梦也想不到的事情。他这才意识到，大清朝打不过外国人，即使调来曾国藩强悍的湘军也无济于事，于是下旨暂缓湘军入京。奕詝此时已经忧心忡忡，不知所措。一些大臣建议奕詝木兰秋狩。木兰秋狩是清朝的定制，就是皇帝每年秋季到热河行围打猎，表示不忘祖先的尚武骑射精神。这个建议正合奕詝之意，于是他率领皇后、懿妃、皇子载淳、四春娘娘及载垣、端华等一班王公大臣，从圆明园启程，逃往热河（今河北承德）避难，同时令其弟恭亲王奕䜣留守北京，与英法联军议和。

奕詝从圆明园逃往热河，英法联军略经整备，闯入圆明园。园内没有重兵把守，园内总管大臣文丰率领禁军与太监阻挡，但无济于事。联军疯狂地闯入园内，大肆搜刮。文丰无力阻挡，投入湖中殉职，奕詝宠爱的常嫔被活活吓死。这群强盗占领圆明园，被眼前的这一幕惊呆了：美丽幽静的湖沼，万紫千红的奇花异草，金碧辉煌的宫殿，造型奇美的亭台楼阁；他们早就听说过圆明园珍宝无数，如梦如幻，如今身临其境，真不敢相信自己的眼睛。

圆明园被占领的消息传入京城，奉旨留守京城议和的恭亲王奕䜣惊恐万分，立即下令释放被关押的巴夏礼等人。但意外发生了，由于中国狱吏痛恨洋人，在监狱中对巴夏礼及其随从严刑拷打，几个随从不堪拷打，死在狱中。当巴夏礼及剩余随从出狱时，个个面容憔悴，瘦骨嶙峋，于是英法联军以惩戒咸丰帝的失信为由，洗劫了圆明园。联军士兵在圆明园大肆抢劫，冲入所有的宫殿，将金塔、瓷器、字画、典籍、珠宝等无数珍宝文物抢劫一空，对那些拿不走的大型物件一律砸碎；《四库全书》抄本被抢走，十二生肖被锯下头颅抢走。这些数量巨大的珍宝文物被装载入大车小车，连绵不断地送往天津港口，装入军舰，运往英国、法国。

为了消灭抢掠的罪证，英法联军火烧火圆明园，圆明园顿时成为一片火海，烈火熊熊，硝烟弥漫，大火整整烧了三天三夜。清朝历代皇帝苦心经营，将圆明园建成了壮观的皇家园林。园中不仅有许多铜器、瓷器、金银珠宝，而且还有许多孤本秘籍、名人字画。但是所有的这一切都被英法联军抢劫一空或是残忍地毁掉，他们究竟抢走了多少珠宝，无法计算。大火烧了三天之后，这座世界"万园之园"化作一片焦土灰烬。同时，英法联军将清漪园、静明园、静宜园也洗劫一空。

至此，清方已经无牌可打。惊恐万分的恭亲王奕䜣别无选择，不得不接受侵略者提出的所有条件。签订了中英《北京条约》、中法《北京条约》，条约规定有赔款、割地、开放通商口岸的条件。此时此刻，逃往热河行宫的咸丰帝已经丧失了昔年意气风发、励精图治的景象，他开始寄情声色，以醇酒妇人自戕。

咸丰十一年（1861年），咸丰皇帝病重，临死前立载淳为皇太子，并命八名心腹重臣为顾命大臣，几天后一命呜呼，结束了他年仅31岁的生命。

不忍细读的
大清史

第十章

女人当国，因病早亡

　　同治帝在位期间，清朝政府依靠曾国藩、李鸿章、左宗棠等一批重臣镇压了太平天国等一系列农民起义。为了挽救清朝灭亡，慈禧太后支持洋务运动，发动了新政。然而，这些与同治帝都没有多大关系，因为当时的实际统治者是慈禧太后。作为一位青年皇帝，他确实是辜负了朝野上下对他的殷切期望。

第十章
女人当国，因病早亡
● ● ● ● ● ●

辛酉宫变，太后垂帘

　　咸丰十一年（1861 年），因内忧外患而身心俱疲的大清第九位皇帝奕詝驾崩于承德避暑山庄。临终前颁下遗旨，立六岁的载淳为皇太子。奕詝嫔妃众多，但子嗣很少。奕詝好歹有一子，而后来诸帝，干脆香火断绝，别说皇子了，连格格都没有一个。奕詝为了保住儿子顺利即位，临死前做了苦心的安排。他隐隐感觉到德才兼备的弟弟恭亲王奕䜣，将来可能是对皇权的最大威胁者。三思之下，他决定任命御前大臣载垣、端华、景寿，大学士肃顺和军机大臣穆荫、匡源、杜翰、焦佑瀛八人为赞襄政务大臣，将国事全权托付，以此遏制奕䜣的野心。他又害怕八大臣擅权，授予皇后钮祜禄氏（慈安）"御赏"印章一枚，授予懿贵妃（慈禧）"同道堂"印章一枚。奕詝颁下遗旨，朝政由八大臣全权负责，并有代拟圣旨的权力，但颁发圣旨必须加盖"御赏"和"同道堂"两枚印章才能有效。但奕詝万万没想到，印章引起了懿贵妃执政的野心，造成以后太后垂帘听政的大变，进而引发了"辛酉政变"。

　　"辛酉政变"又称"祺祥政变"和"北京政变"，是懿贵妃那拉氏（慈禧）联合恭亲王向八大臣夺权的斗争，是一场典型的宫廷政变。载淳登基后，拟年号"祺祥"，是为吉祥的意思。但载淳年龄尚小，不谙世事，朝中大事都由顾命八大臣管理，他们在几天内颁发了一系列大赦天下、减免税赋的安定人心的圣旨，同时颁旨尊钮祜禄氏皇后和皇帝的生母懿贵妃同为皇太后。钮祜禄氏皇后称"慈安"太后，因住在东六宫的钟粹宫，后来被称为"东太后"；懿贵妃称"慈禧"太后，因住在西六宫的长春宫，被称为"西太后"。

以怡亲王载垣、郑亲王端华及大学士户部尚书肃顺为首的顾命八大臣主持朝政以后，遵从咸丰帝的遗嘱，扶持幼帝，循序渐进。他们有的是皇亲国戚，有的是名臣后裔。载垣，清朝宗室、大臣，康熙第十三子怡贤亲王胤祥的五世孙，爵位世袭罔替，声势烜赫。端华是大清开国元勋郑亲王济尔哈朗之后，也是世袭罔替的铁帽子王。肃顺是端华的弟弟，他是八大臣的灵魂。此人可算是满洲贵族的佼佼者，他有远卓的见识，做事雷厉风行，精明能干，成为奕詝最宠信的智囊和清廷统治中枢的核心人物。奕詝病危之际，肃顺曾上奏建议除掉懿贵妃，以免懿贵妃日后以母后擅权。咸丰帝于心不忍，不但没采纳肃顺的建议，还无意中透露了风声，从而使懿贵妃对肃顺等人恨之入骨。

奕詝死后，在承德避暑山庄治丧期间，慈禧太后与肃顺等人围绕最高权力的争斗愈演愈烈。肃顺等人仗恃顾命大臣的地位力图大权独揽，慈禧太后则拉拢慈安太后。接着，慈禧太后又设法与留守北京的奕䜣取得联系。奕䜣以"奔丧"名义来到避暑山庄，两宫皇太后立即传旨召见，却遭到肃顺等人的阻止。奕䜣灵机一动，请端华同时觐见，端华对肃顺使眼色，肃顺无奈地说："老六（指奕䜣），你和两位太后是叔嫂关系，不用我们陪同了，你自己去就可以了。"奕䜣随即进宫，与慈禧太后密商发动政变以夺取最高权力的计划。肃顺等人虽然对奕䜣和慈禧太后有所顾忌，但认为大局已定，不至于另生枝节，因而没有加以防范。慈安太后娴静文雅，倒无所谓，但慈禧太后受不了这口恶气，视八大臣为眼中钉、肉中刺；奕䜣表面对八大臣恭恭敬敬，实则暗地里与两宫太后布置政变。

第十章
女人当国，因病早亡
· · · · · · ·

御史董元醇早就看肃顺等人不顺眼，这次听从奕䜣的安排，率先发难，以国事危机、皇帝年幼为由，奏请两宫皇太后垂帘听政，并请在亲王中派一二人辅政。于是，两宫太后召见八大臣，表示接受董元醇"垂帘听政"的请求，并让他们拟写谕旨。肃顺等人"勃然抗论，以为不可"，声称"本朝无太后垂帘听政故事"，双方在大殿上激烈争吵，由于肃顺暴跳如雷，小皇帝竟吓得尿湿了裤子。两宫太后不相让，相持愈日，八大臣想先答应两宫太后，把难题拖一下，回到北京再说。

当时，清廷的武装分别掌握在僧格林沁和胜保的手中，他们一向看不惯肃顺等人的所作所为，便站在两宫太后和奕䜣一边。奕詝死后，胜保带兵回京，经与奕䜣密商之后，胜保赶往热河祭奠奕詝，乘机在京畿一带和北京、热河之间沿途布防。有了胜保、僧格林沁的武力作强大的后盾，奕䜣等人谋划的政变已是"万事俱备，只欠东风"。此时目空一切、得意忘形的肃顺等人被蒙在鼓里，全然不知已经成为他人刀俎之上的鱼肉。

到了启程之日，奕詝的灵柩从热河启运回京。回程的队伍分两路，一路是两宫太后和幼帝的队伍，由间道先行，载垣、端华等大臣扈从；另一路是奕詝的梓宫队伍，从大道缓缓而行，由肃顺等人扈从。这一安排正中慈禧太后下怀，为发动政变创造了难得的契机。两宫太后不敢松懈，急急赶路，经五天的行程，到达北京。两宫太后急速入城回宫，来不及休息，急忙召见恭亲王奕䜣，分析了当前的政治形势，商议了政变步骤，敲定了发动时间。

第二天，慈安和慈禧两宫太后召见恭亲王奕䜣，以及大学士桂良、周祖培、贾桢、侍郎文祥等人。慈禧太后面对众人，一把鼻涕一把泪，痛斥肃顺等八大臣犯上作乱、罪大恶极的种种罪行，并将英法联军入侵北京、火烧圆明园、咸丰帝逃到承德的全部责任都扣到载垣等八大臣的头上，众大臣愤慨无比。老谋深算的周祖培直言奏道："何不重治其罪?"慈禧明知故问道:"彼为赞襄王大臣,可径予治罪乎?"周祖培立刻答道:"皇太后可降旨先令解任,再予拿问。"

说到这里,慈禧太后已十分确定各位在场大臣同意诛杀肃顺等人,她立即拿出早在热河就由醇郡王奕譞拟好的谕旨,交给恭亲王奕䜣,当众宣示。谕旨核心意思有两点:一是要求王公大臣等妥议皇太后亲理大政并另选亲王辅政;二是宣布了八大臣的种种罪状,将载垣、端华、肃顺解任,命景寿等五人退出军机处。

刚宣读完,载垣、端华就闯入宫内,见到奕䜣等王公大臣都在场,非常意外,大声质问道:"外廷臣子,何得擅入?"奕䜣脱口而出:"皇上有诏。"载垣一听,摸不到头脑,竟然指责两宫太后不该召见外臣。两宫太后大怒,立即下了一道谕旨,将载垣、端华革去爵职拿问,又将正在回京路上的肃顺革职拿问。肃顺这才如梦方醒,被抓时大骂道:"悔不早治此贱婢!"

慈禧与奕䜣对八大臣痛恨至极,尤其对肃顺恨之入骨,判载垣、端华自尽,肃顺处以斩刑;在通往刑场的大街上,肃顺一路破口大骂慈禧与奕䜣,刑场上立而不跪,刽子手用刀柄敲断他的两条腿,方才跪下。后来载垣、端华都恢复了王爵,由子孙承袭。慈禧对景寿等五大臣网开一面,先是革职发配,后改免于发配,仅革职降级了事;其余与八大臣有瓜葛的官员一律不株连,免于处罚,以笼络人心,稳定政局。

慈禧以铁血手段,摧毁八大臣,扭转乾坤,文武百官无不敬畏,胜保等人乘机上疏,请两宫太后从速听政。接着,慈禧在众大臣的支持下,宣布废除八大臣原拟的"祺祥"年号,改明年(1862年)为同治元年。加封恭亲王奕䜣为议政王大臣,军机大臣领班,奕譞、文祥、胜保等人也得以加官晋爵。至此,载淳奉慈安皇太后、慈禧皇太后御驾养心殿,垂帘听政。皇太后垂帘听政,这在中国历史上实属空前绝后。

这一年是辛酉年,这次政变史称"辛酉政变"。这是慈禧太后一生中发动的三次成功政变的第一次。这次政变，使慈禧握取了中国最高的皇权，成就了第一次垂帘听政。

李鸿章和淮军的崛起

辛酉政变以后，清廷立即命李鸿章建立淮军，以镇压残余的太平天国。淮军是清朝建军史上的一件大事，它与湘军一样影响了中国几十年。淮军，顾名思义是在安徽江淮大地上兴起的军事武装，曾是清朝最为倚重的雄师劲旅。这只独领风骚的武装队伍正是在李鸿章的带领下创建起来的。

李鸿章，安徽合肥人，本是读书人出身，曾考中过进士，在京城当个闲散的翰林院文臣。李家兄弟几人，均是人才，李鸿章兄李翰章，弟李鹤章、李蕴章、李凤章、李昭庆皆官至督抚，非富即贵。李鸿章曾经这样概括自己的一生："少年科举，壮年戎马，中年封疆，晚年洋务，一路扶摇。"他的戎马、封疆、洋务都与他一手创建的淮军有着直接而密切的关系。

当李鸿章得知太平军抵达家乡安徽，攻下了省城安庆，杀死了巡抚后，便与几个京官一起回到家乡，组织团练武装，决心与太平军对抗。李鸿章回到老家庐州（今合肥）后，招募了一支由几百人组成的练勇，与周围的地方团练配合，对抗太平军。但他是一介书生，不懂军事，吃尽了苦头，不过几年的实战磨炼，让他增长了见识，获得了带兵打仗的经验。

曾国藩知道李鸿章多才，招他为募兵，李鸿章深得曾国藩的信任，他与曾国藩有着不同寻常的关系。李鸿章之父与曾国藩是同年考中的进士，又同为京官，结为世交。李鸿章入曾氏幕府之后，负责起草文书，把文案处理得井井有条，但他生活散漫，与曾国藩有条理的生活背道而驰。一天，李鸿章假装头疼，卧床不起，曾国藩知道他装病，命人催他起床吃饭，并告诉他要等所有人来齐了，才能吃饭。李鸿章立刻觉得形势不妙，穿上衣服"踉跄而往"。饭席上，曾国藩板着脸一声不响，吃完饭后，严肃地教训道："少荃（李鸿章字），既入我幕，我有言相告，此处所尚惟一诚字而已。"曾国藩说完这话拂袖而去，李鸿章"为之悚然"，从此"每日起居饮食均有常度"。曾国藩知道李鸿章"才可大用"，但又有"才气不羁"的毛病，就有意折损他，以使他得到磨砺锤炼。

养兵千日，用兵一时。当镇压太平军的前线军情发生重大变化，太平军威逼上海时，上海的官绅非常恐慌，急忙派人向曾国藩求救。当时的上海已成商业大埠，富豪、洋商极多，曾国藩决定起用李鸿章，让他正式招募淮勇，组建淮军东援。李鸿章接到命令后，先招募自己老家庐州一带的团练，又合并了湘军系统中原来由安徽人组成的几营淮勇。曾国藩考虑到新建淮军的实力相对单薄，又调拨了一部分湘军加入淮军队伍，快速组建了一支由旧有团练为主的地主武装——共计13个营，6500人。淮军练兵参照西洋方法，购买洋枪装备军队，比湘军还现代化。

李鸿章组建这只淮军到达上海后，一切都按原有计划部署着。此时，李鸿章已集军政大权于一身，地位日渐巩固。他组建的淮军还在积极扩充，因为十三营的兵力难以支撑当时的战争局面。李鸿章通过加强招募等方式积极扩充营伍，渐渐地，新增加的营头达到30多个。此外，李鸿章还抓紧实行"练兵练器"的策略，全面提高淮军的作战能力。淮军初至上海时，洋人见淮军衣衫褴褛，土头土脑，纷纷掩口而笑，称为叫花子军。李鸿章忍住羞辱，告诫士兵说："军贵能战，非徒饰观美？迨吾一试，笑未晚也。"后来，淮军在上海虹桥、徐家汇等地经过苦战，连连大胜，捕杀 3000 多太平军。于是，洋人对李鸿章大加叹服，皆"以拇指示之"。

李鸿章在军事上有着自己的想法，他不但注重士兵的实际作战能力，还重视淮军武器装备的现代化。淮军刚刚建成时，装备落后，所使用的武器多半是鸟枪、刀矛、抬枪等，以及一些笨重的土炮。到上海后不久，他目睹了洋枪洋炮的神奇，认定淮军要想壮大就必须用西洋军火进行装备。他多方努力，大力收购，不惜重金购买洋枪洋炮武装淮军，并聘请外国军官训练淮军。在两三年内，淮军的装备精良起来，战斗力也大为提高，建立了洋炮队。

由于李鸿章带领的淮军兵器精良、训练有素，在战场上接连得胜，攻下了苏州、常州等名城，配合湘军扼杀了太平天国政权；淮军也从当初的小规模发展到拥有 7 万士兵的大规模武装。

在镇压太平天国的运动中，李鸿章实施了"用沪平吴"的策略。他先是加强了上海的防御工作，使太平军难以进入淞沪一带，然后攻击其周围地区，配合湘军共同作战，大大削弱了太平军的有生力量。淮军自安徽募军，到上海解围，攻克苏州、常州，至天京陷落，历时几年，壮大成军，李鸿章也由此成名；之后，淮军又成为清政府"剿捻"的主力部队。

剿平捻军

当清军花费大半力气剿灭太平天国之后，随之而来的是新兴势力捻军的崛起。剿平捻军是清廷剿灭太平天国之后的又一次大规模军事行动，前后历时 16 年，其难度不亚于剿灭太平军。捻军是太平天国时期北方的农民起义军。捻军源于捻子，捻子是民间的一个秘密组织，成员主要为农民和手工业者。捻军是活动在皖北、鲁西南等地的农民武装，经常与清政府发生武装冲突，而后起义攻城。捻军起初规模不是很大，各路捻军会合后，势力逐渐强盛。太平天国革命失败后，捻军成为最活跃、最有力量的反清武装。

在太平天国起义失败、天京城失陷后，有的人誓死抵抗，与"天国"共存亡，有的人则逃走。太平天国里有一位遵王赖文光，他是广西汉族客家人，原籍广东嘉应州（今梅州市）。太平天国失败后，他毅然北上，与皖北的张宗禹所率捻军正式在河南南部组成一支大军。张宗禹，绰号"小阎王"，亳州雉河集（今安徽涡阳）人，后来成为捻军著名将领、西捻军统帅。赖文光认识到太平军之所以北伐失败，是因为缺乏骑兵，因为步兵的行动速度太慢，于是痛下决心发展骑兵。所以捻军在以后对抗清军时能够迅速移动，一昼夜几百里，倏忽不见，让清军追赶时疲于奔命。

同治四年（1865 年），赖文光指挥捻军在山东曹州歼灭了清朝的主力军队，主帅、钦差大臣僧格林沁战死。僧格林沁威武一生，打长毛、抗洋军，名噪中外，却死在捻军之手。僧格林沁覆灭的消息传到京城，举朝震惊，十分恐慌。环顾朝中无人可用，又把平捻大任交给曾国藩，希望他再创奇迹。但曾国藩的湘军在镇压了太平天国运动后，大部分已经裁撤了，因此"剿捻"的主要兵力是淮军。

但淮军素来听命于李鸿章，曾国藩调动淮军不能得心应手。同治五年（1866 年）秋，捻军突破曾国藩的防线，淮军一蹶不振。此时由于捻军内部意见不合，捻军兵力分为东西两支。一支是由赖文光、任化邦率领的，在山东和中原一带作战，史称东捻军。任化邦是安徽蒙城县檀城集人，捻军名将，是一个 20 来岁的少年英雄，他统帅骑兵，骁勇善战；

第十章
女人当国，因病早亡
· · · · · ·

另外一支是由张宗禹率领的，联合回民军在陕、甘一带成为掎角之势，史称西捻军。

东捻军自安徽进入河南，又自河南进入湖北。李鸿章派人分道入湖北夹击，却遭到东捻军的埋伏。东捻军主力四面突来，杀声震天，一场鏖战，清军大败，损失惨重。李鸿章接到败报，痛定思痛，采取"划河圈地""以静制动"的作战方针。果然，淮军激战一年后，圈捻战略大生奇效，淮军节节胜利，东捻军则节节败退。任化邦在撤退的途中，遭遇清军，战败后被部下叛徒杀死；赖文光率领残部逃往扬州，战败被擒，被凌迟处死。这样，仅一年多的时间，东捻军就被淮军镇压下去了。

东捻覆灭，捻军只剩下西捻一股势力。西捻入陕西，目的是与陕西甘肃回民义军联合，再图大业。正当清廷恐慌之时，左宗棠自动请缨，愿挂帅西征，两宫太后欢喜不已，立刻应允。左宗棠，出生于湖南湘阴县，晚清重臣，著名的军事家、政治家。左宗棠非常有才华，且胆识过人，他不仅攻读儒家经典，还对那些涉及中国历史、经济、军事、地理、水利等内容的名著视为珍宝，这些才学对他后来带兵打仗、施政理财起了很大的作用。

在剿杀西捻军时，左宗棠一到西安就制定出"先平捻、缓剿回"，阻断捻回联合的战略方针，开始调兵遣将，与西捻军作战。但是西捻军的统帅张宗禹异常狡狯和大胆，避而不战，率领大军突围山西，侵扰一番，又折入河南，再从河南直取直隶，一些前锋已经抵达保定、深州，把清廷吓了一大跳，宣布京畿戒严。岂料捻军战马驰骋，冲破清军重重关卡，直奔天津。淮军遭到张宗禹率部的顽强抵抗，加之李鸿章与左宗棠在战略上的分歧，一时进攻受阻。然而天公帮了淮军的大忙，五月中旬以后，黄河水暴涨，形成天然防线，捻军受到致命威胁，淮军取得了战场上的主动权。同治七年（1868年），西捻军被逼至山东茌平一带，被左宗棠、李鸿章的联军歼灭，张宗禹投水自尽。自此，捻军覆灭。

捻军运动，历时十六年，纵横十省，配合太平军给清军以沉重的打击，其采取的战术机动灵活，形成了一套独特的流动战法，常能克敌制胜。但捻军领导忽视根据地的建设，再加上内部分裂，各自为政，最终被清军各个击破，全军覆没。

同治"三大案"

载淳即位以后，由于年纪幼小，朝廷事宜由两宫太后全权掌管，风雨飘摇的清朝在经历辛酉政变、镇压太平军残部、剿灭捻军后，更加力不从心，致使国库空虚，雪上加霜。发生在同治年间、社会影响较大的三个案件，一个是得宠的宦官安德海被斩案，一个是由外国传教士"采生折割""迷拐幼童"传闻所引发的天津教案，还有一个是闹得满城风雨、扑朔迷离的马新贻被刺案。这三个疑案在当时早已民怨沸腾的氛围中，被蒙上了一层神秘面纱。

安德海，祖籍直隶青县，自幼净身入宫，充内廷太监。由于他聪明伶俐，善于察言观色，深得慈禧欢心，成为慈禧身边宠爱的大红人。辛酉政变中，安德海被慈禧派遣给恭亲王通风报信，立了大功，更受慈禧器重，升为长春宫总管太监，人称小安子。安德海权力越大，就越张狂，就连小皇帝载淳、恭亲王奕䜣等朝中大臣也不放在眼里。安德海得宠的诀窍，就是善于揣摩慈禧的心意，经他办理的事情，慈禧无不满意，甚至赏给他奕䜣遗留的龙袍。慈禧想看戏，他就搜寻有名的戏班子入宫，挑一场好戏演给慈禧看。他口舌如簧，能言善辩，说服慈禧下旨，在御花园搭建一座戏台，真是夜夜笙箫，通宵达旦。

第十章
女人当国，因病早亡
* * * * * *

小皇帝载淳渐渐长大，两宫太后为他筹办婚事。同治八年（1869年），安德海奏请慈禧，愿意亲自到江南采办龙袍。慈禧开始不答应，但安德海花言巧语，并说还要为慈禧采办几件漂亮的衣服；慈禧一听，立刻喜笑颜开，应允安德海下江南督办龙袍事宜。谁知安德海一出北京，竟恃宠而骄，大肆铺张浪费，十分奢华。他乘坐的太平楼船，浩浩荡荡地沿着京杭大运河顺流南下，船上载有戏班子，吹拉弹唱，好不热闹。楼船上悬着两面大旗，写着"奉旨钦差，采办龙袍"八个大字；大旗上又有一面小旗，正中间画着一个鲜红的太阳，内有一只三足乌。这种挂出三足乌旗的做法，等于公然宣告：为慈禧太后办差。

楼船的两旁插遍龙凤之旗，迎风招展，人们纷纷从四面八方跑了过来，久久地站在岸边望着、唏嘘着；沿途官员见了个个趋炎附势，上船慰劳，献上大量金银珍宝，安德海一概笑纳，更加忘乎所以。太平楼船行驶了几天，到达山东境内，安德海胆大包天，竟在船上为自己做寿，引得民间议论纷纷。山东巡抚丁宝桢接到德州知府呈报，说太监安德海奉旨过境，责令地方接风招待，应否照办？丁宝桢是清朝有名的大清官，贵州平远（今织金）人，平生不喜趋奉，清正刚直，勤政爱民，被誉为晚清"中兴名臣"。丁宝桢心中惊讶道："有鉴于明朝太监专权祸国的历史教训，清朝对内廷太监的管理非常严格，不准太监擅出皇城，安德海竟敢如此嚣张！"丁宝桢早就对安德海的仗势做法非常愤慨，接报后立拟密折，写成奏章，痛斥安德海种种不法行径，派快马飞驰京城报告。

载淳接到丁宝桢的密折，想起昔日安德海仗着有慈禧撑腰，目中无人，十分傲慢，不把自己放在眼里，挑拨离间的种种行为，大为震怒，于是立即表示："此曹如此，该杀之至！"同时，以慈禧养病、不宜打扰为由，没有将奏折呈递慈禧，只与慈安太后、恭亲王奕䜣紧急密商。两宫皇太后之间的关系非常复杂，她们表面上相处得很融洽，而实际却各怀心思。载淳虽然是慈禧太后亲生，却跟慈安的关系更好，慈禧对此很不满意。但是慈安太后是东太后，宫中的地位又高于慈禧。慈安太后得知此事后，力主处决安德海；而恭亲王奕䜣也认为安德海平时狐假虎威、飞扬跋扈，现在又违反祖制，四处敛财，祸乱朝纲，应该惩罚，果断地同意处决安德海。

于是，同治帝载淳迅速密谕丁宝桢："毋庸审讯，即行就地正法。"丁宝桢一看，立即派人逮捕安德海等人，押往济南，由丁宝桢亲自审讯；安德海依旧咆哮公堂。丁宝桢直接拿来圣旨宣读，当读到"就地正法"时，安德海才心惊胆战，四肢发软。只听丁宝桢大喝一声："刽子手何在？"几个刽子手一拥而上，将安德海就地正法。后来慈禧听说此事，愤怒至极，但木已成舟，人头落地，无可奈何，只恨慈安、奕䜣瞒着她。

安德海死后，李莲英代替了他的位置，成为慈禧最宠爱的太监。李莲英，直隶河间人，聪慧至极，善于揣摩慈禧心思，善于梳头。他每次为慈禧梳成新发型，慈禧都会对着镜子开怀言笑；这是他长宠不衰的原因，他也是第一个叫慈禧太后为"老佛爷"的人。

丁宝桢斩杀慈禧红人安德海的惊人之举，震惊大清朝野，连曾国藩都赞叹丁宝桢为"豪杰士"。宦官安德海被就地正法，朝野上下人心大快，"丁青天"之誉传遍民间。此外，安德海之死，也有慈禧太后借刀杀人的说法。慈禧认为自己与载淳关系日益紧张，与安德海从中作梗有很大关系，再加上安德海在宫中树敌太多，对自己造成了压力；为避免安德海对自己形成更大的威胁，慈禧产生了除掉他的想法。因此，当安德海要求出宫时，慈禧未加阻拦；当丁宝桢奏折呈上时，慈禧太后借口生病，将此事交给了同治帝和慈安太后处理。但事实究竟怎样，孰是孰非，已经无法考核。

天津教案是同治九年（1870年）在天津发生的一件震惊中外的疑案。两次鸦片战争以后，中国战败，与外国签订了许多条约，其中有一条允许外国教士在中国内地传教的条例，因此外国传教士纷纷涌入中国，

第十章
女人当国，因病早亡
. . . . . .

传播基督教、马太福音。天津是通商大口，洋教堂和洋教士较多，这些洋教士以胜利者的姿态，建立教堂，广招信徒，引起信奉佛儒道人士的不满，视为邪教异端。后来，天津出现一种传言，有人用迷药致儿童昏迷，然后拐卖。闹得家家恐慌，不敢带小孩出门，再加上当时瘟疫流行，教堂育婴堂、孤儿院里的儿童死后，被洋人深夜掩埋；埋时又草率，许多婴儿尸体暴露出来，惨不忍睹。人们纷纷议论，怀疑是法国教堂"采生折割"后丢弃所致。"采生折割"是以某种巫术、妖术等方式，摘取活人的眼、耳、脏、腑等人体器官或肢体，作为供奉神灵的祭品；也有摘取活人器官做药饵治病的说法。此事极易引起民众恐慌和动乱，扰乱民心，危害社会。

这件事发生后，人们自发地开展搜捕拐骗婴孩犯的行动。而此时恰有个迷拐犯武兰珍被拿获，供出受教徒王三指使，声称被王三"诱入堂中，付与药包，令其外出迷拐男女"。于是群情激奋，都说教堂买来儿童，挖目剖心，用作养生之药。天津知县刘杰带人犯武兰珍去教堂对质，发现该堂并无王三其人；但此时群众已经无从分辨真假，教堂门外聚集的围观民众越来越多，双方发生争斗。法国驻天津领事丰大业蛮横无理，破口大骂，暴跳如雷，掏出手枪向刘杰开枪，未击中刘杰，却击伤一个差役。这下惹恼了百姓，顿生公愤，一拥而上，拳打脚踢，不一会儿，丰大业咽气瞪眼，一命呜呼。大伙冲入教堂，见了教士教民，不分洋人汉人，一顿痛打，又打死20多人，再放一把火，焚烧教堂。这下引起中外大交涉，法国驻华公使向中国抗议，提出四个条件：一是赔修教堂，二是礼葬领事，三是严惩地方官，四是严惩凶手；同时又联合他国公使，提出抗议，派多艘军舰集结海上，形成军事威胁，若不答应，立即开战，中外关系顿时十分紧张。

清廷十分震惊，一想到几年前被英法联军杀入北京，火烧了圆明园，伤痕犹在，不敢怠慢，于是派了曾国藩到天津处理此案。曾国藩在天津经过仔细调查之后，发现迷拐儿童事件与教堂无关，仅是传言；又考量当时局势，不愿与法国开战，首先对英国、美国、俄国做出赔偿，以使最后能单独与法国交涉，并主张加强兵备，以防侵略，促进和谈。清廷同意他的建议，不几日连连下诏，查办地方官员，惩办滋事者。结果，天津知府张光藻、知县刘杰被革职充军，20 多名滋事犯被处斩、判刑；清政府派人向法国谢罪道歉。消息传出，全国哗然，纷纷谴责曾国藩"软骨头""吃里爬外"。曾国藩一世英名，因此受污，颇为后悔，他顶着舆论和责骂，黯然离开天津，一病不起，一年后即去世。

天津教案留给后人太多的启示。清廷杀自己百姓以谢洋人，真乃"弱国无外交"。

就在天津教案平息后，江南又发生两江总督马新贻被刺案，举国震惊。此案更加离奇，闹得满城风雨。

马新贻，回族，山东菏泽人，曾参与平叛太平军，立有战功，官运亨通，一路飙升，从知县做到总督。在任期间，处理漕运、盐政和河工之弊政，取得了一定成绩，并着手减轻农民负担，解决了许多民生问题，颇受百姓爱戴。

同治九年七月（1870 年 8 月），每年一度的总督阅射开始了，这是当时江宁的一大盛典，允许百姓参观。马新贻在校场阅操之后，乘坐大轿，前呼后拥地回府。就在他回衙门的途中，突然冲出一人，高呼有冤情，拦轿告状。马新贻毫无防备，接状之际，那人掏出匕首，迅速刺进马新贻右肋，马新贻"啊呀"一声，摔倒在地，第二天便气绝身亡。

刺客被当场拿获，五花大绑押到公堂，经审判，此人名叫张汶祥，40 来岁，河南汝阳人，自称江湖好汉，刺杀马新贻都是他一人所为，要杀要剐，悉听尊便；除此再无实质性的供词，即使五刑俱施，仍倔强不屈。朝廷大员突然遇刺，震惊全国，是骇人听闻的大案。刺客张汶祥与马新贻到底有何过节，是单独行动，还是有人指使，张汶祥拒不供认，从而使案件蒙上神秘色彩。清廷对此案件高度重视，多次派人调查，结果越查越乱，传闻更加离奇。最后判张汶祥凌迟处死，剖腹摘心，祭奠马新贻。

民间关于马新贻被刺的原因众说纷纭，莫衷一是，但流传最广的是马新贻"渔色负友"：马新贻霸占朋友之妻，又将朋友杀死，而那位被杀的朋友的一个朋友张汶祥出于义愤，替友人报仇，刺死了马新贻。第二种说法是，张汶祥的很多海盗朋友被马新贻捕杀，这些海盗朋友说张汶祥最讲义气，应该杀马新贻为朋友报仇，同时以泄私愤。第三种说法，说张汶祥是革命党人，杀马新贻是为了反清革命。这三个说法只是马新贻被刺案传闻中的冰山一角。刺马案和名伶杨月楼冤案、杨乃武与小白菜案、太原奇案并称为清末四大奇案。

洋务运动的兴起

载淳即位以后，清政府利用湘军、淮军将太平军、捻军镇压下去，但域外豺狼正虎视眈眈窥视着中国的一举一动。经历了两次鸦片战争的洗劫，清廷从惨败中得到教训，几个蕞尔小国，战胜天朝大国，凭借的是坚船利炮，应师夷长技以制夷；另外，门户洞开，各个通商口岸，洋商洋货涌入中国，闭关锁国早已不合时宜，有必要与洋人打交道。清政府的洋务派为达到"自强"目的，提出了许许多多改革方案，拉开了洋务运动的序幕。

洋务运动是清政府发动的学习西方技艺、自救图强的运动。洋务运动一开始，便得到两宫太后和恭亲王奕䜣的支持，中坚力量则是曾国藩、李鸿章、左宗棠以及后来的张之洞等人。洋务运动，开始以国防军事为重点，购进洋枪、洋炮、洋舰，引进洋人以西法练兵。

在洋务运动中，清廷内部的大臣主要分为顽固派和洋务派两大派别。顽固派认为，只要牢牢地保持"中国数千年礼义廉耻之维"，就能得"人心"，认为只要牢牢守住孔孟之道，就能制胜一切强敌；洋务派主张"中体西用"，认为既要守住孔孟之道，又要学会西方的科学技术，并且认为只有把二者结合起来，才能有效地对付外来侵略。

在洋务运动中，洋务派与顽固派进行了长期而又激烈的论战，在这种争论中，曾国藩作为洋务运动的首倡者，自然地当起了迎战顽固派的先锋。一是他较为清醒地认识到了侵略者的本质，不仅看到了"洋人遇事专论强弱，不论是非。兵力愈多，挟制愈甚"的现象，而且认识了这种现象的本质："惟利居奇，是其本性。"他早已看出帝国主义的本质是掠夺；二是曾国藩较为清醒地认识到了西方的长处。他对于西方一些先进之处敢于承认，敢于学习。他目睹外国侵略者正是凭借"轮船之速，洋炮之远"而横行无忌的，从而决心以"师夷"之手段，达"制夷"之目的；三是曾国藩重视武器和人的有机结合，不是唯武器论者。顽固派把洋务派学习制造使用先进武器，攻击成是"唯武器论"。曾国藩认为："自强之道，讲求之术有三：曰制器，曰学技，曰操兵。"他把"制器"作为"自强"的重要手段之一。他兴办近代军工，制船铸炮，制作洋器，更说明他把武器这一战争中的重要因素摆到了要紧的位置。但曾国藩又认为："制胜之道，实在人而不在器。"他从国情出发，以当时拥有的旧式兵器为主要器械，并重洋枪洋炮，相互为用。他说："吾以洋枪比诗赋杂艺，而以劈山炮、抬、鸟比经书八股……亦一大机括也。"总之，他认为：武器是战争的重要因素，但决定的因素是人，而不是一两件新式武器；取胜之本在于将"制器""学技""操兵"有机地结合起来。曾国藩作为洋务派的首领，在与顽固派的激烈斗争中，表现出了

第十章
女人当国，因病早亡
* * * * * * *

"站得高，看得远"的超众之处。

李鸿章对时局有着非常清醒的认识，他知道中国不可能再闭关自守了。西方列强的狼子野心昭然若揭，中国已经成为西方各国嘴边的一块大肥肉，稍有不慎，饿狼就会群起而扑之。在李鸿章看来，以当时的中国实力来应对"船坚炮利"的西方列强，无异于以卵击石。正是在这种背景下，李鸿章认为，中国要避免灭亡，只有如魏源所说的"师夷长技以制夷"。

李鸿章是洋务派中最先从行动上向西方学习的人。早在镇压太平天国期间，李鸿章就叹于洋武器的威力，惊呼"真神技也"，视为"攻城利器"。他觉得，中国之所以落后挨打，是因为兵器不够先进，必须引进西洋武器。"我能自强则彼族不敢妄生觊觎，否则后患不可思议也。"自此，他立志自强创办中国人自己的兵工厂。

洋务运动初期，他先后创建20多所兵工厂，其中最有示范性和实力的是江南制造总局。江南制造总局，于同治四年（1865年），在曾国藩的支持下由李鸿章在上海建立，是中国第一个大型兵工厂，主要生产枪炮、弹药、水雷和小型船舰，还附设译书馆，翻译西文书籍，拥有工人两千多人。江南制造总局"广觅巧匠，讲求制器及制器之器，击锐催坚"实力最雄厚，能够仿制洋炮、洋枪，制造出的无烟火药达到了世界水平。除此之外，李鸿章创办或接办的工厂比较著名的还有金陵机器局、福州船政局和天津机械局等。到了洋务运动后期，面对军事工业存在的资金、燃料短缺、交通运输等问题，李鸿章还创办了民用企业辅助军事工业，如上海轮船招商局、开平矿务局、上海织布局和漠河金矿。

李鸿章在军事上最大的成就无疑就是建立中国第一支近代化海军北洋水师。由于晚清所面对的西方列强都是海上大国，在一次又一次被坚船利炮轰开国门的无情事实面前，李鸿章意识到，如果没有一支强大的海军来保卫国家，中国永远只能是被动挨打。所以他下定决心，建立了一支可以和当时西方各国海军相抗衡的强大海军。北洋水师建立后，李鸿章为了提高水师的战斗力水平，雇用了一些外国军官来训练水师，建立了北洋水师学堂，培养海军人才，并在其他地方也相继创办了很多海军学堂。

左宗棠早在第一次鸦片战争期间，就已经注意了解"夷情"了。左宗棠了解夷情是为了对付外国侵略者，因此，第一次鸦片战争失败后，他就针对"泰西各国，火轮兵船直达天津，藩篱竟成虚设，星驰飚举，无足当之"的严重被动局面，积极主张中国应该制造轮船，筹建新式海防，以便"师其长以制之"。渐渐地，他开始把早年的主张付诸实施，积极筹备自造轮船。同治五年（1866年），经清朝政府批准，他在福州设立马尾船政局，正式建立了近代中国第一个大型的新式造船厂。马尾船政局改变了以往中国旧式海船无法与西方列强的火轮船相匹敌的境况，积极学习西方，一定程度上改变了海防面貌。

张之洞，直隶南皮（今河北南皮）人，幼年禀赋聪慧、才思敏捷，受过严格的儒家思想的教育熏陶。张之洞主要从两块进行洋务运动，一块主要是实业，一块是设办新式学堂。张之洞督办并建设了卢汉铁路，这条铁路起于卢沟桥，止于武汉，也就是现在著名的京汉铁路，铁路之利，最大的好处就是能助民生。卢汉铁路修建成功，为重工业做了铺设。此外，张之洞还大力兴办新学堂，引进人才；张之洞送出的留学生不计其数，为中国培养了一批又一批的人才。他提出"中学为体，西学为用"的政治主张；在工业上，创办了钢铁厂、枪炮厂、煤矿厂、棉纺厂等多个企业促进发展。

洋务运动期间，洋务派相继创办了几十个近代化的军工、民用企业，组建了近代化的海军，成立了传播西学的学堂。在世界侵略者频繁入侵，商战、兵战蜂拥而至，民族危机日渐加深的形势下，这些做法无疑是进步的。轰轰烈烈的洋务运动为清朝带来了"中兴"的局面，然而，同治帝与这一切毫无关系。

英年早逝，荣辱成败皆成空

自载淳6岁登基以来，一直受制于慈禧太后，没有什么作为。清政府在"孤儿寡母"的执政下，图强新政，依靠曾国藩、李鸿章、左宗棠等一批重臣镇压了太平军、捻军等一系列的农民起义，兴办了洋务新政。虽然这些和载淳没有太大关系，但是当时社会还算安定，出现了短暂的"同治中兴"局面。直到同治十二年（1873年），载淳才开启了姗姗来迟的亲政。

载淳亲政标志着两宫太后垂帘听政暂告一个段落，由皇上亲裁国事，在当时确实是一件盛事。当初两宫太后垂帘听政的唯一理由就是皇帝年幼，不能亲理朝政，姑且由两宫太后暂时管理，到载淳学有所成之日，便即行归政。当载淳年满14岁时，清初顺治帝、康熙帝两朝皇帝大婚、亲政，也是这个年龄；可是慈禧视权如命，不想按时归政，仍然把政权牢牢抓在自己的手中。到了同治十一年（1872年），载淳已经17岁，朝野私下议论，皇帝应该亲政了。

对于载淳，慈禧从一开始也报以极高的期望。在载淳即位不久后，慈禧便精心挑选了四位名师，祁寯藻、李鸿藻、翁心存和倭仁四位鸿儒做载淳的老师。然而，载淳从小就不爱读书，虽然有几个好老师，但都拿他没办法。譬如，老师要他背书，他往往背不了几行就把书扔了；要他写字，没写几个把笔也给丢了。时间一天天过去，眼看载淳就快到亲政的时候了，可这个少年皇帝的学业却实在不敢恭维，尽管有几位名师的教导，但载淳学了近十年竟然读个奏折都磕磕巴巴，写起折子来更是白话连篇，让人笑掉大牙。到了 16 岁，即将大婚亲政了，载淳对学习仍不热心，还把管理国家大事说成苦差事，把慈禧气得是脸色发白。慈安太后已经对垂帘听政感到厌倦，便告诉慈禧，应该是撤帘归政的时候了。慈禧虽然心中犹豫，但转瞬一想，载淳是亲儿子，朝政还能继续插手；况且载淳一天天长大，撤帘归政是早晚的事，亲政的事情不能再拖了，不然大臣们又来聒噪。思来想去，慈禧决定在自己归政之前，先给载淳找个皇后，让他尽快地成熟起来。

载淳的婚姻是个大问题，让谁做皇后成了两宫太后头疼的问题，她们意见不一，经过一番东挑西选，皇后人选的最后目标集中在两个待字闺中的淑女身上。一个是大清开国以来首个旗人状元郎，现任翰林崇绮的女儿阿鲁特氏。19 岁的阿鲁特氏知书达理、气质非凡，看上去雍容华贵，端庄娴静。另一个是刑部员外郎凤秀的女儿富察氏。这富察氏是满洲正黄旗人，当年只有 14 岁，她身材绰约，容貌婉丽，看上去非常讨人喜欢。花里挑花，挑得眼花，究竟谁当选皇后，两宫太后十分犹豫。

慈安太后主张年纪稍大的阿鲁特氏，显得成熟持重，慈禧太后却喜欢富察氏，说她年轻贤惠。最后两宫太后决定，让载淳自己选择；载淳选择了阿鲁特氏做皇后。皇后已定，富察氏被选为嫔妃。两宫太后立即昭告中外，定出大婚吉期。同治十一年（1872 年），载淳大婚吉日临近，阿鲁特氏被宫中派出的凤辇从家中接出，前吹鼓乐，后拥仪仗，浩浩荡荡，热热闹闹，迎入宫内。新婚之夜，载淳听说阿鲁特氏是状元之女，又见她雍容典雅，于是要求她背诵唐诗，竟无一字之误，载淳更加喜欢她。

同治十二年（1873 年），新年刚过，两宫太后颁下懿旨，宣布两宫撤帘归政，载淳亲理万机，正儿八经当起了皇帝。载淳亲政初期，遵照敬天法祖、勤政爱民的祖训，倒也十分勤谨，上早朝、批奏折，都不含

第十章
女人当国，因病早亡
* * * * * *

糊。只有一件事令他烦恼，近来慈禧虽然归政，却时常留意朝政，凡遇到大事都要过问，经常将载淳召至后宫大加训斥，让载淳凡事都要禀报。但载淳个性极为倔强，心想我已经亲政，为何她总要干涉，心中很不耐烦，于是遇事自裁自决，偏偏不去禀报。母子之间已无亲热可言，矛盾日益加深。

载淳拜见慈安太后，慈安笑容可掬，和气可亲，与慈禧判若两人；结果载淳亲近慈安，疏远慈禧，使慈禧更加愤怒至极。当慈禧看载淳与皇后阿鲁特氏非常恩爱，却很少理睬其他嫔妃时，更加不悦，便强令其移爱富察氏；载淳表面答应，却依然不与富察氏亲近。慈禧便以"应当勤于政事"为理由，不让载淳常到皇后那里。皇帝与皇后被慈禧强迫分离，精神上受了刺激，痛楚万分，便独居乾清宫。由于受到慈禧的拘束，加之对功课的厌倦，载淳便常与小太监或伴读嬉戏游宴，因此逐渐放荡成性。

载淳亲政后，亲自主持经办的一件大事就是重修圆明园。慈禧退帘后，想起当年的圆明园生活，下懿旨让载淳重修圆明园。这是重大的工程，至少要花几千万两白银。载淳立即下旨，让户部筹钱，工部择日动工。这道旨一下，满朝议论纷纷，褒贬不一。恭亲王奕䜣一听此事，立即觐见，说国事维艰，不可大兴土木，并把古往今来明君如何勤俭的大道理历数一遍。载淳对奕䜣怀恨在心，将他降为郡王，并革职与此事有关的十位大臣。两宫太后见事情闹大，只好出面调解。慈禧太后尽管与奕䜣有矛盾，但她还不想马上就把奕䜣完全排斥掉。她立即叫同治帝取消这个制裁，载淳发出上谕，恢复了奕䜣世袭罔替的亲王衔。由于众多大臣反对，载淳不得不下令停工。

从此，载淳闷闷不乐。内侍文喜、桂宝，最善逢迎，劝载淳微服出行，出宫玩乐，过上了荒淫不堪的生活。同治十三年（1874 年）岁末，载淳突然病倒，全身浮肿，红痘遍体，痛痒难忍。太医说是天花，开了些药物，毫无效果；到后来，全身溃烂，日夜呻吟，惨不忍睹，崩于养心殿。

载淳怀着对母亲的痛恨和对人世的眷恋离开人世，终年19岁，他的寿命是清朝十二帝中最短的，后来的光绪、宣统也比他长寿。他在位13年，实际上是个傀儡，亲政两年，还事事受到干涉，仅仅筹划了两件事：一是修建圆明园，二是革职恭亲王，均遭失败，活得很不如意。

不忍细读的 **大清史**

光绪帝是一个年轻发奋、力图改革的开明皇帝。他不甘做亡国之君，愿意接受新思想，并积极支持变法，一度成为维新派心中的"救世主"。然而，变法危及封建守旧势力的利益，遭到以慈禧太后为主的清室贵族的百般阻挠。同时，戊戌变法的失败，也使清王朝改变旧章的一线生机被永远扼杀。自此，光绪帝再也没有勇气冲破封建伦理思想的束缚，心境悲怆，终其一生，是他的悲剧命运。

第十一章
上朝无实权，下朝无真爱
· · · · · · ·

历史步入"慈禧时代"

提及爱新觉罗·奕譞，他是道光帝的第七子，是咸丰帝的异母弟弟。他的母亲是庄顺皇贵妃乌雅氏，其大福晋是慈禧太后的亲妹妹叶赫那拉·婉贞。道光三十年（1850年），奕譞被封为醇郡王。咸丰帝死后，奕譞因积极配合慈禧太后发动辛酉政变，深得慈禧太后重用。同治三年（1864年），奕譞又被加亲王衔，后来又被晋封亲王。可以说，奕譞的前半生是非常幸运的。

同治十年（1871年）六月二十八，对于奕譞来说，是一个值得庆贺的日子。这天子时，在北京宣武门太平湖畔醇王府的庭院里，醇郡王奕譞在来回踱步。因为何事如此焦急呢？原来是他的福晋，也就是慈禧太后的亲妹妹叶赫那拉·婉贞，正在房内艰难地生产，挣扎了整整一天了，还没有生下来。他的长子载瀚两岁时不幸夭折，他到现在没有任何子女，所以他期盼着爱妻能够给他生一个儿子，哪怕是女儿也行。他怀着复杂的心情在外面焦急等候，突然传来一声婴儿的哭声，他的第二个儿子爱新觉罗·载湉出生了，31岁的奕譞喜得贵子，脸上露出了幸福的笑容。

同治十三年（1874年），载湉4岁时，同治帝去世，没有留下子女。同治帝是咸丰帝的独子，他去世后，奕詝一系也随之绝嗣。那么由谁继承皇位，就成为矛盾的焦点。同治帝驾崩仅仅两个小时，事关清朝国运的紧急会议就在养心殿西暖阁按时召开了，参加会议的有同治帝的五叔惇亲王奕誴、六叔恭亲王奕䜣、七叔醇亲王奕譞、八叔钟郡王奕詥、九叔孚郡王奕譓,还有奕劻、景寿等大臣。首先有人请为同治皇帝立嗣,并且提到了溥侃、溥伦两位人选;惇亲王奕誴就反对,他说了四个字:"疏属不可。"慈禧不失时机地表示首肯说:"溥字辈无当立者。"此时军机大臣跟慈禧太后发生了争执。慈禧太后说:"此后垂帘如何?"军机大臣中有人说:"宗社为重,请择贤而立,然后恳乞垂帘。"后又有人为奕䜣的儿子载澄争取机会。但是慈禧最终亲自指定醇亲王奕譞的次子载湉,也是自己妹妹的亲生儿子,过继于咸丰帝,登基为帝。慈禧话音刚落,醇亲王奕譞一声哀号,瘫倒在地,大哭不止,亲贵纷纷伸手相搀,但谁也拉不动。

半夜时分,紫禁城的全部正门次第打开,迎接新君主载湉进宫。四岁的载湉被请进了皇宫,向两宫皇太后请安,并在大行皇帝同治帝灵前祭奠后,入继大统,做了皇帝。年幼的载湉就这样走出了无忧无虑的王府,置身于变幻莫测的紫禁城,作为清王朝的第十一位皇帝,登上了历史的舞台,在一种特定的历史条件下,成为慈禧的一个政治工具。

载湉登极后的第二年改年号为"光绪","意谓缵道光之绪也",就是继承发扬道光皇帝的贤德。载湉一继位,便决定了他的傀儡命运。载湉经过嗣称帝,与慈禧太后形成了"母子"关系,慈禧既是载湉的伯母,又是载湉的姨妈,可谓亲上加亲。载湉继承皇位,慈禧自然就名正言顺地当上皇太后了,而且载湉才4岁,慈禧仍可垂帘多年,年幼的载湉也便于驾驭。他的母亲是慈禧的胞妹,父亲奕譞比奕䜣更容易控制。乖觉的王公大臣们早已洞悉了慈禧的心思,于是,王公、大学士、三部九卿等便合上奏章,恳求两宫(慈禧、慈安)垂帘听政。

第二天,两宫颁布懿旨,痛快地答应了实行垂帘听政。慈禧认为垂帘是"一时权宜",但皇帝年幼,不垂帘又不行,只能勉强答应,等到小皇帝长大成人,典学有成后,再归还政权。垂帘是慈禧的愿望,愿望要实现了,她又忸怩起来。这是两宫太后的第二次垂帘听政,第一次是同治元年至同治十二年,两宫太后实行垂帘。

与此同时,醇亲王奕譞经深思熟虑,进一奏折,称突然听到择定亲生儿子载湉为嗣皇帝，仓促间昏迷过去，触犯旧疾，委顿成废，为此，他正式提出辞去一切职务。七天之后，两宫正式批准，奕譞如愿以偿，达到了目的。两宫二度垂帘后，以奕䜣为首的军机处基本上没有变化。慈禧需要的是稳定，政局的稳定是最重要的，慈禧对这个班子大体上是信任的。

光绪七年（1881年）三月初十，慈安太后突然死去。慈安太后是正宫娘娘，是后宫的一把手，位于慈禧之前。慈安之死，给慈禧带来了难得的机遇，两宫垂帘变为一宫垂帘，慈禧太后大权独揽，了无顾忌，更加可以为所欲为了。同时她也感到肩上的担子更重了，因为培养载湉的任务落到了她一个人的身上。

甲申易枢，慈禧训政

入宫前的小载湉，性情温和，聪明伶俐，喜欢写写画画，喜欢同花鸟说话，然而宫中的规矩和礼仪，很快磨灭了这个孩子的童真。入宫后，载湉的父亲奕譞最担心的事情发生了，慈禧不准探视。为了让自己的威严快速地烙在载湉的心里，慈禧制定了"断亲情、立威严、传孝道"的教育方针。慈禧并没有把自己当作是载湉的母亲，而是载湉的主子。

慈禧对待只有几岁大的载湉非常凶狠，她经常对载湉是呵斥不断、疾声厉色。训斥只是家常便饭，慈禧还经常体罚载湉，甚至不给饭吃。一朝之君，竟然连饭都吃不饱，这是何等的可怜。这个原本天真烂漫的孩子，在宫中被迫忍受着莫名的孤独和恐惧。入宫仅仅半年，载湉就已经不像从前那样爱笑了。

然而，一个人的出现，却及时地改变了小皇帝的境遇，他就是载湉的师傅翁同龢。翁同龢曾是同治帝的老师，为人正直，胸怀天下。慈禧希望翁同龢把载湉教导成一个"服服帖帖"的皇帝，但是翁同龢很快发现，这个孩子不同于小时候顽劣的同治帝，而是机敏好学，十分用功。载湉天真地告诉他，自己只要好好读书，就会免于"亲爸爸"（"亲爸爸"是慈禧命令载湉对她的称呼，她要在载湉心中树立至高无上的"亲爸爸"形象）的呵斥，这让翁同龢心生怜悯，除了当老师，他还像父亲一样，关照载湉的生活。

载湉从十年前被抱进紫禁城以来，就从未离开过这里。宫墙外天翻地覆的变化，他知之甚少。光绪十一年（1885 年），中法战争爆发，老将冯子才临危受命，在先期失利的情况下，最终在广西镇南关击溃入侵的法军，法相茹费里被迫下台。随着《中法新约》的签订，法国不胜而胜，中国不败而败。

紫禁城内，皇帝一天天长大，关于皇帝亲政的呼声日益强烈。顺治帝和康熙帝都是 14 岁亲政，此时载湉也已 14 岁，慈禧垂帘已逾十年，该将权力还给皇帝了。十年前，她曾公开做出保证，一到皇帝典学有成，即行归政，然而她早已习惯了群臣俯首，发号施令，此刻却绝口不提归政一事。如何能在载湉亲政后继续摄政，保留对皇权的控制呢？关键时刻，慈禧想到了一个人——奕譞，该是启用这枚旗子的时候了。

自从载湉被选定继承大统之后，奕譞先是急流勇退，辞官回家，而后更是闭门谢客，深居简出。为了保护儿子和这个家庭的安全，十年来奕譞低调谨慎行事，在慈禧面前，他刻意放低身段，甘愿恭维奉承。奕譞所做的这一切，都是为了表明他毫无权力野心，让慈禧放心。

中法战争的前期失利，慈禧开始大做文章，拔掉首席军机大臣奕䜣这颗挑战自己权力的钉子，奕䜣最终被免去一切职务，慈禧谕令他居家养疾。韬光养晦十年之久的奕譞，再次走上政治前台，这就是晚清著名的甲申易枢。此时奕譞的心中有一种难以言说的复杂，皇帝与太后面临权力交接，他将如何保护儿子和自己，奕譞心中异常忐忑。对于父亲奕譞的到来，年轻的载湉满怀欣喜。十年来，在这个偌大的紫禁城中，他举目无亲，找不到一个可以真正信赖的人。父亲的到来，让他看到了希望。

第十一章
上朝无实权，下朝无真爱
· · · · · · ·

光绪十三年（1887 年），载湉已经 16 岁了，时间将慈禧逼到了历史的岔路口，皇帝亲政的问题，已经无法回避。就在朝野上下对皇帝亲政翘首以待的时候，慈禧降下懿旨，决定次年归政。太后归政的懿旨下达后，奕譞却会同礼亲王世铎上折反对太后归政，以皇帝年幼，学业未成为由，请求太后继续训政，"臣愚以为，归政后必须永照现在规制，一切事情，先请懿旨，再于皇帝前奏闻"。

载湉没有想到，最先阻止自己亲政的，竟然是自己的父亲。此时的奕譞也陷入了深深的矛盾之中，年幼的儿子与太后实力悬殊，太后的心狠手辣奕譞早有领教。太后不想归政，而形势又要迫使皇帝亲政，此种情形之下，如果惹恼了太后，皇帝的安危可能都是问题。然而载湉并不明白父亲的用意，他十分失望，却又无力改变局面。翁同龢在日记中，记述了载湉当时的心态："智勇俱困，奈何？"慈禧见时机已经成熟，便半推半就地答应了王公大臣的请求。"勉允所请。于皇帝亲政后，再行训政数年。"

慈禧安排妥当，于光绪十三年（1887 年）正月十五，为载湉举行了亲政典礼。从此，清帝国的臣民便都知道光绪帝亲政了，但这只不过是名义上的亲政而已。紫禁城不是载湉的地盘，皇帝不过是慈禧的工具和影子罢了，紫禁城真正的主人是慈禧太后。在太后的眼中，载湉这个影子皇帝，并没有表现出一代帝王的超常天赋，将权力交到这样一个胆小懦弱的孩子手中，慈禧既不甘心，也不放心。

皇帝大婚，守信归政

光绪十四年（1888 年），载湉 17 岁了，早已到了结婚的年龄，然而皇帝的婚姻却一拖再拖。大婚意味着载湉真正成年，必须亲政，而皇帝的亲政则意味着太后的归政。为了能够在皇帝大婚后，继续掌控朝政，慈禧做了周密的安排，她悄悄为皇帝选中了皇后。这一切，年轻的皇帝似乎一无所知，他正带着亲政的满腔热情和对爱情的美好憧憬，靠近这场残酷的权力斗争。皇帝大婚及亲政的懿旨突然颁布，朝野上下，喜出望外。太后的懿旨很快便递到了载湉的手中，皇帝不断诵读这份懿旨，这是一个无比幸福的时刻。为了这一天的到来，他在煎熬中度过了上千个日日夜夜。

此时衰弱的晚清再次危机四伏，俄国人从新疆伊犁将触角伸向内地，法国人从越南打开了西南门户，而英国人则陈兵西藏；深重的危机感刺痛着青春期的光绪皇帝，他热血奔涌，豪情萌动，立志要做一位像康熙帝那样的一代圣主。这个大清国的第十一位皇帝，似乎给这个衰弱的国家带来了一线生机。载湉急切地希望走上前台，一展抱负，挽救国家人民于水火之中。然而他不知道的是，太后早已摆好了一盘棋静静地等待着他。

同年秋天，宫中的选秀开始了，这是皇帝大婚前最重要的准备，皇帝的后妃要从 13 岁至 17 岁的秀女中产生，经过反复筛选，最终确定了 5 个人。十月初五，最后选秀的时刻终于来到，这一天，皇帝起得很早。在秀女入场时，载湉见到了叶赫那拉·静芬，这是载湉万万没有想到的。叶赫那拉·静芬是慈禧太后的弟弟副都统桂祥的女儿，此时已经 21 岁，早已过了选秀的年龄；可她不仅被安排在了 5 个人之中，还被排在了第一个。慈禧的用意非常明白，就是要让自己的亲侄女成为皇后。载湉似乎突然明白了过来，迟迟不愿归政的慈禧为何突然同意他大婚了。愤怒顷刻间击中了载湉，等待了十多年的希望只是个幻影，他似乎永远无法摆脱"亲爸爸"了。

按照规定，选中为妃的授予荷包，选中为后的授予如意，慈禧让载湉先挑皇后。载湉做出了意外的举动，正准备将如意授予江西巡抚德馨的女儿。"皇帝！"太后的一声断喝，让载湉皇帝回到了现实之中，他必须向着太后凌厉的目光所指引的方向前行，别无他选；就这样，慈禧的侄女成为光绪皇帝最终的选择。慈禧看到载湉中意的是德馨的女儿，担心她一旦被选为妃子，可能夺宠，于是她让人将两对荷包递给了礼部左侍郎长叙的两个女儿。

光绪十五年（1889 年）正月二十七，光绪皇帝举行了大婚典礼，慈禧的侄女叶赫那拉·静芬成为隆裕皇后。载湉大婚之后，慈禧太后撤销了训政体制，归政光绪帝，于光绪十五年二月初三，为光绪帝举行亲政大典。自此，载湉终于开始正式亲政了。

从垂帘听政，到训政，到归政，从表面上看，慈禧太后把最高的皇权逐步地移交给了光绪帝。光绪帝亲政后，随着时间的推移和政见的分歧，在清朝的上层逐渐形成了两个政治中心。在光绪帝周围形成了一股政治势力，人们称为帝党；在慈禧太后周围形成了另一股政治势力，人们称为后党。帝党的核心人物是光绪帝的师傅翁同龢，后党的核心人物是李鸿藻，帝党和后党对很多问题的看法存在尖锐的矛盾。

慈禧太后虽然归政了，但却仍在幕后操纵着清朝政局，她对光绪帝的控制丝毫没有减少。光绪帝虽然亲政了，但许多重大问题的决策仍然必须听命于慈禧。皇帝亲政后，慈禧本应在短时间内就移居颐和园的。怎奈颐和园工程还没有竣工，慈禧就住在西苑的仪鸾殿。这可忙坏了光绪帝，光绪帝虽贵为皇帝，但依照祖制及慈禧的训示，他必须每天给慈禧请安。慈禧坚持让光绪帝到她面前请安的原因，是不言自明的，她要继续维护自己清朝最高统治者的形象。实质上，她也确实是一个"太上皇"。

重修圆明园

慈禧在仪鸾殿居住的同时，颐和园工程正在加紧进行着。颐和园是由圆明园中的清漪园复建而成。奕譞在接替奕䜣之后，做的第一件，也是最后一件大事，就是修建清漪园。慈禧对圆明园有着特殊的感情，早年在圆明园中，她与咸丰帝有过一段短暂但刻骨铭心的爱情生活，并有了爱情的结晶同治皇帝，她自己也由此改变了命运。咸丰十年（1860年），圆明园被英法联军焚毁，一座举世无双的皇家园林，就此沦为一堆瓦砾。

此时的奕譞主持着军国大计，并受命总理新成立不久的海军衙门事务。自从他的儿子成为皇帝，奕譞就变得更加小心谨慎，行事之前必先考虑皇帝与太后之间的关系。奕譞提出重修清漪园，实在是一个一箭双雕的办法，既可以讨得慈禧太后的欢心，还可以将她送进清漪园中游山玩水，以免在紫禁城中指手画脚，这样皇帝或许会得到更多的实权。因此，奕譞转变了立场，从修园反对派变为坚定的支持者。然而，这也是一个难以实现的想法，因为没有经费。为了这笔经费，奕譞绞尽脑汁，想到了一个偷梁换柱的办法。

清漪园原本是乾隆帝为母亲祝寿所修建的园林。园中昆明湖名字的由来还有个典故：西汉时期，汉武帝为征讨昆明国，在首都长安挖掘了一个大湖，以"昆明池"之名操练水军。乾隆帝借此仿效，扩建了西郊的水域，命名"昆明湖"，令健锐营、外火器营等在此操练。

此次重修清漪园恰逢朝廷正在筹建北洋水师，这为修园找到了更好的名目。奕譞呈上奏折，请求恢复昆明湖水师操练旧制，同时建议，为了方便太后检阅，还要修复清漪园的一些建筑。慈禧一见这份奏折，正中下怀，立即予以批准，于是本应由内务府奉宸苑负责的修园任务，变成了海军衙门的差事。

修复清漪园的建议，遭到光绪皇帝的抵触。修复清漪园，工程浩大，要耗费数千万两银两。此时中法战争刚刚结束，列强环伺，内忧外患，海军衙门的经费尚且短缺，又何来修复清漪园的费用。对于如此庞大的工程，朝野上下的猜测和议论越来越多。为了平息舆论，慈禧干脆以载湉的名义发布上谕，称清漪园是载湉仿效乾隆帝孝母而建，并取颐养冲和之意，将清漪园改为颐和园。随着上谕的发布，一直为建园经费四处奔波的奕譞，从秘密筹款变为公开挪借。

奕譞为修复清漪园耗尽了心力，光绪十四年（1888年），奕譞病倒了。载湉经慈禧的特许回家探望，这是12年之后载湉第一次回到了自己的家。在踏进家门的那一刻，载湉终于明白了父亲的良苦用心；父子二人在修园一事上，最终达成了默契。在园林即将竣工之时，在师傅翁同龢的指点下，载湉还专门题写了匾额——颐和园。

光绪十七年（1891年），耗时4年的颐和园大修工程大体告成，而就在颐和园完工后不久，奕譞病逝。四月二十八，慈禧太后正式搬进颐和园，但她仍然不时进城居住在仪鸾殿，尤其到冬天，就基本住在仪鸾殿了。慈禧太后驻跸颐和园期间，光绪帝仍然要去请安。因离得远，所以大体是5天一次，一个月6次。以光绪帝十八年四月为例，光绪帝去颐和园6次，住9天。

慈禧到颐和园去，光绪帝或是先一日到园跪接，或是亲自陪送，或是在福华门外跪送。这些礼节是不可缺少的，因为这些礼节的本身就充分显示了慈禧对光绪皇帝有着不容置疑的绝对权威。光绪帝深知，这种请安是松懈不得的，这是对他忠心的一个考验。

慈禧太后驻跸颐和园，宫中诸事，自然有人向她禀奏，因此，载湉的一言一行都在她的掌握之中。名义上慈禧太后已归政光绪帝，但实质是慈禧太后仍然牢牢把握着国家政权，载湉完全明了此点。但是，载湉也不是个毫无主见之辈，他不甘心于他的傀儡地位，始终在想方设法治理好国家，做给大臣们看。

甲午战争的惨败

对于在幽闭的紫禁城和慈禧的巨大阴影中长大的载湉，珍妃的出现，仿佛是黑暗中的一抹光亮，载湉阴郁的脸上开始露出了灿烂的笑容，命运似乎正在把载湉推向一个光明的前方。珍妃，就是当年在选秀时被慈禧命人随便塞了荷包的珍嫔，令人意外的是，珍妃的入宫竟然让载湉悲剧的婚姻有了新的开始。皇帝每天都召幸珍妃，两人一起或吟诗作词，或练字绘画，或对弈消遣，情投意合；珍妃在皇帝面前也无拘无束，畅所欲言，二人犹如民间的一对恩爱夫妻。皇帝甚至将珍妃带进养心殿，陪伴其处理政务。

珍妃发现，皇帝并不像她想象的那样，可以主宰一切，而是处处受到太后和宫廷政治势力的掣肘与摆布，皇帝的弱势引发了珍妃的怜悯与同情。作为紫禁城中皇帝唯一可以信赖的人，她必须要帮助皇帝，帮助自己的男人，获得他应有的尊荣和权力。珍妃将自己的堂兄志锐和老师文廷式引荐给载湉，进士出身的志锐和文廷式，都是晚清新锐政治力量，他们同载湉的老师翁同龢联合在一起，组成了一个所谓的帝党集团。珍妃居然在皇帝和帝党之间，发挥了某种类似纽带的作用。依靠着这些支持者，光绪皇帝开始发力。

光绪二十年（1894年），中日甲午战争爆发，年轻的光绪皇帝热血奔腾、万分愤慨，这是他亲政以来所遇到的第一件大事，也是证明自己才干的难得机会。皇帝的想法得到了帝党成员的支持，他们纷纷递上奏折，支持皇帝对日开战；这种情绪极大地鼓舞了载湉，他接连发出电谕，责令掌管北洋水师的李鸿章预筹战备。

然而颐和园里，慈禧对这场战事丝毫没有放在心上，她正关心着另一件大事，那就是自己60岁的万寿庆典。一心主战的帝党成员，并不了解太后的心思，就在太后生日庆典紧锣密鼓进行的时候，他们不识时务地上疏，要求请罢慈禧生日庆典，参奏李鸿章昏庸、丧心误国，并提议召已经被罢免的恭亲王奕訢参与大政，抗击日本。

此事最终惹恼了慈禧，也让慈禧对载湉有了警觉。与此同时，发挥了类似纽带作用的珍妃，也自然引起慈禧的提防；在这关键时刻，一直对珍妃嫉恨交加的隆裕皇后，又起了催化作用，她频频向慈禧报告珍妃在养心殿的违禁之举，这让慈禧对珍妃更加憎恶。慈禧以干预朝政为由降下懿旨，将珍妃连贬两级，降为贵人，打入冷宫。此后，珍妃的堂兄志锐和老师文廷式也被以交通宫闱、扰乱朝纲的罪名先后革职驱逐出京。

光绪二十年（1894年）七月初一，中日双方正式宣战。清军在平壤集结，设防据守。日军分四路进攻，清将左宝贵率部力战，英勇牺牲，但其他将领却不战而逃，退过了鸭绿江；日军乘胜侵入中国的东北，进占大连、旅顺等地。日本舰队又在鸭绿江大东沟外的黄海海面袭击中国舰队，双方激战达五小时之久；中国海军官兵英勇奋战，邓世昌、林永升等以身殉国。战斗结果，中国失利，日本海军亦受重创。此后，李鸿章命令北洋海军躲藏在威海卫军港内不许出战，造成束手待毙的局面。日本军在山东半岛登陆，威海卫陷入包围之中。日军从海面和陆地开炮轰击，中国海军陷入绝境，水师提督丁汝昌自杀。在此战中，北洋海军全军覆灭。

战争进行中，慈禧太后和李鸿章始终抱妥协的方针，乞求日本谈判。日方不允。战争即将结束时，在日本的军事压力下，李鸿章以全权代表的身份赴日接受投降条件，签订了《马关条约》；条约规定割让辽东半岛和台湾给日本，赔款白银两亿两，允许外国人在中国开设工厂等。亲自批准签约的载湉帝，既感奇耻大辱，又思奋发进取，他在寻觅摆脱困境、走向坦途的良策。

在慈禧太后的阴影下实行"新政"

光绪二十一年（1895年）四月初八，都察院门前人声鼎沸，热闹非凡，成群的北京居民涌向这里。原来，在北京参加会议的各省举人一千多人，联名写了一封万言书，要求都察院转呈皇帝。在这封万言书里，举人们强烈要求惩办卖国贼和临阵脱逃的将领，表示了对国家命运的深切关注，并提出"拒和、迁都、变法"的政治主张，但这封上书皇帝并没有收到。这就是有名的"公车上书"。

康有为和梁启超通过这次上书活动，逐步团结了一批爱国的进步的知识分子，形成了资产阶级第一个政治派别——维新派。大清帝国在中日甲午战争中失败，这一事件极大地刺痛了载湉，他命左右将传统的治国经书付之一炬，并身体力行，开始学习英语，以此表明改革旧弊，向西方学习的态度。已经触摸到世界发展脉搏的载湉深刻地意识到，大清必须顺应世界大势，除弊更张，变法图强。

此时，整个社会蕴藏着不可遏制的变革力量，康有为又写了上皇帝第三书，言辞恳切，发人深省。这封上书递到了光绪皇帝手里，光绪皇帝看完康有为的上书，仿佛看到了国家富强、民族振兴之路，马上命令誊抄分送慈禧、军机处，从此维新派开始取得了光绪皇帝的支持。在国家危难日深的岁月，奋发图强成为关心国家命运的官员士大夫们的共同心声，即使一些顽固派官僚，也意识到走老路已经行不通了。

光绪二十四年（1898 年）四月二十三，光绪皇帝颁发了《明定国是诏》，由此揭开了变法自强的序幕。变法是得到了慈禧的首肯以后才得以全面推进的，中日甲午战争以后，清政府陷入内忧外患的危局，政府推行的经济改革陷于停顿。慈禧从未感到如此的无力，而此时朝廷上下对皇帝进行变法的呼声很高，年轻的皇帝又强烈地表现出走上政治前台的欲望，如果逆势而动，反对变法，必将使自己陷入不义。精明的慈禧顺水推舟，将危局交给了光绪皇帝。

从颁布《明定国是诏》之日起，诏书像雪片一样飞向全国上下。皇帝的诏书下发以后，遇到了强烈抵制，除极少数地方巡抚遵旨进行了一些零星变革之外，大部分地方官僚将其束之高阁。即使以新人物著称的洋务派官员湖广总督张之洞，也对变法持反对态度。像张之洞这样的通达人士，尚且对变法维新持观望与抵触的态度，那些守旧派官僚更是对新政令置若罔闻，有的甚至公开阻挠维新措施的贯彻。两广总督谭钟麟，不仅公开违抗光绪皇帝的指令，还宣称全省有谈时务者，将不委差使。

第十一章
上朝无实权，下朝无真爱

- - - - - -

变法维新，阻力重重。年轻的光绪皇帝，将这种改革上的挫败归咎于慈禧，认为变法不能推行的原因，在于后党旧臣的阻拦，而自己从慈禧那里得到的所谓办事的承诺，根本就是一句无法兑现的空谈。实际上，慈禧为了在颐和园中可以控制这场变法的方向，在变法刚刚开始 4 天时，就拿掉了载湉最重要的智囊——翁同龢。帝师翁同龢，既有兼济天下的政治理想，又对官场规则谙熟于心，更深刻理解载湉与慈禧母子之间相互制约又依赖的关系。他既是引导皇帝走上变法道路的精神导师，也是帝后矛盾最有效的调和者，更是光绪皇帝身边唯一筹划新政的权臣；显然，没有了翁同龢的指引，年轻的光绪皇帝更加难以驾驭变法大局。

翁同龢离开后，皇帝的身边出现了权力空缺，而新晋进士康有为在此时填补了进来。此时的康有为尽管早已因公车上书、鼓吹新政而誉满京城，但与翁同龢相比，却缺乏成熟的政治能力，不仅对复杂的宫廷政治不够了解，更对帝后母子之间复杂而又微妙的关系知之甚少。此种情形之下，康有为将光绪皇帝直接推向了慈禧的对立面。

在变法开始之前，康有为就认为，变法本原，非自京师始，非自王公大臣始不可，他主张对整个清政府上层官僚机构动一次手术，首要目标就是阻碍新政的慈禧班底。礼部尚书怀塔布成为康有为手术刀下的第一人。怀塔布扣留了下级官员条陈新政的奏折，载湉抓住这个机会，以阻碍新政的名义，将怀塔布等礼部六堂官一并革职。礼部尚书怀塔布是慈禧的心腹，而礼部是清廷的议事机构，这是慈禧留在载湉身边的重要耳目。

罢免礼部旧官员之后，载湉迅速改组礼部，换上了杨锐、谭嗣同等 4 名维新派官员授以四品卿衔，并以赐其在军机处行走的形式，使维新派官员有了直接参与军国大事的资格。然而，载湉并不满足于裁撤几个官僚机构，他要把改革向更深的层次推进。康有为进一步建议，在既有体制之外，另行成立一个议政中心，取代清廷政治决策中心军机处，培植自己的政治力量，为变法另辟蹊径。

戊戌政变，母亲夺权

　　皇帝的一举一动，颐和园里的慈禧了解得一清二楚。载湉的表现，让慈禧的心情非常复杂，她曾经顺水推舟将危局交给了载湉，一来是自己实在无力改变，二来也是希望将皇帝推出来试试。然而皇帝激进的改革，却令她非常不安。她既担心变法会威胁到自己的权力，也担心激进的改革会导致政局的失控。于是，她一面安抚左右，让怀塔布等人暂且忍耐，一面降下懿旨，将二品以上官员的人事任免权及军权牢牢控制。

　　就在慈禧还在观望的时候，光绪皇帝已经按捺不住，他更急切地想要推行自己的变革；他听从康有为的建议抓住兵权，用兵权来挟制慈禧进行改革。随后，载湉连续四次接见手握兵权的工部右侍郎袁世凯。正是这一行为，彻底挑战了慈禧的底线；对于慈禧来说，这无疑是一个极其危险的信号，军队的动向将直接关系到自己的安危。

　　袁世凯是北洋三军之一"新建陆军"的统领，荣禄的亲信和部下。他曾参加过"强学会"，正是这一点使维新派把他误认为是自己的同志。光绪二十四年（1898 年）七月二十八，载湉像往常一样到颐和园给慈禧请安，这一天，慈禧并没有像往常一样答话，而是一言不发；从这一天起，母子关系发生了重要变化。20 多年来，尽管他们几乎每天相见，但却从未真正走进过对方，也从未试图理解过对方。

　　帝、后两党的斗争已经达到空前激烈的程度，一切顽固守旧势力群集慈禧太后周围，策划扑灭变法运动。而这时，京津一带盛传慈禧太后和光绪皇帝十月赴天津阅兵时，会发生兵变，慈禧太后将废掉光绪皇帝。大难临头，形势危急，光绪皇帝从慈禧太后的脸上也察觉到了这种危险性。

　　同年七月三十，光绪皇帝给康有为等人写了一封密诏，要他们设法

第十一章
上朝无实权，下朝无真爱
* * * * * *

相救，找到一个既能坚持改革，又能不致过分激怒慈禧太后的办法。这个办法显然是不存在的，一无军队，二无武装的维新派，拿不出切实对策，最后只能把希望寄托在袁世凯身上。八月三日深夜，谭嗣同只身前往袁世凯的住处法华寺。袁世凯对不速之客的到来，心中早就有数，在寒暄之后，仍装聋作哑地问有何事相商。谭嗣同从袖子里拿出光绪皇帝的密诏，要求袁世凯迅速出兵，先杀荣禄，然后包围慈禧太后的住处颐和园；并说事成之后，立即升任袁世凯为直隶总督。袁世凯表面说要效忠皇帝，实则另有打算。

当维新派设法营救载湉的同时，慈禧和荣禄也积极行动起来了。八月五日，袁世凯从北京一回到天津，立即向荣禄告密，全盘交代了谭嗣同夜访的情况。当天荣禄就乘专车赶到北京，同诸多后党官僚一起面见慈禧，会议至夜半方散。八月六日清晨，慈禧怒气冲冲地从颐和园回宫，发动了政变。就在这天黎明，光绪皇帝还到颐和园去请安，慈禧却已由间道入西直门。她带人直达皇帝的住处，把一切文件都搜刮拿走，又把皇帝召来训斥说："我抚养你20多年，你竟听小人之言来害我？"光绪皇帝沉默良久，才说出一句话："我无此意。"慈禧又唾了一口说："痴儿，今天如果没有我，明天你还能在这儿吗？"慈禧当即传旨说，光绪皇帝生病不能办事，由她"临朝训政"。

就在同一天，慈禧下令逮捕维新人士。康有为已于前一天离开北京到天津，后在英国领事馆的帮助下，脱险来到香港。梁启超在知道大局已定后，逃到日本大使馆，又化装前往天津，在天津去发辫穿上和服，躲过清军搜查，乘日轮逃亡日本。政变发生后，被逮捕的维新人士很多，包括被称为"戊戌六君子"的谭嗣同、杨锐、林旭、刘光第、杨深秀、康广仁。谭嗣同本来还有机会逃走，但他坚决不走，静待逮捕。在他被逮前的几天内，还同北京的镖客王五筹划，想把光绪皇帝救出来，但事起仓促，计划落空。

慈禧对自己的政敌，向来是不手软的，八月十三，将谭嗣同等六位维新志士斩于宣武门外的菜市口。其他参与或支持维新的官吏，陆续被革职、判刑。新政的绝大部分被废除了，京师大学堂（今北京大学）被保留下来，成了戊戌变法的纪念品。而载湉在民族危亡之秋，不甘作亡国之君，投身当时的进步潮流，积极参与，领导了戊戌维新运动，追求国家的进步与光明前景，其志可嘉，应是一位值得肯定的爱国君主。

昙花一现，历时103天的戊戌变法运动失败了，使清王朝改变旧章的一线生机被扼杀，政治局面又回到了那种令人窒息的黑暗状态。向西方寻求救国真理的资产阶级维新派，依旧没有找到一条民族振兴之路。

被囚瀛台，郁郁而终

对于载湉，慈禧太后不能杀，也不好废掉，但可以软禁起来。于是，慈禧太后下令，将载湉囚禁于中南海的瀛台，由慈禧的四名亲信太监监视着。他或者坐在露台，双手抱膝，愁思哀伤，或者睡在木床上苦思苦想。虽然名义上仍保持着皇帝的名位，但实际已没有了皇帝的权力。慈禧又将载湉挚爱的珍妃囚禁在钟粹宫后北三所，并且给她立下了一条规矩，今后不许觐见皇上。

南海瀛台，与水云榭岛、琼华岛分处太液池三海之中，象征东海三仙岛蓬莱、瀛洲、方丈。瀛台四面环水，只在北端架一板桥，通至岸上，板桥中间有一段是活动的，载湉被囚此之后，慈禧太后便命令人把桥板撤掉了，以免光绪帝走出瀛台岛。

瀛台的中心建筑为涵元殿，殿后为涵元门，门外为翔鸾阁，阁下即木吊桥。殿前为香扆殿，该殿从北面看为单层，从南面湖边看则为两层，名为"蓬莱阁"。载湉住在涵元殿里，太监每天送饭时架起桥板，走到瀛台来，用饭完毕，就抽掉桥板。载湉心情十分忧郁，万般无奈之中写下了"欲飞无羽翼，欲渡无舟楫"等诗句。

第十一章
上朝无实权，下朝无真爱

冬天三海结冰，从瀛台不通过木桥也可以从冰上到达岸边。据说有一次载湉带了小太监踏冰离开瀛台，被发现后，总管太监李莲英立刻下令凿冰，以防载湉离开。载湉十分想念心爱的珍妃，传言他让小太监暗中给珍妃送信，偷偷相会。每到此时，他更加痛恨出卖自己的袁世凯，临死之时，他不言不语，用手在空中写着"斩袁"两字。涵元门内东向为庆云殿，殿内挂有一副《宋司马光谕人君用人之道》立轴，跋文是："光绪丙午（1906）十月上浣录，臣全忠敬书。"还有一些匾额斗方之类，下款都写着"臣全忠敬书"。其实这都是载湉的御笔，之所以这样写，是因为载湉试图以对慈禧太后称臣，表明自己忠于慈禧太后的心迹，米换取老佛爷的谅解。可此时，慈禧太后又怎么能让载湉再次亲政呢。

载湉被囚禁在瀛台后，慈禧太后曾欲废之而另立他人；载湉也知其用心，日夜担惊受怕。后来由于种种原因，此举虽未能实现，可载湉也难脱囚禁之牢笼；明知岌岌可危，亦只有坐以待毙，心中十分忧伤。他曾仰天长叹："真不如汉献帝也！"因而病势日渐加重。

光绪二十六年（1900年）七月二十一，中国北方爆发了以"扶清灭洋"为口号的义和团运动，引起英、俄、法、德、美、日、意、奥匈等八国联军入侵。在八国联军逼近北京时，载湉被慈禧带着逃亡西安。在逃亡中慈禧下令剿杀义和团。临行前还不忘处置珍妃，令太监崔玉贵把珍妃推到宁寿宫外的井中害死。珍妃死后，载湉精神彻底崩溃，旧病复发，日趋沉重，再也无法康复。

光绪二十七年（1901年）九月初七，清政府在北京与各国所订立的条约，共十二款，以赔款一项为最重，数目高达白银四亿五千万两，为不平等条约中最苛刻的。光绪二十八年（1902年）一月，载湉又被慈禧带回北京，仍然被囚禁在瀛台。

载湉真可谓一生没有过上一天舒心的日子。其实，这也就是他多病缠身的根源。从载湉自幼多病，到青年以后的病情逐步加重，都与他的政治处境和精神生活密切相关，可见慈禧的长期压制和打击，是载湉致病的重要原因。尤其是在被囚禁的漫长岁月中，他一方面悲观失望，前途渺茫，一方面又日夕担惊受怕，心情紧张，生活上更无人细心照料，使得他的病情不断加重恶化，终至不治。

在度过了 10 年没有人身自由的囚徒生活后，于光绪三十四年（1908年）十月二十一去世，终年 38 岁。如果说载湉入宫为帝，是出于一种政治需要，那么他的死去，也未必不是清廷政治腐败的必然。紧接着，第二天，即光绪三十四年十月二十二，慈禧太后在仪鸾殿去世。

在 22 小时之内，皇帝与太后相继去世，死亡时间的诡异与巧合，加上光绪帝与慈禧之间早已存在的政治矛盾，不得不让人感觉，光绪帝的死亡背后，深藏着一个惊人而巨大的阴谋。由此，给后人留下了种种的猜测和议论。

第十二章 从皇帝到公民的世界奇迹

宣统帝即位三年，孙中山倡导的资产阶级民主革命条件日渐成熟，清王朝的败亡也已到了不可逆转的趋势。清廷只得以光绪帝的隆裕皇太后和末代皇帝溥仪的名义，在养心殿正式颁发退位诏书。于是，宣统帝成为清朝历史上的最后一位皇帝；同时，他也是中国历史上唯一一个从皇帝转变为公民的人。他的一生堪称是个世界奇迹，也是中国百年巨变的一个缩影。

第十二章
从皇帝到公民的世界奇迹
‧ ‧ ‧ ‧ ‧ ‧

三岁孩童继承大统

　　光绪三十二年（1906 年）正月十四，在北京后海的醇王府里有一个小孩出生了，他就是爱新觉罗·溥仪，是清朝历史上的最后一位皇帝。溥仪的父亲是载沣，也就是光绪帝的弟弟，母亲是当时权倾朝野的重臣荣禄的女儿苏完瓜尔佳·幼兰。同时，他的母亲也是慈禧的养女。为载沣指婚瓜尔佳氏，是慈禧太后处心积虑布下的一步棋。对于每个统治者而言，都希望有自己的心腹，而荣禄就是慈禧的心腹。于是，慈禧太后才借机将醇亲王一脉与荣禄一家紧紧绑在一起。如此一来，不仅可以消解所谓帝党和后党的界限，也能够缓和她同载沣之间的矛盾。

　　溥仪的祖父是当时的醇贤亲王奕譞，是咸丰帝的七弟，也就是光绪帝的父亲。早年时，奕譞曾帮助慈禧太后诛杀了咸丰帝临终时任命的八位顾命大臣中的核心人物肃顺，为慈禧太后垂帘听政铲除了最大的障碍，因此而深得慈禧太后的宠信。后来，奕譞又娶了慈禧太后的妹妹为妻。正是由于这种政治结盟和紧密的血缘关系，在奕譞这一支宗室里才传衍出了载沣和溥仪这两个皇帝。因为光绪帝没有子嗣，溥仪又是载沣的侄子，也就是慈禧太后的外孙，所以在光绪帝驾崩的前一天，重病缠身的慈禧太后，在病床上走出了她在大清王朝政治棋盘上的最后一步棋，下诏让醇亲王载沣的儿子溥仪过继给穆宗毅皇帝为嗣，并兼承大行皇帝之祧，即刻进宫。

溥仪在醇亲王府里无忧无虑地生活了三年，然而这种生活却被慈禧太后的一道懿旨给搅乱了。当让溥仪即刻进宫的消息传到醇亲王府时，王府顿时就乱作了一团。溥仪的祖母（即奕譞的妻子，载沣的母亲）当时就昏厥了过去，王府太监和府差丫头们灌姜汁的灌姜汁，传大夫的传大夫，忙成一团。摄政王手忙脚乱地跑出跑进，一会儿招呼着随他一起来的军机大臣和内监，一会儿叫人给孩子穿衣服，一会儿又被叫去看老福晋，又忘掉了军机大臣还等着送未来的皇帝进宫。这样闹腾好大一阵，老福晋苏醒过来，被扶送到里面去歇了。

未来的皇帝还在"抗旨"，连哭带打地不让内监过来抱他。内监苦笑着看军机大臣怎么吩咐，军机大臣则束手无策地等摄政王载沣商量办法，可是载沣只会点头苦笑着，什么办法也没有。载沣从他哥哥光绪帝的命运中，早已领略了宫廷的险恶，因此，他对于自己儿子的命运自然感到忐忑不安。乳母王氏看溥仪哭得可怜，拿出奶来喂他，这才止住了他的哭叫。军机大臣和载沣商量了一下，决定由乳母抱他一起去，到了中南海，再交内监抱他见慈禧太后。溥仪一生几乎没有尝过母爱，相比于生母，他对乳母倒别有一番眷恋。

溥仪进宫后，即刻被送到慈禧太后的面前。溥仪后来在记述第一次见慈禧太后时，用了"三个陌生"来形容——他突然被带到了一个陌生的地方，看到了许多陌生人，最后在阴森森的帷帐内见到了一个陌生的瘦得怕人的老太太，这就是慈禧。慈禧太后伸手想抱一下溥仪，溥仪却被满脸病态的慈禧吓得大哭，慈禧就让人拿糖葫芦哄他。没想到，溥仪接过来一下子摔在了地上……一般病重垂危的老人，最怕孩子哭，不吉利。溥仪连声哭喊着："要嬤嬤！要嬤嬤！"又不让她抱，弄得慈禧很不痛快，就说："这孩子真别扭，让他上那边玩去吧！"溥仪与慈禧的见面，就这样画上了句号。

光绪三十四年（1908年）十月二十一，38岁的光绪帝在中南海瀛台不明不白地死去，紫禁城上空的希望之星陨落了。光绪帝死后的第二天，74 岁的慈禧太后也咽下了最后一口气。一个即将全面崩溃的帝国残局，落到了年仅 3 岁的溥仪身上，真可谓压力巨大。

溥仪登基那天，天气冷得出奇，在紫禁城阴气弥漫的太和殿里却钟鼓齐响，一派雍雍穆穆的景象。大清王朝为新皇帝溥仪举行的登基典礼正在进行着，并决定从光绪三十五年（1909 年）元月开始，改年号为宣统。然而这次登基大典举行得却是前所未有的荒唐，拥立了新皇上的群臣不但没有露出开心的神色，反而一个个忧心忡忡，慈禧和载湉的同时驾崩，还没有让这些大臣们从震惊中清醒过来，登基大典上闹出的闹剧，让这些国家柱石们的心头蒙上了一层阴影。

由于溥仪刚刚入宫，他是怀着恐惧的心情面对这一切的，年仅 3 岁的溥仪被他的父亲摄政王载沣抱着放到涂金雕龙的御座上面，以清王朝第十二位皇帝的身份，接受文武百官的祝贺，望着鱼贯而入的大臣们在自己脚下跪倒爬起，听着那些 3 岁孩子根本就听不懂的阿谀奉承，溥仪感到兴味索然。当冗长的繁文缛节和寒冷的天气，彻底使溥仪失去了孩子的耐性之后，他本能地用哭闹来宣泄内心的烦躁。大臣们的三拜九叩一波接着一波，溥仪的烦躁也表现得越来越激烈，典礼在溥仪的哭闹声中尴尬地进行着。

载沣跪在金銮宝座下面，双手扶着溥仪，不让他乱动。可是小孩子哪管那一套？他边哭边喊："我不要在这儿，我要回家，我不要在这儿，我要回家。"载沣见溥仪如此折腾，也不敢乱动，只好死死地压着溥仪。动弹不得的溥仪不断地挣扎，哭喊声也越来越响，"我要回家"的声音伴随着盛大的钟鼓声在太和殿内回荡着，久久不能安静下来。

据说，平日里就有些口吃的摄政王载沣见溥仪如此哭闹，急得满头大汗，慌不择语，不断地说："别哭，别哭，快，快完了！"对于历来迷信的清廷官员而言，这些话实在是不祥之兆。摄政王的话一出口，朝贺新皇帝的大臣们，都感到十分惊骇。他们交头接耳，窃窃私语："怎么能说'快完了'呢？""说'要回家'可是什么意思啊？"他们忧心忡忡，长吁短叹，看来天意至此，大清朝真的要完了。

然而，有一位研究学者名叫贾英华，他却从韫龢（即溥仪的妹妹）那里听到了另一种说法，"我父亲说自己明明说的是'快好了'，此话被误传，以致从王公大臣到普通百姓，都把大清朝灭亡的原因归结在他说的这句话上；他百口莫辩，直到临终也咽不下这口气。"就这样，溥仪登上皇位，成为大清王朝的最后一位皇帝。

胆小载沣难为政

溥仪即位后，由于年纪太小，载沣掌握了大清朝实际的权力。载沣虽然并不具备从政的智慧和魄力，但从父亲奕譞那里承袭了醇亲王爵位的他，还是成为大清朝最为引人注目的权贵之一。对于这个两代为帝的家庭来说，为避免树大招风，不得不韬光养晦，低调做人。老醇亲王奕譞在载湉即位以后，便辞去了全部职务，希望以此远离政治斗争，然而，载湉长大以后与慈禧的对立还是让奕譞的处境极为尴尬。一方面，他与荣禄等人甚为友善，最后还结为亲家；另一方面，他和支持载湉的翁同龢等人关系也很不错。为了不让慈禧太后对他有任何意见，他甚至放弃了所有原则，在督办北洋海军的建设时，挪用经费给慈禧修造颐和园。

载沣也继承了其父的此种家风，小心翼翼，明哲保身。朝中大事，几乎都由庆亲王奕劻和其他军机大臣做主，他则摆出一副超然世外、与世无争的架势。不过，载沣虽然低调如此，有一件事情他却始终耿耿于怀，那就是载湉的失势。

载沣认为，如果不是袁世凯关键时候倒戈，维新变法就不会失败，而载湉也就不会受到慈禧的百般凌辱，最终郁郁而终。因此，他处心积虑要为载洸报仇。一时间，民间流言四起，传说载沣已经将袁世凯秘密处死。然而，流言终究是流言。事实上，载沣要想除去实力已经异常强大的袁世凯，几乎是不可能完成的任务，他只能团结一帮年轻气盛却没有任何政治斗争经验的少壮派满族亲贵来筹划此事。然而这一举动，却遭到了庆亲王奕劻和张之洞的坚决反对。

而此时的袁世凯，从光绪帝死后，溥仪继位的那一天起，就知道情况不妙，一直在思谋着自己如何才能全身而退的事情。他得知载沣去找奕劻、张之洞，自己也忙着一面让人捎信给保定的段祺瑞，一面对外称有足疾，再不去料理军机处和外务部的事情。在杀身之祸有可能降临到头上时，袁世凯异常冷静。他精心安排，悄然待在家里，静静地等待着事情变化，化险为夷，然后全身而退。很快，段祺瑞就来了，带着他那些洋枪洋炮装备的精锐之师，从保定赶来北京，说是要来帮助朝廷平息北京南苑兵变。可载沣知道，南苑只是几个小兵闹事，又何须惊动手握精锐的段祺瑞，再说他这个摄政王也没有请过段祺瑞。不管载沣怎么想，段祺瑞命令他的军队，有事无事地向城南开炮。载沣马上明白了，段祺瑞是为袁世凯来的。看来，奕劻和张之洞的意见是对的，袁世凯确实不能杀。在反对声中，优柔寡断的摄政王载沣最终失去了诛杀袁世凯的机会。

载沣刚刚被迫放弃了杀死袁世凯的念头，就接到袁世凯呈上来的奏折，说是自己因为足疾，请求解职，回故里养病。就这样，袁世凯先给想要他命的摄政王载沣出一个难题，然后又马上给他一个下来的台阶。结果，气势汹汹的载沣让袁世凯牵着鼻子走了一遭之后，只得强迫自己取消了诛杀袁世凯的打算，仅仅是解除了袁世凯军机大臣兼外务部尚书的官职，将其赶出北京城。

经过几年的争夺，以载沣为首的亲贵派在中央朝廷中看起来是占了点优势，但效果未必很好。一来载沣这个人做事并不是雷厉风行的那种，做人也比较软弱，敷衍拖沓之风，比之慈禧太后时期，更是有过之而无不及；二来这么多年的贪污腐败之体制积习，即使载沣想去整顿，他也没有这个能力和精力，也只能走一步看一步；三是隆裕太后又喜欢贪权恋财，经常对载沣多方为难，有时候还摆出太后的架子，将载沣找去数落一顿，对此，载沣也表现得很软弱，一再迁就。正如载涛（载沣的弟弟）说的，"载沣遇到事优柔寡断，人都说他忠厚，实则忠厚即无用之别名"。载沣虽然在朝廷中貌似取得控制权，但地方上和军队中，袁世凯的势力远没有被拔除，这也为袁世凯的东山再起提供了可能。

　　清政府推行新政时，定下了预备立宪的计划，但由于慈禧的去世，继续推行这一计划的权力，交到了载沣的手里。由于这也是载湉遗诏中所关心的事情，载沣并不敢怠慢。宣统元年（1909 年），如期举行了各省咨议局的选举；第二年，资政院也告开院。正当全国人民翘首以盼第一任内阁的建立的时候，载沣却做出了一个愚蠢的决定。

　　宣统三年（1911 年），载沣任命了第一届内阁。然而，这一届内阁有 13 名成员，居然有 9 人是满人，而这 9 人中又有 7 人是宗室子弟，内阁总理大臣就是军机大臣庆亲王奕劻。除此之外，清廷还宣布，由于内阁制度为首创，为了慎重起见，本届内阁仅根据内阁办事暂行章程成立，具体国务处理还依照原来的政治模式进行；并且，军事方面的问题也不由内阁总理大臣负责，而是由军谘府大臣载涛负责。载沣任用亲贵的做法令很多汉族官僚感到反感和不公，因此，他失去了许多有才干的汉族官员的支持。

　　由于这届内阁徒有其表，他被立宪党人和革命党人异口同声地讽刺为"皇族内阁"；载沣的决策失误，也让社会舆论大失所望，认为清廷根本无意立宪，既然和平手段无法解决，就以武力夺取之。很多立宪党人从此倒向革命派，革命的暴风迅速席卷了大江南北。载沣是不想做摄政王的，但他何尝不是无处可逃。

一个野心家的韬晦功夫

光绪三十四年（1908 年），被载沣罢官的袁世凯，回到了河南省彰德，在洹水边的一个小村里住了下来；他每天泛舟垂钓于洹水，并以"洹上渔翁"自诩，但他的眼睛却紧紧盯着动荡变化中的时局。袁世凯绝不甘心就这样退出政坛。

到了宣统三年（1911 年），聚集在湖北武昌的革命党人，发动了武装起义。清王朝新军第八镇工程营的起义将士，首先通过中和门，占领了楚望台军械库，新军第二十一混成协辎重营，随即在城楼上和武汉佘山等制高点架起了大炮，向湖广总督府猛烈轰击，清王朝驻守在武昌军队各营中的革命党人也纷纷响应。经过一夜激战，革命党人占领了武昌全城。第二天，起义军宣告湖北省独立，并成立了军政府，军政府下设军务、政务、参谋和外交四个部门。新军第二十一混成协协统黎元洪被起义军推举为军政府都督。这个消息使紫禁城里的皇室权贵们心惊胆战，朝廷急忙调北洋新军前去镇压，但是被派往前方作战的军人，根本就不服从满族统帅的指挥。

受命赴武昌平叛的陆军部大臣荫昌出身满洲正白旗，曾受德式军事训练，资历较高，也是袁世凯旧交。受命平叛，荫昌的最大顾虑是如何指挥他根本指挥不动的北洋军。不是北洋军不能战，而是北洋军不愿为清廷战，清廷已是岌岌可危。

在此时机，袁世凯旧交、素爱钱财的"皇族内阁"总理大臣奕劻乘机入宫奏请重新起用袁世凯，会同荫昌调遣各军。素恨袁世凯的摄政王载沣不得已，于十月十四下旨授袁世凯为湖广总督兼办剿抚事宜，"除湖北军队外，荫昌所率各军及水陆援军，亦得会同调遣"；这道诏命没有把前线军事全权交给袁世凯，而只给了袁一个副职，对此，袁世凯回奏称，"足疾未愈，难肩重任"。袁世凯一日不出山，大清帝国最具战斗力的北洋军便一日不动弹。

为解荫昌之困，清廷于十月二十再命"小站旧人"、协理大臣（相当于今日副总理一职）徐世昌微服前往彰德，询问袁世凯意图。袁世凯开出六项条件：明年召开国会；组织责任内阁；开放党禁；宽容武汉起事人员；授以前方军事全权；保证粮饷供给。这六条，实际上要把军事与政治大权，全部从皇族内阁手中夺过来，甚至于载沣与奕劻的地位，都将不保。

鉴于袁世凯要价太高，清廷只好倚仗荫昌。但北洋军屯兵信阳（河南）与孝感（湖北）之间，并不执行命令。十月二十二到二十四，湖南长沙、江西九江、陕西西安纷纷发生起义；十月二十五，革命军在汉口发动攻势，进展到三道桥。革命来势迅猛，不仅南方震动，北方的形势，也渐趋不稳。十月二十七，载沣不得已召回荫昌，委任袁世凯为钦差大臣接替其职务。前线的北洋军听闻袁世凯要亲自来督军，一个个摩拳擦掌、兴奋不已。

同时，"预备立宪"的骗局暴露以后，立宪派内部开始分化。皇族内阁集权，也造成统治集团内部的分裂，引起汉族官僚的离心。清政府陷于空前孤立的境地，载沣只得宣布解散皇族内阁，任命袁世凯为内阁总理大臣。至此，载沣将军政大权全部拱手让给了被他罢斥回籍的袁世凯。袁世凯立即派兵攻打武汉革命军，夺取了汉口，但袁世凯组阁的要求，清廷并未满足。

不久，载沣自动解除摄政王身份，以醇亲王的名义退归藩邸，结束了他短暂且备受煎熬的三年当国生涯，从此退出了历史舞台。之后不久，清廷的一切自卫堡垒，尽自行撤毁，只留下一个孤儿，一个寡妇，再无能力抵御袁世凯的操纵与欺诈。被朝廷重新起用的袁世凯，在接管了大清王朝陆海军指挥权力后，却打起了自己的如意算盘。

当时的中国，在袁世凯眼中那就是一盘大棋，先落哪个子儿，后落哪个子儿，那都是精心布局过的，一招都错不得。可是，有一招棋是袁世凯没有料到的，革命党的一招冷子，把袁世凯着实吓了一跳——南京城被革命党攻占了。南京，属于兵家必争之地，对于汉族人民政治意义重大。革命家攻克南京后，袁世凯先惊后喜：惊的是革命军竟有如此战斗力，连南京这样易守难攻的坚城也能攻占，喜的是他在清廷的分量更重了。

袁世凯派出时任清廷邮传大臣的唐绍仪作为北方议和代表与南方革命军交涉。十二月初八，南北和谈在上海英租界南京路的市政厅举行，北方代表以唐绍仪为首，南方代表以伍廷芳为首。到十二月底，南北和谈共举行五次正式会议，双方除讨论军队的具体停战措施外，主要争论焦点仍然集中于国体的选择，北方代表要君主立宪，南方革命党要民主共和。

南北议和，双方各持己见，不过基本上可以说，他们都在迁就袁世凯。唐绍仪向清廷发电，要求召开临时国会，公议国体，清廷答应了；而南方也同意，在确立共和政体之下优待清朝皇室，并拥推促使清廷退位者为大总统。这条虽然没有明说，但实际上指的就是袁世凯。如此看来，一切都似乎在袁世凯预先拟定的轨道上进行。但是，此时孙中山的突然回国，一下子打乱了袁世凯的节奏。宣统三年（1911 年）十二月二十五，孙中山抵上海，结束了他 16 年的海外漂泊。

短暂的皇帝梦

1912 年元旦，说起来是一个特殊的日子。那一天，南京礼炮轰鸣，孙中山正式就任中华民国临时大总统。接下来孙中山又发布了中华民国临时政府公告，民众限期20天剪掉辫子，并废除了跪拜礼仪，代之以鞠躬礼。除了这些举措，临时政府最急迫的事就是加强军事力量，随时准备应对清军的反击。然而，在这关键时刻，国库却没钱了。

而此时，缺钱的不仅是南京的临时政府，在北京的袁世凯也缺钱。袁世凯向隆裕皇太后提出，发行爱国公债以应付军费支出。袁世凯着急筹措军费有着两方面的考虑：第一，孙中山回国并被推选为临时大总统，这让他很不爽，之前革命党承诺的总统之职眼看着可能就要落空，他需要做好准备；第二，当时北洋军内部主战的声音渐起，加上清廷权贵的压力，表面文章还必须得做。就这样，在孙中山宣誓就职的第二天，袁世凯公开表示，之前签订的协议未经他的同意，只是代表团私自的决定，属于无效协定，并免去了唐绍仪谈判代表的资格；实际上，仍令他留在上海，私下与伍廷芳协商。

1912年1月14日，唐绍仪问伍廷芳，如果清帝退位，推举袁世凯为总统有多大把握。伍廷芳随即电告孙中山。孙中山复电说："如清帝退位，宣布共和，则临时政府决不食言，文即可正式宣布解职，以功以能，首推袁氏。"孙中山之所以如此委曲求全，一方面是因为当时革命经费紧张，仗很难再打下去，而各省虽然纷纷独立，但多是各自为政，形势并不乐观；另一方面就是因为孙中山一向天下为公的思想。在他看来，他要为革命做大事，而不是为个人做大官，只要对国家有利，他绝不计较个人得失。在袁世凯方面，他得知能够当上总统，便放下心来，开始逼宫。

1月16日，袁世凯借助革命党人的声势，在紫禁城养心殿的东暖阁里，向隆裕太后提出了请皇帝退位的要求。溥仪后来回忆说："隆裕太后坐在靠南窗的炕上，用手绢擦泪；面前地上的红毡子垫上，跪着一个粗胖的老头子，满脸泪痕；我坐在太后的右边非常纳闷，不明白两个大人为什么哭。这时殿里除了我们三个，别无他人，安静得很。胖老头很响地一边抽缩着鼻子，一边说话，说的什么我全不懂。后来我才知道，这个胖老头就是袁世凯。其实，当时他说话时虽然痛哭流涕，却暗含恫

第十二章
从皇帝到公民的世界奇迹

· · · · · · ·

吓之意。"

当袁世凯在养心殿和隆裕皇太后谈完这些出宫时，行至东华门外，遭到革命党人炸弹袭击，随即称病不朝，把逼宫任务交给国务大臣赵秉钧等。在皇帝是否退位的极其敏感时期，袁世凯巧妙地退到幕后，明哲保身、进退自如。后来，袁世凯又用重金收买了隆裕最信任的太监小德张，让小德张游说隆裕，隆裕本就优柔寡断，在袁世凯的内外夹攻之下，动摇起来。

1月22日，孙中山令伍廷芳转告袁世凯：清帝退位后，袁须宣布政见，绝对赞成共和主义，孙中山即行辞职，由参议院推举袁世凯为临时大总统。袁世凯这才感到真正吃了一颗定心丸，但隆裕仍然坚持召开国民会议解决问题。于是，袁世凯上折威胁说："采用这个办法，就不能保证清帝退位后皇室受到优待。"而后他又密令段祺瑞等前线将领致电内阁代奏，指斥亲贵阻挠，请求明降谕旨，宣示立定共和政体。

为促使隆裕早下决心，1月29日，袁世凯一方面令杨度等人组织共和促进会，宣言目前实行君主立宪已晚，应速实行共和；另一方面，上折催促隆裕迅速做出抉择，加紧刁难。隆裕见王公亲贵都不敢发表意见，自己实在无路可走，经过反复深思，遂做出了皇帝退位、颁布共和的决定，于2月3日授袁世凯全权，与南方协商退位条件。可是，隆裕并未决定何时退位。

之前，段祺瑞与湖北军政府达成协议，如果朝廷不能在旧历年新年之前，那么段祺瑞的北洋军将挥师北上，直捣清廷；而湖北军政府和南京的中华民国临时政府都将作为后援予以支持。2月5日，袁世凯又密令段祺瑞以前敌将领名义致电内阁，指斥皇族败坏大局，阻挠共和，并声言将率全体将士入京，与王公大臣剖陈利害。袁世凯让王公大臣看了电文，他们个个毛骨悚然，再也不敢说反对退位的话了。几经协商，南北双方对退位条件达成了协议，隆裕太后认可。

同年2月12日，隆裕皇太后带着6岁的溥仪，在紫禁城的乾清宫里，举行了清王朝最后一次御前会议。隆裕皇太后对溥仪说："他们都已携资走了，剩我母子二人还有何说，祖宗创业维艰，如今却断送在我们孤儿寡母的手里，至成千古憾事，将来有何颜面去对祖宗先帝？"隆裕皇太后在皇帝退位诏书上，盖过钤宝后，禁不住痛哭失声。这位一生并没有得到过多少幸福的女人，以无限悲怆之情，为大清帝国的历史画上了一个句号。

在大清王朝颁布皇帝退位诏书的同时，中华民国政府制定的关于大清皇帝辞位之后优待条件的文书，也一并公布于世。优待条件一共有八款，其中主要的内容有溥仪退位后，继续保持大清皇帝的尊号，享受中华民国对待外国君主的待遇，皇室每年费用 400 万两由中华民国拨付，皇帝暂时居住紫禁城，仍可役使太监宫女等。

在溥仪退位后不到 10 个月，孙中山宣布，把临时大总统的位子让给自己尚不能与之抗衡的袁世凯，于是袁世凯这个大清帝国的内阁总理大臣把衣服一换，就变成了中华民国的临时大总统。1913 年元旦，袁世凯在紫禁城的太和殿举行了大总统就职仪式，从此 54 岁的军阀，取代了 6 岁的小皇帝。溥仪糊里糊涂地当了 3 年皇帝，又糊里糊涂地退了位，当时只有 6 岁的溥仪，说什么也弄不懂，他这个大清王朝的宣统帝，怎么一夜之间就成了前清帝。

退位皇帝再次登基

在这以后的许多年里，大清王朝的遗老遗少们，脑袋后面依然拖着长长的辫子，生活在封建君主制的尘埃中。他们依旧使用"宣统"年号，依然延续着大清王朝的一切典章制度，就连小朝廷穷奢极欲的生活方式也没

第十二章
从皇帝到公民的世界奇迹
• • • • • •

有丝毫改变，大批的宫女和太监，也一如既往地履行着自己的职责。

1915 年 12 月，袁世凯在北京举行了祭天仪式，并宣布就任中华帝国大皇帝。同时，袁世凯还下令，将公元 1916 年，改为"中华帝国洪宪元年"。正当袁世凯准备登基时，云南省都督蔡锷将军，首先在昆明通电全国，组成"护国军"，掀起了轰轰烈烈的"讨袁护国"运动，全国各省纷纷响应；袁世凯的部将冯国璋等人也联名致电，劝他顺乎民意，取消帝制；就连曾经对袁世凯复辟帝制表示过认同的日本、英国和美国，看到袁世凯统治基础已渐瓦解，最终也放弃了对他的支持。

1916 年的元旦如期到来，但袁世凯却没能如愿在紫禁城举行登基大典，护国军的步步紧逼和袁世凯军队的节节败退，使众叛亲离、往日风光不再的袁世凯被迫于 1916 年 3 月 21 日宣布，撤销帝制和废除"洪宪"年号。在这以后不到 3 个月，袁世凯死于精神与身体两个系统的完全崩溃。

1917 年 6 月的一天，驻守在徐州的民国长江巡防使张勋来到北京，在养心殿里觐见了当时只有 12 岁的溥仪。张勋原来是清王朝的江南提督，武昌起义时，他奉命镇守南京与国民军作战；辛亥革命胜利后，他兵败退到徐州一带。为了表示对清王朝的忠心，张勋禁止他所率领的部队的士兵剪去脑后的辫子，因此，这支部队便有了"辫子军"的戏称，张勋本人也被人称作"辫帅"。袁世凯称帝失败后，张勋在徐州成立了七省同盟，后来又把势力范围扩展到 13 个省，为复辟大清王朝积蓄了武装力量。

1917 年 7 月 1 日，这一天清晨，北京有一种突回梦魇的感觉，街面到处都站立着留着长长辫子的军人，像是时空里钻出来的僵尸一样。"辫子军"接管了京城的治安，对一些地点实行戒严。北京的警察挨门挨户通知：宣统爷复辟了，立即悬挂龙旗，遗老遗少们如打了回魂针一样诈尸还魂，急切地把丢在衣柜最底层的长袍马褂翻出；市面上滞销的旧式袍褂，也成了抢手货。一些买不到衣服的遗老情急之下，竟上戏班子出高价买来戏服；更有人跑到寿衣店，买了一些寿衣穿在身上，如死尸复生一样走出来。至于龙旗，因为一时找不到，有人用纸裁个三角旗，

画一个小龙，涂成黄色挂出去；有的龙还画得耀武扬威，另一些龙，则
画得就像死蛇一样。更有一些人，因为头发早已剃掉，便剪了女人的头
发，盘在自己头上，在大街上昂首阔步……好好的京城顿时乌烟瘴气。
失去了皇位 6 年的溥仪，又被重新推到台面上来，出现在乾清宫的御
座前。

　　复辟的当天下午，当手下报告街上到处都是留辫子的人后，张勋乐
不可支，拍腿掀须大笑道："我说人心不忘旧主，今日果应其言。不然，
哪里来这许多有辫子的人呢？这就是民心所向啊！"张勋复辟，引起了
全国的一片反对浪潮，段祺瑞首先在北京成立了"讨逆军"，并自任总
司令，随后，上海、南京、长沙等地，也纷纷举行集会，要求出师北伐，
再造共和。在"讨逆军"的攻击下，张勋的部队很快就溃不成军了，士
兵们纷纷割下脑后的辫子狼狈逃窜，那位鲁莽愚忠的张勋，也逃到荷兰
公使馆躲了起来。

　　这是一场闹剧，同时也是一场笑剧。12 岁的溥仪，在当了 12 天的
皇帝之后，又被迫第二次宣布退位。对于这次复辟，似乎并没有人想认
真追究溥仪的责任，事情很快就平息了，而只是受了些惊吓的溥仪仍然
在紫禁城里继续当着他的关门皇帝。伴随着紫禁城的落日，统治了中国
200 多年的最后一个封建王朝，大清帝国的大厦轰然一声倒塌了。中国
长达 2000 多年的封建社会也成了历史陈迹。

离开紫禁城，三圆皇帝梦

　　在那个战争频发的时代，几乎没有一刻能够让人大喘一口气。1924
年 9 月，直系军阀吴佩孚与奉系军阀张作霖之间爆发了激烈的战争。战

第十二章
从皇帝到公民的世界奇迹
· · · · · · ·

争初期，吴佩孚率领的直系军队攻势凌厉，战场上的局面对张作霖率领的奉军极为不利。一个月后，正当吴佩孚的军队乘胜北进，即将向在山海关一线防守的张作霖军队发动总攻的时候，吴佩孚的部将冯玉祥突然倒戈回师北京，并向全国发出和平通电。

同年11月5日，冯玉祥派部将鹿钟麟向溥仪递交了一份修正清室优待条件的公文，公文规定，从即日起，永远废除皇帝尊号，溥仪与中华民国国民在法律上享有同等权利，并责令溥仪以及皇室成员，立即搬出紫禁城，自由选择居住。王朝覆灭了，皇宫也被民国政府没收了，在别无选择的情况下，溥仪和他的妻妾们坐上民国政府派来的汽车，恋恋不舍地离开了紫禁城。当汽车通过神武门的时候，溥仪悲伤地哭了，他隐约感到，也许这是他一生中最后一次穿越神武门了。但是，这一切都已经无法挽回了。

自从被冯玉祥的部队赶出紫禁城后，溥仪就一直生活在惶恐之中。紫禁城的风暴，把溥仪抛到了一个三岔路口，摆在他面前有三条路：一条是放弃皇帝尊号，做个仍然拥有大量财宝和田庄的平民；另一条是争取"同情者"的支援，恢复袁世凯时代的优待清室条款，"复号还宫"，重回紫禁城，继续过着帝王的生活；还有一条通向海外，然后又指向紫禁城，不过那个紫禁城必须是辛亥革命以前的紫禁城，这条路当时叫"借助外国势力谋求恢复大清王朝"。

尽管冯玉祥并没有杀死溥仪的打算，但是，溥仪还是觉得他的生命时刻都被死亡的阴影所笼罩着，于是他想起了他的英国老师庄士敦，并请他马上去英国公使馆联系，然而此时的英国政府却拒绝了溥仪的要求。英国人的决定，为日本人日后利用溥仪提供了一个绝好的机会。早就与日本人暗中勾搭的郑孝胥等人，此时也趁机在溥仪耳边鼓噪："奏请皇上移居日本公使馆，静观时变，以便将来东山再起。"就这样，原本犹豫不决的溥仪下定了决心，来到了日本公使馆。

对于溥仪的到来，日本公使芳泽谦吉表现出了很高的热情，他把使馆里的一栋楼房腾出来供溥仪的妻妾和臣僚们使用，并专门为溥仪安排了会见王公旧臣的场所。至此，一个虚幻的小朝廷就在日本公使馆里被安顿了下来。对于日本人来说，虽然溥仪产生价值的时候还没有到来，但精明的日本人懂得，这种先期的投资是必要的。他们开始从溥仪身边的亲信下手，罗振玉、郑孝胥等人都先后被日本人有预谋地收买和拉拢，这些旧派臣僚跟日本人串通一气，左右了溥仪的一切。

不久后，经过化装的溥仪秘密地前往天津，住进了日本租界张园和静园，分散在全国各地的前清遗老旧臣相继前来投靠，在一帮王公遗老的劝说下，溥仪决定重新组建小朝廷，以继续实现"还政于清"的梦想。

1925 年 6 月的一个夜晚，溥仪悄悄地离开了日本租界，秘密地会见了张作霖。张作霖与溥仪会面时，虽然委婉，但却很清楚地告诉溥仪，不要钻进日本人设下的圈套里。但那时的溥仪，显然更愿意相信日本人，结果张作霖的告诫便成了耳旁风。

1931 年"九一八"事变后，日本帝国主义决心在中国东北建立傀儡政权，他们看中了溥仪。10 月 27 日，日本驻沈阳特务机关长土肥原贤二大佐，接受关东军关于协助溥仪前往东北的特殊使命来到天津。土肥原贤二告诉溥仪，关东军诚心诚意地要帮助满洲人民建立自己的新国家，希望溥仪能够去领导这个国家。溥仪对土肥原贤二所说的新国家的国体十分敏感，表示如果不是当皇帝，他哪里也不去。土肥原贤二说，新国家当然是帝国，这是没有问题的。至此，溥仪的脸上荡漾开了许久没有过的笑容。

11 月 10 日，溥仪藏在一辆汽车的后备厢里在朦胧夜色的掩护下，悄悄离开了静园。黑夜中，溥仪急匆匆地登上早已等候在码头边的一艘日本军部运输船，但是他并不知道，日本人在这个小型的运输船上安放了一大桶汽油，而这桶汽油距离他坐的地方只有几米远，日本军部下达了必要时烧毁轮船的命令，他们决不允许溥仪落到国民政府的手里。经过短暂的航行，溥仪在几个日本军人的陪同下，在大沽口港换乘日本

"淡路丸"号商轮驶向了茫茫大海。

经过了两天多的海上颠簸，溥仪一行于 11 月 13 日在辽宁营口登陆了，凛冽的寒风中，溥仪并没有看到故里臣民的欢迎，在码头上等待他的只有几个日本人，还有冰冷的河水在静静地流淌着。从此，溥仪便失去了人身自由。不久后，日本关东军让溥仪搬到旅顺去住，而不是像原来许愿的那样，请他到沈阳登基做皇帝。这时，溥仪隐约地感觉到，他像木偶一样，被日本人耍了。溥仪在清冷的旅顺焦急地等待着，而此时的沈阳却显得十分热闹。

1932 年 1 月 6 日，日本政府制定了《满洲问题处理方针纲要》，纲要的核心是把东北从中国版图上分离出去，建立一个完全由日本人控制的傀儡政权。于是，在日本关东军的操纵下，一场"建国"闹剧，便紧锣密鼓地开场了。

一切都已经准备好了，板垣征四郎（日本关东军参谋部大佐）与溥仪在旅顺开始了第一次面对面的谈话；板垣征四郎告诉溥仪，日本人要建立的这个新国家，名号是"满洲国"，由溥仪担任新国家的元首，就是"执政"。这时溥仪意识到，这不是大清帝国的复辟，这是一个新国家，一旦他钻进了这个日本人早已经设计好的圈套里，那他就永远不再是大清帝国的皇帝了，溥仪真的急了，皇帝的称谓是祖宗传下来的，如果取消了，就是不忠不孝。

在与溥仪约定的第二次会谈中，板垣征四郎干脆连面也不见了，他只是让郑孝胥传话给溥仪，军部的要求再也不能有所更改；如果不接受，只能被看作是敌对态度，只有用对待敌人的手段作答复，这是军部最后的话。

1932 年 3 月 1 日，日本关东军假借"满洲国"政府的名义，发表了一个所谓"建国宣言"，宣布"满洲国"成立。一切过场都走完了，关东军决定让溥仪登场了。伪满洲国的帷幕拉开了，但是登场表演的溥仪却没能如愿坐上皇帝的宝座，他要复辟的是大清王朝，要当的是皇帝，然而日本人不允许，溥仪也就无计可施了。面对茫茫大海，看着潮涨潮落，溥仪的心情冰冷得就像冬日里的海水一样。3 月 6 日，溥仪在日本人的护卫下，乘火车离开旅顺前往长春；3 月 9 日，举行了溥仪的"就职典礼"和国旗升旗仪式。溥仪就任"执政"，年号"大同"，以长春为"首都"，改称"新京"。

1933 年 10 月，新继任的关东军司令官菱刈隆正式通知溥仪，日本政府承认他为"满洲帝国皇帝"。听到这个消息，溥仪感到心花怒放，他盼望多年的这一天终于来到了。1934 年 3 月 1 日清晨，溥仪穿上他梦寐以求的龙袍，来到了长春郊外的杏花村，在简陋的临时搭起来的土台子上面，向天神行了三拜九叩大礼，告天即位的仪式很快就结束了。溥仪极不情愿地脱下了刚刚穿上的龙袍，无可奈何地换上关东军指定的正装，举行了正式的登基典礼，满洲国改称"满洲帝国"，溥仪改称"皇帝"，年号"康德"。至此，溥仪的皇帝梦终于实现了。

昨日皇帝，今日公民

1945 年的早些时候，人们从长春街头的种种变化中，猜测世道似乎要变了。在那段日子里，溥仪每天都要花很长的时间关起门来，偷偷地收听广播，虽然收音机里传来的消息，常常使他不寒而栗，可是溥仪越怕越想听，又越听就越害怕。他意识到，随着日本帝国败象的出现，伪满洲国的航船也正在迅速地下沉。

1945 年 6 月，美军对日本本土进行了大规模轰炸，8 月 6 日和 9 日，美国又把刚研制成功的两枚原子弹，分别投向了日本的广岛和长崎，有数十万人在蘑菇云下丧生，日本政府和军队的抵抗意志被瓦解了。8 月 8 日，苏联正式对日本宣战，苏联红军从中国的东北部边境、朝鲜北部和库页岛南部三个方向同时向日军展开进攻。

8月15日，中华民族经过14年的浴血奋战，在世界反法西斯力量的配合与援助下，终于赢得了抗日战争的最后胜利，随着所谓大东亚圣战之火的灰飞烟灭，伪满洲国这个由日本人扶植建立的傀儡政权，也彻底崩溃了。

8月17日，溥仪当着他的近臣和几位日本关东军军官的面，宣读了退位诏书，这是溥仪第三次退位。溥仪退位以后，伪满洲国的大臣们也纷纷离他而去，临时行宫变得冷清起来，溥仪感到极度恐慌，仿佛死神就在他身边不远的地方游荡。随后，他在日本人的安排下，抛下家眷，乘小型飞机飞到沈阳，准备换乘大型飞机逃亡日本。但溥仪万万没有想到，苏军早已占领沈阳机场，他和随从走出机舱便成了苏军的俘虏。

8月19日，在苏军的押解下，溥仪等九人前往苏联，开始了他长达五年的异域囚徒的生涯。在苏联收容所里受到优厚待遇的溥仪，表示愿意永久居留苏联，他担心苏军会将他移交给中国政府，怕受到祖国的严厉惩办，他多次给苏联政府和斯大林本人写信，均石沉大海，这使他十分沮丧。

在苏联拘押期间，溥仪曾出席远东国际军事法庭，进行作证，连续出庭了八天，创下远东国际军事法庭单人作证时间最长的纪录。证言中，他声称自己在任满洲国皇帝期间，完全为日本占领当局摆布，没有人身自由，也没有作为满洲国元首相应的权力和尊严，是自己被日本关东军胁持到满洲的。但是，被转交给中华人民共和国政府后，溥仪承认由于惧怕日后被中国政府追究，他作证时将部分责任推卸给日本方面，在部分涉及双方责任的地方皆有所保留。

1949年10月1日，一个崭新的、光明的、民主的国家，中华人民共和国宣告成立。1950年7月30日，苏联方面向溥仪下达了回国通知；8月1日，溥仪与其他263名满洲国"战犯"在绥芬河由苏联政府移交给中国政府，送抚顺战犯管理所受到约十年的思想再教育与劳动改造。

在这里，被称作"981号"的溥仪，有生以来首次学会系鞋带、洗衣服等生活技能。

1959年12月4日，溥仪得到特赦，9日回到北京；10日，他由六弟溥俭陪同来到公安局派出所办理户籍手续，从此，溥仪成为北京市有正式户口的普通公民。1960年3月，他被安排到中国科学院北京植物研究所工作，1961年3月调任政协文史资料委员会专员，1964年担任政协全国委员会委员。这期间，他完成了《我的前半生》的写作。

1962年1月31日，毛泽东主席接见了溥仪，并风趣地说"皇上没有娘娘不行啊"，建议溥仪成立一个家庭，溥仪当然也希望有个温暖的家，有个关心和爱他的人，但是他前半生中那几次失败的婚姻，毕竟在心里留下了太多的阴影，对于再婚，溥仪似乎变得很挑剔；直到一个偶然的机会，溥仪认识了一位名叫李淑贤的护士，这才怦然心动。4月30日晚，溥仪和李淑贤举行了婚礼，结婚的日子是溥仪精心挑选的，因为结婚的第二天就是五一国际劳动节，已经成为劳动者的溥仪要以这种独特的方式，纪念劳动者的节日。

婚礼中，溥仪脸上始终荡漾着笑容，至此，溥仪的最后一段婚姻开始了。然而在婚后的两个星期，溥仪就出现了尿血的症状，身体状况越来越糟，不得不一次又一次地住进医院。经过了几次大手术的溥仪，于1967年10月17日在北京人民医院走完了人生的最后旅途。溥仪的生命之火熄灭了。在60多年的生命旅途中，溥仪做过皇帝，做过傀儡，做过囚犯，最后成为中华人民共和国的公民。